"十二五"江苏省高等学校重点教材

企业纳税实务（实训）教程

QIYE NASHUI SHIWU (SHIXUN) JIAOCHENG

（第二版）

主　编	顾瑞鹏	苏州市职业大学　副教授
副主编	吴　俊	深圳市晨宇企业管理有限公司　CEO　总会计师
	熊德金	顺利办（000606）联合创始人
		湖北中锐科信国瑞税务师事务所高级合伙人
	程睿竑	中国船舶工业集团公司第六〇五研究院
		财务处处长 高级会计师
	鲜林华	施耐德电气香港有限公司　财务经理
参　编	陆　铭	苏州市国家税务局稽查局
	郭龙华	苏州万隆永鼎会计师事务所　所长
	姜寿祥	江苏红蚂蚁装饰设计工程有限公司　财务总监

动漫微视频由
中财讯（江西）智能科技股份有限公司
提供

复旦大学出版社

《税费计算与申报》
在线开放课程

《税费计算与申报》在线开放课程使用方法：
1、手机下载"超星学习通"APP
2、注册登录
3、在"首页"右上角"邀请码"处输入课程邀请码"656041"
4、加入该课程
5、点击"章节"即可参加课程学习。

第二版前言

2018年以来国家税收政策发生一系列重大变化，国地税合并、增值税税率调整、一般纳税人标准提高以及新的个人所得税法颁布。本教材为了适应新的税收征管制度和体制的变化，吸收了最新的税收法规、政策和征管方面的变化，对教材进行修订。教材所涉及的所有税种的相关法规均以修订交稿时（2018年12月）我国税收法规为主要依据，充分体现教材的适时性。同时充分注重了高职教学重视技能的特殊要求，按实际纳税申报的要求，列示了主要税种完整的纳税申报表类型，方便教与学。

教材引入"工学结合"的编写模式，将课程知识按工作实践划分若干个场景或模块，每个模块由若干个实践项目组成。在讲解每一个实践项目时，首先通过相关知识的介绍，让学习者掌握相关模块必备的知识和技能；再通过实践任务的导入，让学习者在学习之后，就知道需要干什么，做什么；同时相关的税收法规、微课视频、税收新闻以及学习思考则在相关知识介绍的过程中通过二维码和相关提示，让学习者通过手机扫一扫，实现线上线下即时学习；最后，通过课后练习让学习者再一次巩固和运用学习到的知识和技能。

本教材共分两个部分，第一部分为企业背景介绍，主要介绍本教材所有任务的提供者"苏州瑞德集团"的基本情况；第二部分包括模块一至模块六，主要通过不同税种，阐述瑞德集团涉及的不同业务中的实际任务及任务解决的过程。

本教材由苏州市职业大学顾瑞鹏老师拟订编写大纲，并完成全书的统稿，同时负责撰写企业背景介绍、模块二（增值税涉税业务）、模块六（其他税种涉税业务）。本教材得到了企业界有着丰富工作经验的专家大力支持，其中吴俊（深圳市晨宇企业管理有限公司CEO）编写了模块四（企业所得税涉税业务），熊德金

（顺利办联合创始人）编写了模块五（个人所得税涉税业务），程睿竑（中国船舶工业集团公司第六○五研究院财务处处长）编写了模块三（消费税涉税业务）；鲜林华（施耐德电气香港有限公司财务经理）编写了模块一（企业纳税准备阶段）。

  本教材中涉及的近百个动漫微课程资源由中财讯（江西）智能科技股份有限公司提供，同时在编写过程中得到了苏州市税务局稽查局陆铭先生、苏州市万隆永鼎会计师事务所所长郭龙华先生、苏州红蚂蚁装饰设计工程有限公司财务总监姜寿祥先生的大力支持，提供了鲜活的实操案例和各行业涉税工作的模式，使本书能够完全符合税收工作的实际，真正成为一本"工学结合、政校行企合作"的应用型教材。同时，本书还参考了税收理论与实务界同行们的相关文章和著作，在此一并表示衷心的感谢！

  由于税收类教材受税收政策变化更新较快的影响，加之限于编者的学识与水平，书中错误和缺陷在所难免，恭请读者朋友们不吝赐教。

顾瑞鹏

2019年2月于苏州石湖畔

目 录

企业背景介绍 / 1

模块一　企业纳税准备阶段 / 5

项目一　税收的基本知识 / 6
项目二　工商税务登记 / 15
项目三　发票管理 / 26
项目四　账簿管理 / 31

模块二　增值税涉税业务 / 35

项目一　如何进行一般纳税人身份申请、认定 / 36
项目二　如何进行增值税专用发票的使用及管理 / 43
项目三　增值税的一般管理规定 / 58
项目四　如何进行一般纳税人应纳税额计算 / 74
项目五　房地产开发企业增值税应纳税额的处理 / 90
项目六　建筑企业增值税应纳税额的处理 / 96
项目七　出口退（免）税处理 / 105
项目八　征收管理 / 114
项目九　增值税申报表的填写 / 119

模块三　消费税涉税业务 / 127

项目一　消费税的纳税人与范围 / 128
项目二　消费税纳税税额的计算 / 136

项目三 已纳消费税的扣除 / 147
项目四 出口应税消费品退（免）税 / 151
项目五 征收管理 / 156

模块四 企业所得税涉税业务 / 161

项目一 企业所得税纳税人身份的确定 / 162
项目二 企业所得税应税收入的确定 / 171
项目三 企业所得税有关扣除项目的确定 / 181
项目四 企业相关资产的税务处理 / 198
项目五 企业所得税税收优惠政策 / 209
项目六 税款的申报缴纳 / 221

模块五 个人所得税涉税业务 / 225

项目一 个人所得税纳税义务人身份确认 / 226
项目二 综合所得的税务处理 / 233
项目三 财产运作性所得的税务处理 / 248
项目四 个体经营性所得的处理 / 266
项目五 个人所得税的税收优惠政策 / 273
项目六 征收管理 / 278

模块六 其他税种涉税业务 / 293

项目一 房产税涉税业务处理 / 294
项目二 契税涉税业务处理 / 302
项目三 车船税涉税业务处理 / 309
项目四 土地增值税涉税业务处理 / 315
项目五 印花税涉税业务处理 / 322
项目六 城市维护建设税涉税业务处理 / 332
项目七 城镇土地使用税涉税业务处理 / 338

企业背景介绍

江苏省苏州市位于江苏省南部,东临上海,南接浙江,西抱太湖,北依长江。全市面积8 488平方千米,其中市区面积1 650平方千米。苏州市下辖张家港市、常熟市、太仓市、昆山市、吴江区、吴中区、相城区、姑苏区,以及苏州工业园区和苏州高新区、虎丘区。其中,苏州工业园区和苏州高新区均为国家级高新技术开发区,并成为各类内外资企业争相落户的发展福地。下辖几个县级市均在全国百强县"前十名"。

在改革开放春风下,古老的苏州正焕发出勃勃生机,确立了"科教兴市、外向带动、可持续发展"战略,形成了外向型经济、民营经济两翼发展的两大优势,培育了以高新技术为主的新的经济增长点,人才、产业、环境等新优势已见端倪。

苏州正在成为以高新技术产业为主导的现代制造业基地,产学研紧密联合、各类人才聚集的技术创新基地,科技含量高、外向度高、经济效益好的现代农业基地,融人文景

观与自然风光为一体、生态环境优美的旅游度假基地。21世纪的苏州将是"经济繁荣、科教发达、生活富裕、环境优美、社会文明"的基本现代化地区。

在这片美丽富饶的土地上,有一家实力雄厚、经营方向多元化的集团公司——苏州瑞德集团有限公司,主要从事加工制造、物流、外贸进出口、房地产开发、文化传播、商务服务等多种行业。拥有子公司数十家,拥有职工近万名。

一、企业简介

苏州瑞德集团有限公司(RAND GROUP CO.,LTD.)成立于1984年。公司主要从事酒类和房地产等相关产品的开发、制造和销售,目前产品包括瑞德品牌的各类酒类产品,瑞德置业开发的各类住宅、商业等多种业态的不动产产品和瑞德品牌的服务业产品。

公司现有员工万余名,注册资本数十亿元,资产总额300亿元,2016年实现销售500多亿元,连续多年入选苏州民营"效益十佳企业"。公司将立足制造行业,以制造、房地产开发、服务三大核心产业的组合为基础,大力发展多种跨行业、跨领域、跨区域经营。公司未来的发展目标是通过坚持国际化道路和名配角战略,做强、做大、走远,成为中国民营企业的百年老字号。

二、瑞德文化

追求在"共同创造"基础上建立起来的股东、员工、客户、社会关系的和谐统一,倡导并积极实践传统美德和科学精神的有机融合。

瑞德使命:为中国酒业产业发展探索腾飞之路。

瑞德愿望:做强、做大、走远,成为酒业行业的百年老字号。

瑞德战略:立足制造行业,成为国内著名酒业和房地产行业的先驱者和推动者。

瑞德核心价值观:共同创造。体现为:

——与全体股东共同创造瑞德坚实的基业;

——与全体员工共同创造瑞德优秀的品牌;

——与合作伙伴共同创造瑞德产品的市场;

——与业界同仁共同创造行业发展的空间;

——与社会各界共同创造文明进步的社会。

三、主要成员

苏州瑞德集团有限公司成员一览表

子公司名称	注册资本	注 册 地 点	经 营 方 向	职工人数
苏州瑞德酒业有限责任公司	1.5亿元	苏州市工业园区星湖路1008号	白酒、啤酒、饮料及其他酒类的生产与销售	1 600余名
苏州瑞德烟酒销售有限责任公司	2 000万元	苏州市工业园区星湖路1004号	白酒、啤酒、饮料及其他酒类的批发与零售	200余名
苏州瑞德置业有限责任公司	2.2亿元	苏州市工业园区虎踞路68号	普通商品房、商业用房等房地产项目的开发	500余名
苏州瑞德建筑安装有限责任公司	2亿元	苏州市吴中区宝带西路1126号	建筑、安装、装修、修缮等	1 500余名
苏州瑞德第一物业有限责任公司	1 000万元	苏州市工业园区虎踞路80号	企业、小区的物业服务及代理服务,写字楼的租赁等	1 200余名
苏州瑞德百货有限责任公司	2.5亿元	苏州市沧浪区人民路180号	日常百货的销售	1 000余名
苏州瑞德国际大酒店有限责任公司	1.8亿元	苏州市高新区狮山路1550号	餐饮、住宿等	1 150余名
苏州瑞德物流有限责任公司	6 000万元	苏州市相城区相城大道630号	仓储、运输、租赁等	520余名
苏州瑞德进出口贸易有限责任公司	1.5亿元	苏州市高新区华山路108号	商品物资的进出口及代理等	600余名
苏州瑞德旅行社有限责任公司	6 000万元	苏州市平江区干将路65号	境内及境外的旅游业务等	300余名
苏州瑞德通讯设备制造有限责任公司	1.5亿元	苏州市沧浪区新市路522号	通讯设备、器材制造与销售	1 300余名
苏州瑞德企业管理咨询有限责任公司	1 000万元	苏州市工业园区新港路68号	企业管理咨询、培训及文化传播	130余名

模块一

企业纳税准备阶段

企业税务准备是每一个纳税人在经营业务开展之前或期间所涉及的与税收征收机关相关的准备事宜，常见的包括工商税务登记、发票管理、账簿管理等事项，这些工作虽然很基础，但是它将影响企业今后的纳税管理以及税收核算的模式。因此，本模块的知识和操作技能具有非常重大的意义。

项目一　税收的基本知识

知识点
◎ 税收的概念、特征和分类
◎ 税收的分类和职能

技能点
◎ 掌握税法要素的运用
◎ 能对不同税收法规进行分类

课前十分钟——税收文化普及：《大禹治税》

 知识掌握

一、税收的概念

税收是国家财政收入的主要来源。国家依靠社会公共权力，根据法律法规，对纳税人包括法人企业、非法人企业和单位以及自然人强制无偿征收，纳税人依法纳税，以满足社会公共需求和公共商品的需要。税收体现了国家主权和国家权力。随着对外开放的扩大和社会主义市场经济的发展，税收在国民经济中的地位和作用日益增强。

税收是国家实行宏观经济调控的重要经济杠杆之一。适度的宏观税收水平，科学合理的税收结构和税收制度，规范的税收政策，可以有效地调节国民收入再分配，促进生产要素流动，引导资源优化配置，推动经济增长和产业升级，促进充分就业和社会稳定。合理的税制，统一的税法，公平的税负，对于理顺和规范国家与企业之间的分配关系，促进企业公平竞争，对于理顺和规范中央与地方之间的国民收入分配关系，都具有非常重要的意义。

二、税收的特征

税法与税收密不可分,税法是税收的法律表现形式,税收则是税法所确定的具体内容。因此,了解税收的本质与特征是非常必要的。税收是国家为了行使其职能而取得财政收入的一种方式。它的特征主要表现在三个方面。

一是强制性。主要指国家以社会管理者的身份,用法律、法规等形式对征收捐税加以规定,并依照法律强制征税。

二是无偿性。主要指国家征税后,税款即成为财政收入,不再归还纳税人,也不支付任何报酬。

三是固定性。主要指在征税之前,以法的形式预先规定了课税对象、课税额度和课税方法等。

因此,税法就是国家凭借其权力,利用税收工具的强制性、无偿性、固定性的特征参与社会产品和国民收入分配的法律规范的总称。

三、税收的本质与职能

由于税法调整的对象涉及社会经济活动的各个方面,与国家的整体利益及企业、单位、个人的直接利益有着密切的关系,并且在建立和发展我国社会主义市场经济体制中,国家将通过制定实施税法加强对国民经济的宏观调控,因此税法的地位越来越重要。正确认识税法在我国社会主义市场经济发展中的重要作用,对于我们在实际工作中准确地把握和认真执行税法的各项规定是很必要的。我国税法的重要作用主要有五个方面。

(一)税法是国家组织财政收入的法律保障

为了维护国家机器的正常运转以及促进国民经济健康发展,必须筹集大量资金,即组织国家财政收入。为了保证税收组织财政收入职能的发挥,必须通过制定税法,以法律的形式确定企业、单位和个人履行纳税义务的具体项目、数额和纳税程序,惩治偷逃税款的行为,防止税款流失,保证国家依法征税,及时足额地取得税收收入。针对我国税费并存(政府收费)的宏观分配格局,今后一段时期,我国实施税制改革的一个重要目的就是要逐步提高税收占国民生产总值的比重,以保障财政收入。

中国税收:改革创新 共享未来

(二)税法是国家宏观调控经济的法律手段

我国建立和发展社会主义市场经济体制,一个重要的改革目标,就是从过去国家习惯于用行政手段直接管理经济,向主要运用法律、经济的手段宏观调控经济转变。税收作为国家宏观调控的重要手段,通过制定税法,以法律的形式确定国家与纳税人之间的利益分配关系,调节社会成员的收入水平,调整产业结构和社会资源的优化配置,使之符合国家的宏观经济政策;同时,以法律的平等原则,公平经营单位和个人的税收负担,鼓励平等竞争,为市场经济的发展创造良好的条件。例如,2016年实施的全面营改增,对于调整产业结构,促进商品的生产、流通,适应市场竞争机制的要求,都发挥了积极的作用。

(三)税法对维护经济秩序有重要的作用

由于税法的贯彻执行,涉及从事生产经营活动的每个单位和个人,一切经营单位和个人通过办理税务登记、建账建制、纳税申报,其各项经营活动都将纳入税法的规范制约和管理范围。这将较全面地反映出纳税人的生产经营情况。这样,税法就确定了一个规范有效的纳税秩序和经济秩序,监督经营单位和个人依法经营,加强经济核算,提高经营管理水平;同时,税务机关按照税法规定对纳税人进行税务检查,严肃查处偷逃税款及其他违反税法规定的行为。这也将有效地打击各种违法经营活动,为国民经济的健康发展创造一个良好、稳定的经济秩序。

(四)税法能有效地保护纳税人的合法权益

由于国家征税直接涉及纳税人的切身利益,如果税务机关随意征税,就会侵犯纳税人的合法权益,影响纳税人的正常经营,这是法律所不允许的。因此,税法在确定税务机关征税权利和纳税人履行纳税义务的同时,相应规定了税务机关必尽的义务和纳税人享有的权利,如纳税人享有延期纳税权、申请减税免税权、多缴税款要求退还权、不服税务机关的处理决定申请复议或提起诉讼权等。税法还严格规定了对税务机关执法行为的监督制约制度,如进行税收征收管理必须按照法定的权限和程序行事,造成纳税人合法权益损失的要负赔偿责任等。所以说,税法不仅是税务机关征税的法律依据,同时也是纳税人保护自身合法权益的重要法律依据。

(五)税法是维护国家权益,促进国际经济交往的可靠保证

在国际经济交往中,任何国家对在本国境内从事生产、经营的外国企业或个人都拥有税收管辖权,这是国家权益的具体体现。我国自1979年实行对外开放以来,在平等互

利的基础上,不断扩大和发展同各国、各地区的经济交流与合作,利用外资、引进技术的规模、渠道和形式都有了很大发展。我国在建立和完善涉外税法的同时,还同80多个国家签订了避免双重征税的协定。这些规定既维护了国家的权益,又为鼓励外商投资,保护国外企业或个人在华的合法经营,发展国家间平等互利的经济技术合作关系,提供了可靠的法律保障。

四、税法的分类

税法体系中按各税法的立法目的、征税对象、权限划分、适用范围、职能作用的不同,可分为不同类型的税法。

(一)按照税法的基本内容和效力的不同,可分为税收基本法和税收普通法

前沿讲座:创业与税收

税收基本法是税法体系的主体和核心,在税法体系中起着税收母法的作用。其基本内容一般包括税收制度的性质、税务管理机构、税收立法与管理权限、纳税人的基本权利与义务、税收征收范围(税种)等。我国目前还没有制定统一的税收基本法,随着我国税收法制建设的发展和完善,今后将研究制定税收基本法。税收普通法是根据税收基本法的原则。对税收基本法规定的事项分别立法实施的法律,如个人所得税法、税收征收管理法等。

(二)按照税法的职能作用的不同,可分为税收实体法和税收程序法

税收实体法主要是指确定税种立法,具体规定各税种的征收对象、征收范围、税目、税率、纳税地点等,如《中华人民共和国企业所得税法》《中华人民共和国个人所得税法》就属于税收实体法。税收程序法是指税务管理方面的法律,主要包括税收管理法、纳税程序法、发票管理法、税务机关组织法、税务争议处理法等。《中华人民共和国税收征收管理法》(以下简称《税收征收管理法》)就属于税收程序法。

(三)按照税法征收对象的不同,可分为四种

一是对流转额课税的税法。主要包括增值税、消费税、关税等。这类税法的特点是与商品生产、流通、消费有密切联系,对什么商品征税、税率多高,对商品经济活动都有直接的影响,易于发挥对经济的宏观调控作用。

二是对所得额课税的税法。主要包括企业所得税、个人所得税等。其特点是可以

直接调节纳税人收入，发挥其公平税负、调整分配关系的作用。

三是对财产、行为课税的税法。主要是对财产的价值或某种行为课税，包括房产税、印花税等。

四是对自然资源课税的税法。主要是为保护和合理使用国家自然资源而课征的税，我国现行的资源税、城镇土地使用税等税种均属于资源课税的范畴。

（四）按照主权国家行使税收管辖权的不同，可分为国内税法、国际税法、外国税法等

国内税法一般是按照属人或属地原则，规定一个国家的内部税收制度。国际税法是指国家间形成的税收制度，主要包括双边或多边国家间的税收协定、条约和国际惯例等。外国税法是指外国各个国家制定的税收制度。

五、税法的构成要素

税法的构成要素一般包括总则、纳税义务人、征税对象、税目、税率、纳税环节、纳税期限、纳税地点、减税免税、罚则、附则等项目。

1. 纳税义务人

纳税义务人，即纳税主体，主要是指一切履行纳税义务的法人、自然人及其他组织。

2. 征税对象

征税对象，即纳税客体，主要是指税收法律关系中征纳双方权利义务所指向的物或行为。这是区分不同税种的主要标志，我国现行税收法律、法规都有自己特定的征税对象。比如，企业所得税的征税对象就是应税所得，增值税的征税对象就是商品或劳务在生产和流通过程中的增值额。

3. 税率

税率是对征税对象的征收比例或征收额度。税率是计算税额的尺度，也是衡量税负轻重与否的重要标志。我国现行的税率主要有以下四种。

（1）比例税率，即对同一征税对象，不分数额大小，规定相同的征收比例。我国的增值税、城市维护建设税、企业所得税等采用的是比例税率。

（2）超额累进税率，即把征税对象按数额的大小分成若干等级，每等级规定一个税率，税率依次提高，但每一纳税人的征税对象则依所属等级同时适用几个税率分别计算，将计算结果相加后得出应纳税款。目前采用这种税率的是个人所得税。

（3）定额税率，即按征税对象确定的计算单位，直接规定一个固定的税额。目前采

用定额税率的有资源税、城镇土地使用税、车船税等。

（4）超率累进税率，即以征税对象数额的相对率划分若干级距，分别规定相应的差别税率，相对率每超过一个级距的，对超过的部分就按高一级的税率计算征税。目前，采用这种税率的是土地增值税。

4. 纳税环节

纳税环节主要指税法规定的征税对象在从生产到消费的流转过程中应当缴纳税款的环节，如流转税在生产和流通环节纳税、所得税在分配环节纳税等。

5. 纳税期限

纳税期限是指纳税人按照税法规定缴纳税款的期限。比如，企业所得税在月份或者季度终了后15日内预缴，年度终了后5个月内汇算清缴，多退少补；增值税的纳税期限，分别为5日、10日、15日或者1个月，纳税人的具体纳税期限，由主管税务机关根据纳税人应纳税额的大小分别核定。不能按照固定期限纳税的，可以按次纳税。

微电影：张大咖的烦心事

6. 纳税地点

纳税地点主要是指根据各个税种纳税对象的纳税环节和有利于对税款的源泉控制而规定的纳税人（包括代征、代扣、代缴义务人）的具体纳税地点。

7. 税收优惠

税收优惠主要是对某些纳税人和征税对象采取减少征税或者免予征税的特殊规定。

8. 违章处理

违章处理主要是指对纳税人违反税法的行为采取的处罚措施，如加收滞纳金、罚款等。

 知识链接

中国古代思想家、政治家的税收观

（一）老子的赋税观

老子，春秋时期思想家，道家学派创始人。老子认为"道"是天地万物的根源，并支配其演变，提出"道常无为而无不为"的观点，主张顺乎自然，无为而治。从这一基本思想出发，老子对国家及与国家密切相关的赋税持完全否定的态度。老子认为，统治者征收赋税是违背天道:"天之道损有余而补不足。人之道则不然,损不足以奉有余。"他认为:赋税加剧了社会的贫富对立和矛盾冲突,使百姓陷于贫困,"朝苍除,田甚荒,仓甚虚;服文采,带利剑,厌饮食,财货有余,是谓盗竽,非道也哉""民之饥,以其上食税之多,是以饥"。他认为统治者征收重税将导致自己的灭亡,"甚爱必大费,多藏必厚亡",主张圣贤的君主不积累财富,即"圣人不积"。老子要建立的是一个符合道的精神,没有阶级,没有国家,没有战争,也没有赋税的"小国寡民"的社会,这只是一种渺茫的空想,是违背历史发展进程的。然而,老子也揭露了赋税剥削的本质,指出它是百姓贫困的根源,从这个意义上说,老子的赋税观也具有积极的一面。

(二)管仲的赋税主张

管仲名夷武,字仲,又字敬仲,史称管子,公元前725年出生于颖上(今安徽颖上县)一个社会地位不高的家庭。在赋税政策上,他首先主张公平税负,"相地而衰征"的原则按土地等级实行差别税率,即"地均以实数"。把全国土地按不同土质和不同出产分"百而当一""十而当一""五而当一"等几级,折成标准耕地面积来征收土地租税。管仲重视利用自然资源,强调"泽立三虞,山立三衡",对山林川泽所生育的万物皆加以管理,使利归国家。管仲实行"官山海"政策,首创了盐的专卖,寓税于价,大幅度地增加了国家的财政收入。齐国经过理财家管仲的多年改革,国富民强,势力迅速地发展起来。

(三)韩非的赋税思想

韩非(约公元前280年—前233年),战国末期杰出的政治家、思想家,先秦法家学派的集大成者。韩非的思想观点基本上接近商鞅,但更偏激。他十分重视富国问题,"欲利尔身,先利尔君;欲富尔家,先富尔国"。在如何富国的问题上,他主张"富国以农""田荒则府仓虚,府仓虚则国贫"。因此,他十分重视农业生产和对农业的征收,"悉租税,专民力,所以备难,充仓府也"。韩非不主张轻税,认为轻税会使人们因财用多而流于奢侈,由奢侈导致家贫,或因其财用多而不努力耕作。他说:"今学者皆道书策之颂语,不察当世之实事,曰:'上不爱民,赋敛常重,则用不足而下恐上,故天下大乱!'此以为足其财用以加爱焉,虽轻刑罚可以治也。此言不然矣。"他主张重赋敛以富国,要求人们"力尽于事",然后"归利于上"。他坚决反对国家"征敛于富人,以布施于贫家"的做法,主张通过重税使百姓生活在同一贫困线以下,即"论其赋税以均贫富"。秦统治时期实行"力役三十倍于古,田租、口赋、盐铁之利二十倍于古"的稽征暴放政策,与其推行韩非的赋税理论有直接的关系。

实操训练

西方国家有句名言：人生两件事是不可避免的，一是纳税，二是死亡。

或许你不信，咋就不可避免呢？死亡不可避免不用说了，纳税也是如此吗？我们好多人好像都没纳过税啊？

果真如此吗？来看看纳税是如何不可避免的。如果你投资工商业或服务业，办工厂、开商店，或者开饭店、跑运输……显然逃不了各种商品税，如增值税、消费税等，也避免不了所得税，如企业所得税、个人所得税。如果你不经商，就是一名普通的员工，是否就不纳税呢？如果你的月工资超过了5 000元，就要缴纳个人所得税。如果你购买彩票中奖了，就需要纳税。如果你把房子或者其他设备出租了，获得一笔租金，也要纳税。你买房，要缴纳契税；你买车，要缴纳车辆购置税……

无论你做什么，无论你的社会地位如何，无论你的收入是多少，你都是我们国家的纳税人，你都已经为祖国的建设做出了一份贡献。

问题：你了解什么是税收吗？为什么要纳税吗？

实操分析

税收是人们十分熟悉的一个古老的经济范畴，从它的产生到如今，经历了不同的社会形态，有了几千年的历史。根据马克思主义学说，可以对税收做如下界定：第一，税收是与国家的存在直接联系的，是政府机器赖以存在并实现其职能的物质基础，也就是政府保证社会公共需要的物质基础；第二，税收是一个分配范畴，是国家参与并调节国民收入分配的一种手段，是国家财政收入的主要形式；第三，国家在征税过程中形成一种特殊的分配关系，即以国家为主体的分配关系，因而税收的性质取决于社会经济制度的性质和国家的性质。

每一个人在社会上有两种需求：一是个人需求如衣食住行；二是公共需求，这也是社会共同需求，如路灯、道路、桥梁、公共绿化、公共信息……这些东西由政府提供，而且越来越得到强化。作为管理者，政府只是组织者而不直接从事生产，不能是无米之炊无源之水，这笔公共开销的成本从大家中来，即税款。税收从本质上来讲，就是国家通过权力参与国民收入分配，强行将属于私人或企业占有的财富无偿地变为国家所有,由国家支配和再分配。这在古今中外都是一样的。但是,目前政府在宣传上力度不够,应该加大宣传,让老百姓知道税收的重要性,知道这钱不是政府的救济,而是大家伙平时纳的税……明白了税收的意义,不仅要宣传纳税人的义务,还要进一步宣传政府的功能,让老百姓来监督政府,让公众深切感受到政府是管家的人。在这样的情形下逐步形成水乳交融的关系,税收也就能真正"取之于民,用之于民"了。

项目二 工商税务登记

知识点
◎ 开业登记
◎ 变更登记和注销登记

技能点
◎ 了解工商税务登记的程序
◎ 掌握相关登记的文书准备

课前十分钟——税收文化普及:《井田借力》

知识掌握

2016年6月30日,国务院办公厅发布了《关于加快推进"五证合一、一照一码"登记制度改革的通知》(国办发〔2016〕53号),从2016年10月1日起,全国范围内实施"五证合一""一照一码"登记,各地将在原有的工商营业执照、组织机构代码证、税务登记证"三证合一"改革的基础上,整合社会保险登记证和统计登记证,推进"五证合一"改革。

新的"五证合一"办证模式,采取"一表申请、一窗受理、并联审批、一份证照"的流程:首先,办证人持工商网报系统申请审核通过后打印的《新设企业五证合一登记申请表》,携带其他纸质资料,前往大厅多证合一窗口受理;窗口核对信息、资料无误后,将信息导入工商准入系统,生成工商注册号,并在"五证合一"打证平台生成各部门号

码，补录相关信息，同时，窗口专人将企业材料扫描，与《工商企业注册登记联办流转申请表》传递至质监、国税、地税、社保、统计五个部门，由五个部门分别完成后台信息录入；最后打印出载有一个证号的营业执照。此办证模式的创新，大幅度缩短了办证时限，企业只需等待2个工作日即可办理以往至少15个工作日才能够办结的所有证件，办事效率得到提高。

税收视频：多证合一如何办理
来源：中财讯

一、工商税务登记需要准备的资料

1. 填写《新设企业五证合一登记申请表》，根据办理的需要，只需要填写五证合一相关内容，其他部分让其空着就可以。

新设企业五证合一公司登记申请表
注：请仔细阅读本申请表《填写说明》，按要求填写。

□ 基本信息					
名　　称					
名称预先核准文号或注册号					
住　　所	_____省（市/自治区）_____市（地区/盟/自治州）_____县（自治县/旗/自治旗/市/区）_____乡（民族乡/镇/街道）_____村（路/社区）_____号				
联系电话			邮政编码		
□ 设立					
法定代表人姓名		职　　务	□董事长　□执行董事　□经理		
注册资本	_____万元	公司类型			
设立方式（股份公司填写）	□发起设立		□募集设立		
经营范围					
经营期限	□_____年　□长期	申请执照副本数量	_____个		
股东（发起人）	名称或姓名	投资方经济性质（税务要求）	投资比例（税务要求）	证件种类（税务要求）	证照号码	住　　所

(续表)

股　东 （发起人）						
自然人投资比例（税务要求）		外资投资比例（税务要求）		国有投资比例（税务要求）		

□ 变更		
变更项目	原登记内容	拟变更内容
与变更同时办理的备案登记	□董事　□监事　□经理　□章程　□章程修正案	

税务部门补充信息					
登记注册类型			国标行业		
项目内容 联系人	姓　名	身份证件	固定电话	移动电话	电子邮箱
		种类　　号码			
财务负责人					
办税人					

税务代理人名称	纳税人识别号	联系电话	电子邮箱

适用企业会计制度	□企业会计准则 □小企业会计准则	核算方式	□独立核算 □非独立核算	从业人数	

分支机构名称	注册地址	纳税人识别号

代扣代缴代收代缴税款业务情况	代扣代缴、代收代缴税款业务内容	代扣代缴、代收代缴税种

承租房屋	出租人名称	出租人证件号码	承租房屋坐落	年租金	备注

（续表）

自用房屋	产权证书号	房屋坐落	房产原值	年应纳税额	备 注
出租房屋	产权证书号	房屋坐落	年租金收入	年应纳税额	备 注
承租土地	出租人名称	出租人证件号码	承租土地坐落	土地面积	备 注
自用土地	土地证书号	土地坐落	土地面积	年应纳税额	备 注
出租土地	土地证书号	土地坐落	土地面积	年应纳税额	备 注
☐ 申请人声明					
本公司依照《公司法》《公司登记管理条例》《组织机构代码管理办法》《税务登记管理办法》相关规定申请登记，提交材料真实有效。 法定代表人签字：　　　　　　　　　　　　　公司盖章 　　　　　　　年　　月　　日　　　　　　　　　　　年　　月　　日					

2.《指定代表或者共同委托代理人授权委托书》及指定代表或委托代理人的身份证件复印件，经办人带着身份证原件。依照表格要求先填好。

指定代表或者共同委托代理人授权委托书（范本）

申　请　人：_____　　张三、李四、王五_____
指定代表或者委托代理人：_____　张飞_____
委托事项及权限：
　1.办理_____苏州瑞德投资有限公司_____（企业名称）的
　　☐ 名称预先核准　☑ 设立　☐ 变更　☐ 注销　☐ 备案　☐ 撤销变更登记
　　☐ 股权出质（☐ 设立　☐ 变更　☐ 注销　☐ 撤销）☐ 其他_____手续。
　2.同意☑ 不同意☐ 核对登记材料中的复印件并签署核对意见；
　3.同意☑ 不同意☐ 修改企业自备文件的错误；
　4.同意☑ 不同意☐ 修改有关表格的填写错误；
　5.同意☑ 不同意☐ 领取营业执照和有关文书。

3. 全体股东签署的公司章程，如果没有标准的章程可以在文库里面下载，按照自己公司的情况填写完整即可。

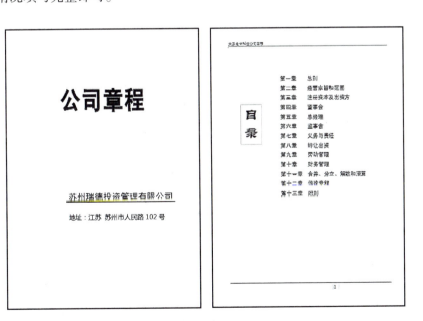

4. 股东的主体资格证明或者自然人身份证件复印件。股东为企业的，提交营业执照副本复印件。

➢ 股东为事业法人的,提交事业法人登记证书复印件。

➢ 股东为社团法人的,提交社团法人登记证复印件。

➢ 股东为民办非企业单位的,提交民办非企业单位证书复印件。

这一条根据公司情况来定,一般都是第一条多些。

5. 五证合一由老证换新证只需要到工商局办理即可,须填写下面的表格。

企业换发"五证合一"新码营业执照申请书

企业名称				
原注册号		统一社会信用代码		
换发依据	《关于加快推进"五证合一、一照一码"登记制度改革的通知》(国办发[2016]53号)文件			
企业申请事项	☐ 换发新码营业执照,其中领取副本　个; ☐ 备案本企业联络员、财务负责人(见附表)。			
交回原有证照情况				
	证照号码	收回数量		无法提交的原因
		正本	副本	丢失　未办理
营业执照				
组织机构代码				
税务登记证				
社会保险登记证				
统计登记证				
申请人声明	本企业提交的所有申请材料均真实有效。 企业法定代表人(负责人)签字: 　　　　　　　　　　　　　　　　企业公章 　　　　　　　　　　　　　　　　年　月　日			
工商部门经办人		换发时间		

注:1. 此表仅限于企业申请换新码营业执照使用,原营业执照正、副本原件同时收回;
　　2. 相关证照丢失的,应提交发布丢失公告的报纸原件;
　　3. 未办理相关证件的,应提交相关说明材料,并加盖本企业公章;
　　4. 涉及登记事项变更的,仍按照企业变更登记程序办理。

二、工商办理流程

五证合一目前采取一窗受理、一表申请、并联审批、一份证照的流程：

（1）申请人下载并打印《新设企业五证合一登记申请表》，填写相关申请内容；

（2）持打印并填写完成的申请表，前往当地工商局大厅多证合一窗口受理；

（3）由工商人员进行核对信息，确认资料无误后导入工商准入系统，生成工商注册号，并在五证合一大平台生成各部门号码，补录相关信息；

（4）工商人员将企业材料扫描后通过后台流转至质监、国税、地税、社保、统计五个部门，进行信息录入，完成后打印只有一个证号的营业执照；

（5）前往工商部门领取新版五证合一营业执照，一般办理时间为2—5个工作日，具体时间与当地政策有关，需要咨询当地工商部门。

三、工商部门颁发"五证合一"执照

工商部门通过综合业务平台收到质监部门发送的组织机构代码和国税、地税部门发送的税务登记号（纳税人识别号）后，在1个工作日内颁发加载组织机构代码、税务登记号（纳税人识别号）的营业执照。

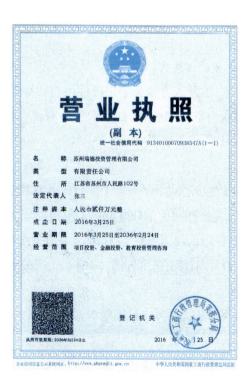

税收视频——五证合一办　别忘把税交

> **统一社会信用代码是什么？**
>
> "五证合一"将工商注册号、组织机构代码、纳税人识别号等合并为统一代码，采取程序自动、实时生成的方式，在办理企业注册登记时一并赋码。企业纳税人，其统一社会信用代码就是企业的纳税人识别号，可用于办理涉税业务。统一社会信用代码共18位：第1位为登记管理部门代码，9表示工商行政管理部门；第2位为机构类别代码，1表示企业，2表示个体工商户，3表示农民专业合作社；第3—8位为登记管理机关行政区划码，由系统自动生成；第9—17位为主体识别码（组织机构代码）；第18位为校验码。

知识链接

变更登记和注销登记

企业除了进行开业税务登记外，也经常发生变更登记和注销登记，相应的手续又该如何办理呢？

（一）变更税务登记

1. 变更登记（涉及税务登记证件内容变化）

税务登记情形发生变化，涉及改变税务登记证件内容的纳税人，向原主管税务机关办理变更税务登记。申请变更登记的企业，如已取得载有统一社会信用代码的营业执照，按照"五证合一、一照一码"相关事项执行。

（1）纳税人办理时限。

纳税人税务登记内容发生变化的，应当自工商行政管理机关或者其他机关办理变更登记之日起30日内，持有关证件向原税务登记机关申报办理变更税务登记。

纳税人税务登记内容发生变化，不需要到工商行政管理机关或者其他机关办理变更登记的，应当自发生变化之日起30日内，持有关证件向原税务登记机关申报办理变更税务登记。

（2）税务机关办理时限。

报送资料齐全、符合法定形式、填写内容完整的，受理后即时办结。

（3）报送资料：

①《变更税务登记表》；

② 工商营业执照原件及复印件；
③ 纳税人变更登记内容的有关证明文件原件及复印件；
④ 税务登记证件。

2. 变更登记（不涉及税务登记证件内容变化）

税务登记情形发生变化，但不涉及改变税务登记证件内容的纳税人，向原主管税务机关办理变更税务登记。申请变更登记的企业，如已取得载有统一社会信用代码的营业执照，按照"五证合一、一照一码"相关事项执行。

（1）纳税人办理时限。

纳税人税务登记内容发生变化的，应当自工商行政管理机关或者其他机关办理变更登记之日起30日内，持有关证件向原税务登记机关申报办理变更税务登记。

纳税人税务登记内容发生变化，不需要到工商行政管理机关或者其他机关办理变更登记的，应当自发生变化之日起30日内，持有关证件向原税务登记机关申报办理变更税务登记。

（2）税务机关办理时限。

报送资料齐全、符合法定形式、填写内容完整的，受理后即时办结。

（3）报送资料：

① 《变更税务登记表》；
② 纳税人变更登记内容的有关证明文件原件及复印件。

（二）注销税务登记

随着"五证合一、一照一码"登记制度的全面实施，使用"五证合一"新营业执照的纳税人越来越多。对已取得新营业执照，却又不打算继续经营的纳税人来说，如何注销税务登记成了他们普遍关注的问题。

注销税务登记所需资料和流程暂无变化。

须明确的是，"五证合一"并非是将税务登记取消了。税务登记的法律地位仍然存在，只是政府简政放权，将此环节改为由工商行政管理部门一口受理，核发一个加载法人和统一社会信用代码的营业执照，这个营业执照在税务机关完成信息补录后具备税务登记证的法律地位和作用。

据了解，纳税人有下列情形的，需要到主管税务机关办理注销手续：

➤ 纳税人发生解散、破产、撤销以及其他情形，依法终止纳税义务的，应当在向工商行政管理机关或者其他机关办理注销登记前，持有关证件向原税务登记机关申报办理注销税务登记；

➤ 按照规定不需要在工商行政管理机关或者其他机关办理注销登记的，应当自有关机关批准或者宣告终止之日起15日内，持有关证件向原税务登记机关申报办理注销税务登记；

➤ 纳税人因住所、经营地点变动，涉及改变税务登记机关的，应当在向工商行政管理机关或者其他机关申请办理变更、注销登记前，或者住所、经营地点变动前，持有关证件和资料，向原税务登记机关申报办理注销税务登记；

➤ 纳税人被工商行政管理机关吊销营业执照或者被其他机关予以撤销登记的，应当自营业执照被吊销或者被撤销登记之日起15日内，向原税务登记机关申报办理注销税务登记；

➤ 境外企业在中国境内承包建筑、安装、装配、勘探工程和提供劳务的，应当在项目完工、离开中国前15日内，持有关证件和资料，向原税务登记机关申报办理注销税务登记。

纳税人在注销税务登记之前，首先应向税务机关结清应纳税款、滞纳金、罚款、缴销发票、税务登记证件和其他税务证件。其次，注销企业属于增值税一般纳税人的，还要缴销金税盘或税控盘等税控专用设备，具有进出口资格的企业，还要注销出口退税资格。

> **注意：**
> 《清税证明》是办理注销的必备资料

因此，企业在申请注销税务登记前，首先要进行税款的清算，有欠缴或少缴税款的企业要补缴，企业有多缴税款的可向主管税务机关申请退还。其次，企业财务要对已领取的发票进行清点核对，归集结存尚未使用的空白发票。具有增值税一般纳税人资格的企业，要将金税盘或税控盘等税控专用设备从计算机上拆除，并做好上交主管税务局的准备。

已取得"五证合一、一照一码"营业执照的企业，申请注销税务登记时，可向税务主管机关提出清税申请。清税完毕后，税务机关根据清税结果向纳税人统一出具《清税证明》，并将信息共享到交换平台。按照国家税务总局的规定，纳税人在清税后，经举报等线索发现已注销税务登记的纳税人有少报、少缴税款的，税务机关会将其相关违法违纪信息传至登记机关，纳入"黑名单"管理，这将对其以后从事经营活动，办理相关手续产生不良影响。

一张图带你认识税收违法黑名单制度
来源：国家税务总局

实操训练

瑞德集团于2018年9月拟成立一家全资控股子公司，公司名称为苏州瑞德企业管理咨询有限公司,坐落于苏州市工业园区新港路68号,主要从事企业管理的咨询、培训及文化传播等相关经营事项。公司注册资本50万元,全部由瑞德集团出资(法人资本)。公司会计王芳按公司要求准备去工商、税务机关办理工商、税务登记,但小王是刚刚从大学毕业的应届毕业生,对办理工商、税务登记的程序和注意事项一窍不通,更不知道需要准备什么材料。请你帮助小王,给她提供一点专业性的建议。

通过分析上述任务,我们可以发现,问题的关键是小王从未接触过新设企业办理开业登记的工作,包括登记的时间要求、材料准备、文书书写等,而这些知识和技能是作为纳税人跟税务机关打交道的第一步,也关系到纳税人今后该如何正常纳税的前提,也是纳税人正常进行涉税业务的基础。现行的"五证合一"登记制度是指将企业登记时依次申请,分别由工商行政管理部门核发工商营业执照、质量技术监督部门核发组织机构代码证、税务部门核发税务登记证,改为一次申请、由工商行政管理部门核发一个营业执照的登记制度。

根据上述知识点的介绍,小王要办理税务开业登记的新公司为集团控股子公司,应准备好所有材料,也可以委托相关中介机构,去主管工商机关办理开业设立登记。

思考与练习

1. 【简答题】办理开业登记时需要企业准备哪些材料?
2. 【简答题】如果瑞德企业管理咨询公司准备在苏州高新区开设分公司,应如何办理分公司的开业登记?

项目三　发票管理

知识点
◎ 发票的领购、开具和保管
◎ 发票违法行为的处罚

技能点
◎ 了解发票领购、开具和保管的程序和方法
◎ 掌握发票违法行为的处罚规定

课前十分钟——税收文化普及：《周公解税》

知识掌握

一、发票的领购

依法办理税务登记的单位和个人，在领取税务登记证件后，可以向主管税务机关申请领购发票。依法不需要办理税务登记的单位需要领购发票的，也可以按照《中华人民共和国发票管理办法》的有关规定，向主管税务机关申请领购发票。

（1）申请领购发票的单位和个人应当提出购票申请，提供经办人身份证明、税务登记证件或者其他有关证明，以及财务印章或者发票专用章的印模，经主管税务机关审核后，发给发票领购簿。

领购发票的单位和个人凭发票领购簿核准的种类、数量以及购票方式，向主管税务机关领购发票。税务机关在发售发票时，应按核准的收费标准收取发票工本费，并向购票单位和个人开具收据。

（2）如果临时到主管税务机关以外的地方从事经营活动的单位或者个人，应当凭主管税务机关的证明向经营地税务机关申请领购发票。

税务机关对外省、自治区、直辖市、地（州）市来本辖区从事临时经营

视频：发票的领购
来源：《马斌说税》

活动的单位和个人,可以要求其提供保证人或者根据所领购发票的票面限额及数量要求其交纳不超过1万元的保证金,并限期缴销发票。保证人同意为领购发票的单位和个人提供担保的,应当填写担保书。担保书内容包括担保对象、范围、期限和责任以及其他有关事项。担保书须经购票人、保证人和税务机关签字盖章后有效。按期缴销发票的,解除保证人的担保义务或者退还保证金。未按期缴销发票的,由保证人或者以保证金承担法律责任。

二、发票的开具和保管

提供服务以及从事其他经营活动的单位和个人,对外发生经营业务收取款项,收款方应向付款方开具发票。所有单位和从事生产、经营活动的个人在接受服务以及从事其他经营活动支付款项时,应当向收款方取得发票。

(1)取得发票时,不得要求变更品名和金额。不符合规定的发票,不得作为财务报销凭证,任何单位和个人有权拒收。开具发票应当按照规定的时限、顺序,逐栏、全部联次一次性如实开具,并加盖单位财务印章或者发票专用章。使用电子计算机开具发票须经主管税务机关批准,并使用税务机关统一监制的机用发票,开具后的存根联应当按照顺序号装订成册。

(2)开具发票的单位和个人应当按照税务机关的规定存放和保管发票,不得擅自损毁。已开具的发票存根和发票登记簿,应当保存5年。保存期满,报经税务机关查验后销毁。

(3)对临时从事经营活动须取得发票的单位和个人,应向税务机关提供发生购销业务、接受服务或者其他经营活动的书面证明,直接向税务机关申请填开。对税法规定应当纳税的,税务机关应当在开具发票的同时征税。

 知识链接

一、发票管理规定的法律责任

发票的使用有着严格的规定,如果存在违反情形,将有着相应的处罚规定。

(1)对有下列违反发票管理行为之一的单位和个人,由税务机关责令限期改正,没收非法所得,并可以处以1万元以下罚款;有下列两种或两种以上行为的,可以分别处罚。

中华人民共和国发票管理办法实施细则
来源:国家税务总局令第25号

(1) 未按照规定印制发票或者生产发票防伪专用品的;

(2) 未按照规定领购发票的;

(3) 未按照规定开具发票的;

(4) 未按照规定取得发票的;

(5) 未按照规定保管发票的;

(6) 未按照规定接受税务机关检查的。

（2）对非法携带、邮寄、运输或者存放空白发票的,由税务机关收缴发票,没收非法所得,可以并处1万元以下的罚款。

（3）对私自印制、伪造变造、倒买倒卖发票,私自制作发票监制章、发票防伪专用品的,由税务机关依法予以查封、扣押或者销毁,没收非法所得和作案工具,可以并处1万元以上5万元以下的罚款;构成犯罪的,依法追究刑事责任。

（4）违反发票管理法规,导致其他单位或个人未缴、少缴或者骗取税款的,由税务机关没收非法所得,可以并处未缴、少缴或者骗取税款1倍以下的罚款。

当事人对税务机关的处罚决定不服的,可以依法向上一级税务机关申请复议或者向人民法院起诉;逾期不申请复议,也不向人民法院起诉,又不履行的,作出处罚决定的税务机关可以申请人民法院强制执行。

二、发票专用章

发票专用章是指用发票单位和个人按税务机关规定刻制的印章,印章印模里含有其公司单位名称、发票专用章字样、税务登记号,在领购或开具发票时加盖的印章。

根据《中华人民共和国发票管理办法》(根据2010年12月20日《国务院关于修改〈中华人民共和国发票管理办法〉的决定》修订)的规定,国家税务总局发布《国家税务总局关于发票专用章式样有关问题的公告》(国家税务总局公告2011年第7号),明确发票专用章的式样。

该公告指出,发票专用章的形状为椭圆形,长轴为40 mm、短轴为30 mm、边宽1 mm,印色为红色。发票专用章中央刊纳税人识别号;外刊纳税人名称,自左而右环行,如名称字数过多,可使用规范化简称;下刊"发票专用章"字样。使用多枚发票专用章的纳税人,应在每枚发票专用章正下方刊顺序编码,如"(1)、(2)……"字样。发票专用章所刊汉字,应使用简化字,字体为仿宋体:"发票专用章"字样字高4.6 mm、字宽3 mm;纳税人名称字高4.2 mm、字宽根据名称字数确定;纳税人识别号数字为Arial体,数字字高为3.7 mm,字宽1.3 mm。

发票专用章自2011年2月1日启用。

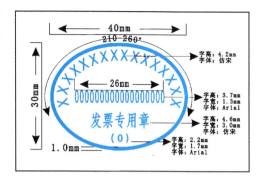

实操训练

苏州瑞德企业管理咨询有限公司在2018年10月15日为苏州某家房地产开发公司提供了一份关于该公司坐落于苏州工业园区金鸡湖畔的商品房项目"观湖丽宫"的营销策划方案,取得收入250 000元。对方要求提供服务项目名称为"培训费",金额为300 000元的发票。由于瑞德企业管理咨询有限公司刚刚成立不久,公司还未领购发票,公司会计王芳虽然知道了办理税务登记的程序和注意事项,但对发票如何领购和开具却不是很了解,请你帮助小王,给她提供一些关于发票方面的帮助。

通过分析上述任务,问题的关键是小王该如何到税务机关去领购发票,又要准备什么材料,同时对房地产公司提出的开票要求,小王能不能按着他们的要求去开票等。

实操分析

1. 准备工作

小王应以应当苏州瑞德企业管理咨询有限公司的名义向主管税务机关提出购票申请,提供经办人也就是自己的身份证明、税务登记证副本,以及公司财务印章或者发票专用章的印模。

2. 操作步骤注意点

(1) 根据小王提供的材料,经主管税务机关审核后,发给发票领购簿。

(2) 领购发票的单位和个人凭发票领购簿核准的种类、数量以及购票方式,向主管税务机关领购发票。

(3) 小王在发售发票时,应按核准的收费标准缴纳发票工本费,并向税务机关取得收据,以便回来做账之用。

（4）在开具发票时，根据规定，不得变更品名和金额，所以对方要求提供服务项目名称为"培训费"，金额为 300 000 元的发票的要求是违反发票管理规定的，小王只能依法向对方开具服务项目名称为"咨询费"，金额为"250 000 元"的发票一张，并加盖本公司的发票专用章。

思考与练习

1. 【简答题】发票的使用有哪些规定，如果存在违反行为，将面临什么样的处罚？
2. 【简答题】如瑞德企业管理咨询公司到北京为一家房地产公司提供税收筹划方面的内训，则如何办理发票的领购和开具呢？

项目四　账簿管理

知识点
◎ 账簿的设立、核算与保管
◎ 税收管理证明及账簿管理的法律责任

技能点
◎ 了解账簿设立、核算与保管的要求
◎ 掌握账簿管理的相关法律责任

 知识掌握

一、账簿设立

从事生产、经营的纳税人应当在领取营业执照之日起15日内按照规定设置总账、明细账、日记账以及其他辅助性账簿，其中总账、日记账必须采用订本式。

生产经营规模小又确无建账能力的个体工商业户，可以聘请注册会计师或者经主管国家税务机关认可的财会人员代为建账和办理账务；聘请注册会计师或者经主管国家税务机关认可的财会人员有实际困难的，经县（市）以上国家税务局批准，可以按照国家税务机关的规定，建立收支凭证粘贴簿、进货销货登记簿等。扣缴义务人应当自税收法律、行政法规规定的扣缴义务发生之日起10日内，按照所代扣、代收的税种，分别设置代扣代缴、代收代缴税款账簿。

纳税人、扣缴义务人采用电子计算机记账的，对于会计制度健全，能够通过电子计算机正确、完整计算其收入、所得的，其电子计算机储存和输出的会计记录，可视同会计账簿，但应按期打印成书面记录并完整保存；对于会计制度不健全，不能通过电子计算机正确、完整反映其收入、所得的，应当建立总账和与纳税或者代扣代缴、代收代缴税款有关的其他账簿。

从事生产、经营的纳税人应当自领取税务登记证件（也就是"五证合一"的证件）之日起15日内，将其财务、会计制度或者财务、会计处理办法报送主管国家税务机关备案。纳税人、扣缴义务人采用计算机记账的，应当在使用前将其记账软件、程序和使用说明书及有关资料报送主管国家税务机关备案。

二、记账核算

纳税人、扣缴义务人必须根据合法、有效凭证进行记账核算。

纳税人、扣缴义务人应当按照报送主管国家税务机关备案的财务、会计制度或财务、会计处理办法,真实、序时逐笔记账核算;纳税人所使用的财务、会计制度和具体的财务、会计处理办法与有关税收方面的规定不一致时,纳税人可以继续使用原有的财务、会计制度和具体的财务、会计处理办法,进行会计核算,但在计算应纳税额时,必须按照税收法规的规定计算纳税。

三、账簿保管

会计人员在年度结束后,应将各种账簿、凭证和有关资料按顺序装订成册,统一编号、归档保管。

纳税人的账簿(包括收支凭证粘贴簿、进销货登记簿)、会计凭证、报表和完税凭证及其他有关纳税资料,除另有规定者外,保存10年,保存期满需要销毁时,应编制销毁清册,经主管国家税务机关批准后方可销毁。

账簿、记账凭证、完税凭证及其他有关资料不得伪造、变造或者擅自损毁。

四、税收证明管理

实行查账征收方式缴纳税款的纳税人到外地从事生产、经营、提供劳务的,应当向机构所在地主管国家税务机关提出书面申请报告,写明外出经营的理由、外销商品的名称、数量、所需时间,并提供税务登记证或副本,由主管国家税务机关审查核准后签发《外出经营活动税收管理证明》。申请人应当按规定提供纳税担保或缴纳相当于应纳税款的纳税保证金。**纳税人到外县(市)从事生产、经营活动,必须持《外出经营活动税收管理证明》,向经营地国家税务机关报验登记,接受税务管理,外出经营活动结束后,应当按规定的缴销期限,到主管国家税务机关缴销《外出经营活动税收管理证明》,办理退保手续。**

资料:《外出经营活动税收管理证明》开具网上办理操作
来源:上海市国家税务局

乡、镇、村集体和其他单位及农民个人在本县(市、区)内(含邻县的毗邻乡、镇)集贸市场出售自产自销农、林、牧、水产品需要《自产自销证明》的,应持基层行政单位(村委会)出具的证明,到主管国家税务机关申请办理。

纳税人销售货物向购买方开具发票后,发生退货或销售折让,如果购货方已付购货款或者货款未付但已作财务处理,发票联及抵扣联无法收回的,纳税人应回购货方索取其机构所在地主管国家税务机关开具的进货退出或者索取折让证明,作为开具红字专用发票的合法依据。

五、违反账簿、凭证管理的法律责任

纳税人有下列行为之一,经主管国家税务机关责令限期改正,逾期不改正的,由国家税务机关处以两千元以下的罚款;情节严重的,处以两千元以上一万元以下的罚款:

(1) 未按规定设置、保管账簿或者保管记账凭证和有关资料的;

(2) 未按规定将财务、会计制度或者财务会计处理办法报送国家税务机关备查的。

扣缴义务人未按照规定设置、保管代扣代缴、代收代缴税款账簿或者保管代扣代缴、代收代缴税款记账凭证及有关资料的,经主管国家税务机关责令限期改正,逾期不改正的,由国家税务机关处以两千元以下的罚款;情节严重的,处以两千元以上五千元以下的罚款。

实操训练

苏州瑞德企业管理咨询有限公司于2018年9月28日成立后,主管税务机关核定为查账征收。公司总经理要求会计王芳尽快建立公司的相关账簿,以便业务的正常开展和纳税需要。可小王对公司建立哪些账簿,以及有什么要求,不是很清楚,请给她提供一些专业性的建议。

通过分析上述任务,问题的关键是小王从未接触过新设企业应如何进行账簿的设置和管理,包括开设哪几种账簿、记账核算和保存的要求以及相关的法律责任等,而这些知识也是作为纳税人进行日常的会计核算和税务申报的关键。

1. 准备工作

根据上述知识点的介绍,小王要明白公司的日常业务类型,确定代扣代缴义务的项目,以便确定设立哪些账簿。

2. 操作步骤注意点

从事生产、经营的纳税人应当在领取营业执照之日起 15 日内按照规定设置总账、明细账、日记账以及其他辅助性账簿,其中总账、日记账必须采用订本式。所以瑞德企业管理有限公司应在 2018 年 10 月 12 日前设立相关账簿。

账簿、记账凭证、完税凭证及其他有关资料不得伪造、变造或者擅自损毁。

会计人员在年度结束后,应将各种账簿、凭证和有关资料按顺序装订成册,统一编号、归档保管。一般保管 10 年,特殊规定除外。

思考与练习

1. 【简答题】关于账簿设立有哪些要求?
2. 【简答题】违反账簿、凭证管理的法律责任有哪些?

模块二

增值税涉税业务

增值税是对在我国境内销售货物或者提供应税服务劳务、转让不动产、无形资产，以及进口货物的单位和个人，就其取得的货物或服务、不动产以及无形资产的销售额，以及进口货物的金额计算税款，并实行税款抵扣制的一种流转税。从计税原理而言，增值税是对企业经营中各环节货物或服务的新增价值或附加值进行征税，所以称之为"增值税"。然而，由于新增价值或附加值在商品流通过程中是一个难以准确计算的数据，因此，在增值税的实际操作上采用间接计算办法，即从事货物销售以及提供应税服务的纳税人，要根据货物或应税服务销售额，按照规定的税率计算税款，然后从中扣除上一道环节已纳增值税税款，其余额即为纳税人应缴纳的增值税税款。这种计算办法同样体现了对新增价值征税的原则。

项目一　如何进行一般纳税人身份申请、认定

知识点
◎ 增值税纳税人的分类和认定
◎ 增值税纳税人审批及管理

技能点
◎ 了解增值税纳税人的分类和认定标准
◎ 掌握增值税纳税人审批及管理要求

课前十分钟——税收文化普及：《管仲治税》

 知识掌握

一、小规模纳税人的界定及管理

小规模纳税人是指年销售额在规定标准以下，并且会计核算不健全，不能按规定报送有关税务资料的增值税纳税人。所称会计核算不健全是指不能正确核算增值税的销项税额、进项税额和应纳税额。

图解税收：营改增后登记一般纳税人年应税销售额从何时算起？
来源：国家税务总局

二、一般纳税人的认定及管理

一般纳税人是指年应征增值税销售额超过增值税暂行条例实施细则规定的小规模纳税人标准的企业和企业性单位（以下简称企业）。年应税销售额为30万元以上的小规模生产企业，有会计，有账册，能够正确计算进项税额、销项税额和应纳税额，并能按规定报送有关税务资料，也可以认定为增值税一般纳税人。

> （一）从事货物生产或者提供应税劳务的纳税人，以及以从事货物生产或者提供应税劳务为主，并兼营货物批发或者零售的纳税人，年应征增值税销售额（以下简称应税销售额）在500万元以上（含本数，下同）的，应当向主管税务机关申请一般纳税人资格认定。
>
> （二）从事货物批发零售的纳税人，年应税销售额在500万元以上的，应当向主管税务机关申请一般纳税人资格认定。
>
> 应税年销售额未超过500万元的纳税人，如符合相关规定条件，也可以向主管税务机关申请增值税一般纳税人资格认定。
>
> 本条第一款所称以从事货物生产或者提供应税劳务为主，是指纳税人的年货物生产或者提供应税劳务的销售额占年应税销售额的比重在50%以上。

达到一般纳税人标准的纳税人应当向主管税务机关填报《增值税一般纳税人资格登记表》，并提供税务登记证件；依据国家税务总局公告2015年第74号《国家税务总局关于"五证合一"登记制度改革涉及增值税一般纳税人管理有关事项的公告》，这里所称的"税务登记证件"包括纳税人领取的由工商行政管理部门核发的加载法人和其他组织统一社会信用代码的营业执照。

图解税收：营改增后增值税纳税人如何划分？
来源：国家税务总局

年应税销售额未达到财政部、国家税务总局规定的一般纳纳税人标准以及新开业的纳税人，只要会计制度健全，能够准确进行税额核算，也可以向主管税务机关申请一般纳税人资格认定。

思考：

年销售额未达到一般纳税人标准的，到底是选择一般纳税人好还是选择小规模纳税人好，需要考虑哪些因素？

年应税销售额超过小规模纳税人标准的其他个人按小规模纳税人纳税；非企业性单位、不经常发生应税行为的企业可选择按小规模纳税人纳税，但是需要填报《选择按小规模纳税人纳税的情况说明》。

增值税一般纳税人资格登记表

纳税人名称			纳税人识别号		
法定代表人（负责人、业主）		证件名称及号码		联系电话	
财务负责人		证件名称及号码		联系电话	
办税人员		证件名称及号码		联系电话	
税务登记日期					
生产经营地址					
注册地址					
纳税人类别：企业☐　非企业性单位☐　个体工商户☐　其他☐					
主营业务类别：工业☐　商业☐　服务业☐　其他☐					
会计核算健全：是☐					
一般纳税人资格生效之日：当月1日☐　　　　次月1日☐					
纳税人（代理人）承诺： 　　上述各项内容真实、可靠、完整。如有虚假，愿意承担相关法律责任。 经办人：　　　　法定代表人：　　　代理人：　　　　（签章） 　　　　　　　　　　　　　　　　　　　　　　　　　　　年　月　日					
以下由税务机关填写					
主管税务机关受理情况					
受理人：　　　　　　　　　　　　　　　　　主管税务机关（章） 　　　　　　　　　　　　　　　　　　　　　　　　年　月　日					

填表说明：

1. 本表由纳税人如实填写。
2. 表中"证件名称及号码"相关栏次，根据纳税人的法定代表人、财务负责人、办税人员的居民身份证、护照等有效身份证件及号码填写。
3. 表中"一般纳税人资格生效之日"由纳税人自行勾选。
4. 主管税务机关（章）指各办税服务厅业务专用章。
5. 本表一式二份，主管税务机关和纳税人各留存一份。

选择按小规模纳税人纳税的情况说明

纳税人名称			纳税人识别号	
连续不超过12个月的经营期内累计应税销售额		货物劳务：	年 月至 年 月共	元。
		应税服务：	年 月至 年 月共	元。
情况说明				
纳税人（代理人）承诺： 上述各项内容真实、可靠、完整。如有虚假,愿意承担相关法律责任。 经办人：　　　法定代表人：　　　代理人：　　　（签章） 　　　　　　　　　　　　　　　　　　　　　　　年　月　日				
以下由税务机关填写				
主管税务机关受理情况				
		受理人：　　　　　　　　　　　　　　　　主管税务机关（章） 　　　　　　　　　　　　　　　　　　　　　　　　年　月　日		

填表说明：
1. "情况说明"栏由纳税人填写符合财政部、国家税务总局规定可选择按小规模纳税人纳税的具体情形及理由。
2. 主管税务机关（章）指各办税服务厅业务专用章。
3. 本表一式二份,主管税务机关和纳税人各留存一份。

全部工作结束后,经主管税务机关核对后,退还纳税人留存的《增值税一般纳税人资格登记表》,可以作为证明纳税人具备增值税一般纳税人资格的凭据。

下列纳税人不属于一般纳税人:

(1)年应税销售额未超过小规模纳税人标准的企业(以下简称小规模企业);

(2)个人(除个体经营者以外的其他个人);

而非企业性单位和不经常发生应税行为的企业可以自行选择是否按小规模纳税人纳税。

由于销售免税货物不得开具增值税专用发票,因此所有销售免税货物的企业都不办理一般纳税人认定手续。

微课视频:一般纳税人与小规模纳税人的选择

特别提醒:

(1)除国家税务总局另有规定外,纳税人一经认定为一般纳税人后,不得转为小规模纳税人。

(2)上述年应税销售额的计算期并不是按自然年度计算的,如果纳税人在年度中间开业,需要跨年度计算销售额,只要在连续不超过12个月的经营期内累计应税销售额超过了上述标准,就要提出认定申请。

知识链接

增值税一般纳税人认定办理程序

业务	收取资料	审批权限	完成时限	业务流程	回复文书
增值税纳税人认定	(1)《增值税一般纳税人资格登记表》 (2)税务登记证件 (3)企业财务制度;企业财务人员的办税员证和会计职称或上岗证明 (4)法人代表及办税人员的身份证明(包括居民身份证、护照)	辖市(区)局审批。个体户由市局审批	增值税纳税人年应税销售额超过规定标准的,除符合有关规定选择按小规模纳税人纳税的,在申报期结束后20个工作日内按照规定向主管税务机关办理一般纳税人登记手续;未按规定时限办理的,主管税务机关在规定期限结束后10个工作日内制作《税务事项通知书》,告知纳税人在10个工作日内向主管税务机关办理登记手续	见下图	增值税一般纳税人资格证书

【增值税一般纳税人认定办理流程图】

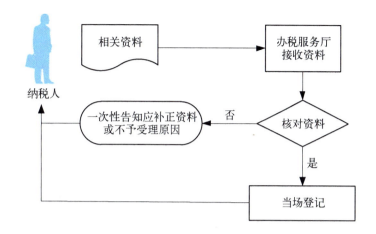

 实操训练

苏州瑞德企业管理有限责任公司,坐落于苏州市工业园区星湖路1008号,2016年10月10日取得营业执照,主要经营企业咨询管理业务。相关资料如下:

1. 目前公司设立专门的会计机构,公司会计制度健全,现有专业会计人员5名,会计核算健全,能独立核算进项税额和销项税额。账簿设置完善,报表提供准确、全面。

2. 公司市场预计2017年应税收入约400万元。

3. 公司现有员工65名,公司拥有各类固定资产账面原值500万元。

目前,我国众多纳税人的会计核算水平参差不齐,加上某些经营规模小的纳税人因其销售货物或提供应税劳务的对象多是最终消费者而无须开具增值税专用发票,为了严格增值税的征收管理,《增值税暂行条例》将纳税人按其经营规模大小及会计核算健全与否划分为一般纳税人和小规模纳税人。

那么,瑞德企业管理有限公司应该申请哪类增值税纳税人呢?怎样办理申请呢?

实操分析

本任务涉及的是一家提供咨询服务的服务型企业,而不是工业或商贸企业。根据税法规定,服务型企业与工业企业以及商贸企业在增值税纳税人身份的认定上有着严格的区分和规定,可见,只要我们能够区分好两者的认定标准和条件,并根据任务中的描述,可以从中得到该企业的相关信息,填写申请文书,携带相关资料,去主管税务机关进行增值税纳税人的资格申请和办理。

1. 准备工作

企业申请办理一般纳税人认定手续,应首先了解该公司的经营特征、销售额、注册资本以及职工人数,应提出申请报告,并提供营业执照、有关合同、章程、协议书、银行账号证明及其他有关证件、资料。

2. 操作步骤注意点

由于苏州瑞德企业管理有限责任公司,属于服务型企业,而且2017年预计销售额达400万元,会计制度健全,虽然不符合服务型企业500万元销售的硬性标准,但是只要企业会计核算健全,能够准确核算进项税额和销项税额,也可以申请为一般纳税人。当然如果销售额超过年500万元的标准,必须认定为一般纳税人。因此,该企业如果考虑到客户需要增值税专用发票的因素,可以申请办理一般纳税人认定手续。应准确填写一般纳税人资格申请表,携带相关资料,到主管税务机关申请办理,并取得增值税一般纳税人资格证书。

思考与练习

1. 【简答题】什么样的纳税人不能成为一般纳税人?
2. 【简答题】如果苏州瑞德烟酒销售有限责任公司注册资金为600万元以上、职工人数为100人,销售额达到320万元,是否拥有成为一般纳税人的资格呢?

项目二　如何进行增值税专用发票的使用及管理

知识点	技能点
◎ 专用发票领购使用范围和开具范围	◎ 专用发票的领购和开具
◎ 专用发票的管理规定	◎ 专用红字发票的开具

课前十分钟——税收文化普及：《履亩而税》

知识掌握

一、合法合规的增值税发票的要求

增值税专用发票的管理是增值税管理体系中非常重要的一部分，试点纳税人需熟悉相关规定以保证在纳税过程中的合规性。

微视频： 认识增值税专用发票
来源：中财讯

（一）增值税专用发票的联次

增值税专用发票三联票包括发票联、抵扣联和记账联。发票联，作为购买方核算采购成本和增值税进项税额的记账凭证；抵扣联，作为购买方报送主管税务机关认证和留存备查的凭证；记账联，作为销售方核算销售收入和增值税销项税额的记账凭证。

增值税专用发票六联票：在发票联、抵扣联和记账联三个基本联次附加其他联次构成，其他联次用途由一般纳税人自行确定。通常用于工业企业。

（二）增值税专用发票的限额

专用发票实行最高开票限额管理。最高开票限额，是指单份专用发票开具的销售额合计数不得达到的上限额度。

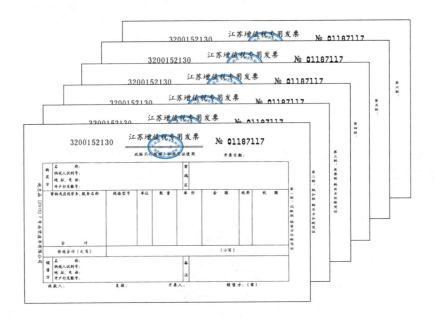

最高开票限额由一般纳税人申请，税务机关依法审批。根据《国家税务总局关于下放增值税专用发票最高开票限额审批权限的通知》（国税函〔2007〕918号），增值税专用发票限额由区县税务机关进行审批。

一般纳税人申请最高开票限额时，需填报《最高开票限额申请表》。税务机关审批最高开票限额要进行实地核查。

税务机关核定的增值税专用发票领购数量不能满足日常经营需要时，可向主管税务机关申请进行增次增量。

（三）增值税专用发票的领购

一般纳税人有下列情形之一的，不得领购开具专用发票：

（1）会计核算不健全，不能向税务机关准确提供增值税销项税额、进项税额、应纳税额数据及其他有关增值税税务资料的。上列其他有关增值税税务资料的内容，由省、自治区、直辖市和计划单列市国家税务局确定。

（2）有《税收征管法》规定的税收违法行为，拒不接受税务机关处理的。

（3）有下列行为之一，经税务机关责令限期改正而仍未改正的：虚开增值税专用发票；私自印制专用发票；向税务机关以外的单位和个人买取专用发票；借用他人专用发票;未按规定保管专用发票和专用设备;未按规定申请办理防伪税控系统变更发行;未按规定接受税务机关检查。

有上列情形的,如已领购专用发票,主管税务机关应暂扣其结存的专用发票和IC卡。

(四)增值税专用发票的开具

1. 一般规定

纳税人提供应税服务,应当向索取增值税专用发票的接受方开具增值税专用发票,并在增值税专用发票上分别注明销售额和销项税额。

2. 代开发票

增值税小规模纳税人需要开具专用发票的,可向主管税务机关申请代开。

微视频:怎样开具增值税专用发票
来源:中财讯

3. 开具要求

(1)项目齐全,与实际交易相符;

(2)字迹清楚,不得压线、错格;

(3)发票联和抵扣联加盖财务专用章或者发票专用章;

(4)按照增值税纳税义务的发生时间开具。

一般纳税人销售货物或者提供应税劳务可汇总开具专用发票。汇总开具专用发票的,同时使用防伪税控系统开具《销售货物或者提供应税劳务清单》,并加盖发票专用章。

4. 作废处理

一般纳税人在开具专用发票当月,发生销货退回、开票有误等情形,收到退回的发票联、抵扣联符合作废条件的,按作废处理;开具时发现有误的,可即时作废(即在开具的当时作废)。

作废专用发票须在防伪税控系统中将相应的数据电文按"作废"处理,在纸质专用发票(含未打印的专用发票)各联次上注明"作废"字样,全联次留存。 其中,符合作废条件是指同时具有下列情形的:

(1)收到退回的发票联、抵扣联时间未超过销售方开票当月;

(2)销售方未抄税并且未记账;

(3)购买方未认证或者认证结果为"纳税人识别号认证不符""专用发票代码、号码认证不符"。

注意:

发票作废处理只能在发票开具的当月进行,逾期不能作废!

思考:

如果超过一个月后才发现发票开具错误该如何进行处理?

（五）增值税专用发票认证

1. 认证的基本概念

认证，是税务机关通过防伪税控系统对专用发票所列数据的识别、确认。认证工作可以通过网上操作进行。

微课视频：增值税发票开具的"十个问题"
来源：中财讯

2. 认证与抵扣的关系

用于抵扣增值税进项税额的专用发票应经税务机关认证相符，即纳税人识别号无误，专用发票所列密文解译后与明文一致。

认证相符的专用发票应作为购买方的记账凭证，不得退还销售方。

（1）经认证，有下列情形之一的，不得作为增值税进项税额的抵扣凭证，税务机关退还原件，购买方可要求销售方重新开具专用发票。

① 无法认证，即专用发票所列密文或者明文不能辨认，无法产生认证结果。

② 纳税人识别号认证不符，即专用发票所列购买方纳税人识别号有误。

③ 专用发票代码、号码认证不符，即专用发票所列密文解译后与明文的代码或者号码不一致。

（2）经认证，有下列情形之一的，暂不得作为增值税进项税额的抵扣凭证，税务机关扣留原件，查明原因，分别情况进行处理。

① 重复认证，即已经认证相符的同一张专用发票再次认证。

② 密文有误，即专用发票所列密文无法解译。

③ 认证不符，即纳税人识别号有误，或者专用发票所列密文解译后与明文不一致。

④ 列为失控专用发票，即认证时的专用发票已被登记为失控专用发票。

专用发票的抵扣联无法认证的，可使用专用发票的发票联到主管税务机关认证。专用发票的发票联复印件留存备查。

3. 扣税凭证认证的时限

（1）防伪税控专用发票进项税额抵扣的时间限定。

增值税一般纳税人申请抵扣的防伪税控系统开具的增值税专用发票，**必须自该专用发票开具之日起360日内进行网上认证，否则不予抵扣进项税额。认证通过的防伪税控系统开具的增值税专用发票，应在认证通过的当月按照增值税有关规定核算当期进项税额并申报抵扣，否则不予抵扣进项税额。**

（2）海关完税凭证进项税额抵扣的时间限定。

增值税一般纳税人进口货物，取得的海关完税凭证，**应当在开具之日起360天后的**

注意：

增值税专用发票必须在认证通过的当月计税期内申报抵扣，否则不得抵扣。

思考：

是不是所有的扣税凭证都有360天的期限？

第一个纳税申报期结束以前向主管税务机关申报抵扣,逾期不得抵扣进项税额。

税收图解:丢失增值税专用发票怎么办?
来源:搜狐财经、重庆国税

4. 丢失已开具专用发票的发票联和抵扣联如何认证

(1)一般纳税人丢失已开具专用发票的发票联和抵扣联。

如果丢失前已认证相符的,购买方凭销售方提供的相应专用发票记账联复印件及销售方所在地主管税务机关出具的《丢失增值税专用发票已报税证明单》,经购买方主管税务机关审核同意后,可作为增值税进项税额的抵扣凭证。

如果丢失前未认证的,购买方凭销售方提供的相应专用发票记账联复印件到主管税务机关进行认证,认证相符的凭该专用发票记账联复印件及销售方所在地主管税务机关出具的《丢失增值税专用发票已报税证明单》,经购买方主管税务机关审核同意后,可作为增值税进项税额的抵扣凭证。

(2)一般纳税人丢失已开具专用发票的抵扣联。

如果丢失前已认证相符的,可使用专用发票发票联复印件留存备查;如果丢失前未认证的,可使用专用发票发票联到主管税务机关认证,专用发票发票联复印件留存备查。

(3)一般纳税人丢失已开具专用发票的发票联。

可将专用发票抵扣联作为记账凭证,专用发票抵扣联复印件留存备查。

(六)增值税专用发票的保管

(1)设置专人保管专用发票和专用设备。
(2)按税务机关要求存放专用发票和专用设备。
(3)认证相符的专用发票抵扣联、《认证结果通知书》和《认证结果清单》应装订成册。
(4)不得擅自销毁专用发票基本联次。

二、区分善意和恶意虚开增值税专用发票

从取得发票方的主观态度来看,存在恶意取得和善意取得两种情况,按照税法规定,应分别对其进行处理。

(一)恶意取得虚开的增值税专用发票

我国目前采用的增值税计算方法为购进扣税法,即在计算进项税额时,按当期购进

商品已纳税额计算。实际征收中，采用凭增值税专用发票或其他合法抵扣凭证注明税款进行抵扣的办法计算应纳税款。纳税人在实际经营过程中，出于少纳税款的目的，往往故意做大进项税额，而取得虚开的增值税专用发票是常用的方式之一。

恶意取得增值税发票抵扣进项税的，根据《关于纳税人取得虚开的增值税专用发票处理问题的通知》（国税发〔1997〕134号）的规定，除依照《税收征收管理法》及有关规定追缴税款外，还要处以偷税数额五倍以下的罚款；进项税金大于销项税金的，还应当调减其留抵的进项税额。利用虚开的专用发票进行骗取出口退税的，应当依法追缴税款，处以骗税数额五倍以下的罚款。构成犯罪的，税务机关依法进行追缴税款等行政处理，并移送司法机关追究刑事责任。

微课视频：如何补救不能抵扣的发票
来源：中财讯

新闻视频：北京 虚开发票36亿 税警联动连窝端
来源：央视网

由此可见，我国法律对于恶意取得增值税专用发票的行为给予严厉打击，坚决制止恶意取得虚开增值税专用发票的行为。

（二）善意取得虚开的增值税专用发票

企业在经营活动中，由于非主观原因，有时会取得虚开的增值税专用发票，对于这种情况如何处理，国家税务总局在《关于纳税人善意取得虚开的增值税专用发票处理问题的通知》（国税发〔2000〕187号）中给予明确。

首先，国税发〔2000〕187号文对善意取得虚开的增值税专用发票的条件进行了明确，即必须同时满足以下两个条件：

（1）购货方与销售方存在真实交易，销售方使用的是其所在省（自治区、直辖市和计划单列市）的专用发票，专用发票注明的销售方名称、印章、货物数量、金额及税额等全部内容与实际相符。

（2）没有证据表明购货方知道销售方提供的专用发票是以非法手段获得的。

为保护纳税人的合法权益，对于善意取得增值税专用发票的纳税人，不以偷税或者骗取出口退税论处。但应按有关规定不予抵扣进项税款或者不予出口、退税；购货方已经抵扣的进项税款或者取得的出口退税，应依法追缴。

同时，税法亦规定了相关补救措施，即纳税人善意取得虚开的增值税专用发票，如能重新取得合法、有效的专用发票，准许其抵扣进项税款；如不能重新取得合法、有效的专用发票，不准其抵扣进项税款或追缴其已抵扣的进项税款。但国税发〔2000〕187号文对于纳税人善意取得的虚开的增值税专用发票的滞纳金如何处理并没有明确，为此国家税务总局通过《国家税务总局关于纳税人善意取得虚开增值税专用发票已抵扣税款加收滞纳金问题的批复》(国税函〔2007〕1240号)对此进行了规定，即**纳税人善意取得虚开的增值税专用发票被依法追缴已抵扣税款的，不属于税收征收管理法第三十二条"纳税人未按照规定期限缴纳税款"的情形，不适用该条"税务机关除责令限期缴纳外，从滞纳税款之日起，按日加收滞纳税款万分之五的滞纳金"的规定。**

虽然上述规定在一定程度上保护了善意纳税人的合法权益，但如不能重新取得增值税专用发票，仍存在不能抵扣进项的风险，故企业在经济交往过程中一定要加以注意，避免取得虚开的增值税专用发票。

三、如何规避取得虚开增值税专用发票的风险

企业在实际经营活动中，需要规范经营，避免取得虚开的增值税专用发票，否则将给企业带来极大的税收风险。

第一，从取得增值税发票企业的财务处理上看，有如下特征：

(1) 虚拟购货，签订假合同或根本没有采购合同；

(2) 没有入库单或制造假入库单，且没有相关的收发货运单据；

(3) 进、销、存账目记载混乱，对应关系不清；

(4) 在应付账款上长期挂账不付款，或资金来源不明；

(5) 从银行对账单上看，资金空转现象较为明显，货款打出后又转回；

(6) 与某个客户在采购时间上相对固定和集中，资金进出频繁。

微课视频：如何防范虚开发票
来源：中财讯

第二，根据以上疑点，再进一步追查其业务往来单位，若存在下述情况，迹象则更加明显：

(1) 供应商大多是个体私营者且经营期限并不长；

(2) 超出经营范围、品种齐全有违常规，形形色色不一而足；

(3) 注册地址含混不清，查无实处；

(4) 企业根本不存在，而是盗用他人名号进行违法活动。

第三，针对以上情况，最后从两个方面加以审查：

(1) 购销业务是否真实存在；

(2) 到当地税务机关核实其税务情况。

一旦认定是虚开增值税发票，包括善意取得虚开的增值税发票，则应谨慎处理，杜绝经济犯罪的发生。

依据《刑法》第二百零五条规定,虚开增值税专用发票、用于骗取出口退税、抵扣税款发票罪的,处3年以下有期徒刑或者拘役,并处2万元以上20万元以下的罚金;虚开的数额较大或有其他严重情节的,处3年以上10年以下的有期徒刑,并处5万元以上50万元以下的罚金;虚开的数额巨大或有其他特别严重情节的,处10年以上有期徒刑或无期徒刑,并处5万元以上50万元以下的罚金或没收财产。

微课视频:发票开具的"四流一致"

总之,在经济活动中,票、货、款必须一致,否则取得的增值税发票一旦抵扣,无论是真票假开还是假票真开,都属违法行为,将受到处罚。

四、滞留票的处理

滞留票是指销售方已开出,并抄税报税,而购货方没进行认证抵扣的增值税专用发票。

(一)滞留票产生的原因

一是部分纳税人受利益驱动为隐匿进销痕迹,采取购进商品货物和销售商品货物都不入账的手段偷逃税款。因此,取得的进项专用发票不进行认证抵扣,形成滞留票。

二是部分企业采购人员取得的进项专用发票不慎丢失,未向财务等有关部门报告,致使进项发票超期不认证,形成滞留票。

三是有些纳税人由于支付不起货款,销货方商品货物已发出,因此开具专用发票,但购货方不能及时付款,销货方就始终压着发票不给,因超期不认证形成滞留票。

四是有些纳税人开具的专用发票,由于开具错误,购货方因此退票。销货方首先开具一张与原发票内容一致的红字专用发票冲销,然后再开具一张正确的专用发票给购货方。最初开具的错误发票虽然被红字发票冲销,然而这张专用发票超过认证期限不能认证,形成滞留票。

(二)如何避免出现滞留票

一般纳税人只要取得增值税专用发票,在360天内都必须认证抵扣,经核实不属于进项抵扣范围的,一律做进项转出处理。从而,确保增值税专用发票存根联与抵扣联数据信息比对一致,消除滞留票。

一般纳税人之间的经济往来购销业务都应当开具增值税专用发票,不应当开具普通发票,因为,在普通发票未纳入防伪税控系统之前不能比对出滞留票数据信息。目前,由于购销往来业务开具普通发票而造成的滞留票问题一定存在,这方面的信息资料无法查找,势必给不法纳税人造成可乘之机。

已被红字冲销的专用发票,在提取滞留票信息资料时,应修改程序将这部分滞留票信息筛选出去。

 知识链接

不得开具增值税专用发票几种情形

增值税专用发票具有直接抵扣税款功能,是重要的商事凭证,有严格的开具管理规定。全面开展"营改增"工作后,大量的原未接触过增值税专用的发票的纳税人需要开具专用发票,专用发票开具的有关规定零散于《增值税专用发票使用规定》及各种规范性文件中,可以开具、不得开具并存,现汇总如下:

(1)不得向个人开具专用发票。

(2)个人不得代开专用发票(出租或销售不动产的其他个人除外)。

(3)小规模纳税人不能自行开具专用发票,只能代开专用发票。

(4)免征增值税项目不得开具专用发票。国有粮食购销企业销售免税粮食除外。

(5)不征收增值税项目不得开具专用发票。

(6)出口的项目不得开具增值税专用发票。

出口货物劳务除输入特殊区域的水电气外,出口企业和其他单位不得开具增值税专用发票。

(7)销售旧货不得开具增值税专用发票。

纳税人销售旧货,应开具普通发票,不得自行开具或者由税务机关代开增值税专用发票。

一般纳税人销售自己使用过的固定资产,按简易办法依3%征收率减按2%征收增值税,不得开具增值税专用发票。

注意:

国家税务总局2016年(16)和(14)号公告规定:其他个人出租或转让不动产,可向不动产所在地主管地税机关申请代开增值税发票。

图解税收:个人能否到税务机关代开增值税专用发票?
来源:国家税务总局

纳税人销售自己使用过的固定资产，适用简易办法依照3%征收率减按2%征收增值税政策的，可以放弃减税，按照简易办法依照3%征收率缴纳增值税，并可以开具增值税专用发票。

（8）法规遵从度不够的不得开具增值税专用发票。

凡达到增值税一般纳税人标准不申请办理认定手续的纳税人，不得开具专用发票。

一般纳税人会计核算不健全，或者不能够提供准确税务资料的，应当按照销售额和增值税税率计算应纳税额，不得抵扣进项税额，也不得使用增值税专用发票。

（9）差额纳税的部分项目不得开具增值税专用发票。

① 经纪代理服务，以取得的全部价款和价外费用，扣除向委托方收取并代为支付的政府性基金或者行政事业性收费后的余额为销售额。**向委托方收取的政府性基金或者行政事业性收费，不得开具增值税专用发票。**

② 试点纳税人提供有形动产融资性售后回租服务，**向承租方收取的有形动产价款本金，不得开具增值税专用发票，可以开具普通发票。**

③ 试点纳税人提供旅游服务，可以选择以取得的全部价款和价外费用，扣除向旅游服务购买方收取并支付给其他单位或者个人的住宿费、餐饮费、交通费、签证费、门票费和支付给其他接团旅游企业的旅游费用后的余额为销售额。

选择上述办法计算销售额的试点纳税人，向旅游服务购买方收取并支付的上述费用，不得开具增值税专用发票，可以开具普通发票。

④ 试点纳税人根据2016年4月30日前签订的有形动产融资性售后回租合同，在合同到期前提供的有形动产融资性售后回租服务，选择继续按照有形动产融资租赁服务缴纳增值税的，经人民银行、银保监会或者商务部批准从事融资租赁业务的试点纳税人，可以选择以向承租方收取的全部价款和价外费用，扣除向承租方收取的价款本金，以及对外支付的借款利息（包括外汇借款和人民币借款利息）、发行债券利息后的余额为销售额。**向承租方收取的有形动产价款本金，不得开具增值税专用发票，可以开具普通发票。**

⑤ 提供劳务派遣服务选择差额纳税的纳税人，向用工单位收取用于支付给劳务派遣员工工资、福利和为其办理社会保险及住房公积金的费用，不得开具增值税专用发票，可以开具普通发票。

⑥ 纳税人提供人力资源外包服务，**向委托方收取**

注意：

增值税差额纳税有两种：一种是差额纳税差额开票，还有一种是差额纳税全额开票，包括：建筑分包（简易计税情况下）、房地产开发企业销售房地产项目（一般计税情况下）、转让二手房（简易计税情况下）、转让土地使用权（简易计税情况下）、航空运输企业和客运场站服务。

并代为发放的工资和代理缴纳的社会保险、住房公积金，不得开具增值税专用发票，可以开具普通发票。

（10）其他特定情形不得开具增值税专用发票。

① 商业企业一般纳税人零售的烟、酒、食品、服装、鞋帽（不包括劳保专用部分）、化妆品等消费品不得开具专用发票；

② 商业企业向供货方收取的各种收入，一律不得开具增值税专用发票（此处存在争议）；

③ 一般纳税人的单采血浆站销售非临床用人体血液，可以按照简易办法依照3%征收率计算应纳税额，但不得对外开具增值税专用发票；

④ 金融机构所属分行、支行、分理处、储蓄所等销售实物黄金时，应当向购买方开具国家税务总局统一监制的普通发票，不得开具银行自制的金融专业发票；

⑤ 金融商品转让，不得开具增值税专用发票。

  能力提升

开具红字增值税专用发票的规定

增值税一般纳税人开具增值税专用发票（以下简称"专用发票"）后，发生销货退回、开票有误、应税服务中止等情形但不符合发票作废条件，或者因销货部分退回及发生销售折让，需要开具红字专用发票的，按以下方法处理。

（1）购买方取得专用发票已用于申报抵扣的，购买方可在增值税发票管理新系统中填开并上传《开具红字增值税专用发票信息表》（以下简称《信息表》），在填开《信息表》时不填写相对应的蓝字专用发票信息，应暂依《信息表》所列增值税税额从当期进项税额中转出，待取得销售方开具的红字专用发票后，与《信息表》一并作为记账凭证。

微课视频：如何开具红字发票
来源：中财讯

购买方取得专用发票未用于申报抵扣，但发票联或抵扣联无法退回的，购买方填开《信息表》时应填写相对应的蓝字专用发票信息。

销售方开具专用发票尚未交付购买方，以及购买方未用于申报抵扣并将发票联及抵扣联退回的，销售方可在新系统中填开并上传《信

图解税收：专业发票开错能否重新开具？
来源：国家税务总局

息表》。销售方填开《信息表》时应填写相对应的蓝字专用发票信息。

（2）主管税务机关通过网络接收纳税人上传的《信息表》，系统自动校验通过后，生成带有"红字发票信息表编号"的《信息表》，并将信息同步至纳税人端系统中。

（3）销售方凭税务机关系统校验通过的《信息表》开具红字专用发票，在新系统中以销项负数开具。红字专用发票应与《信息表》一一对应。

（4）纳税人也可凭《信息表》电子信息或纸质资料到税务机关对《信息表》内容进行系统校验。

税务机关为小规模纳税人代开专用发票，需要开具红字专用发票的，按照一般纳税人开具红字专用发票的方法处理。

纳税人需要开具红字增值税普通发票的，可以在所对应的蓝字发票金额范围内开具多份红字发票。红字机动车销售统一发票须与原蓝字机动车销售统一发票一一对应。

图解税收：开具红字发票是否有时间限制？
来源：国家税务总局

开具红字增值税专用发票信息表

填开日期：　　年　　月　　日

销售方	名　称		购买方	名　称	
	纳税人识别号			纳税人识别号	

开具红字专用发票内容	货物（劳务服务）名称	数量	单价	金额	税率	税额
	合计					

说　明	一、购买方□ 　　对应蓝字专用发票抵扣增值税销项税额情况： 　　　1.已抵扣□ 　　　2.未抵扣□ 　　对应蓝字专用发票的代码：_____　号码：_____ 二、销售方□ 　　对应蓝字专用发票的代码：_____　号码：_____
红字专用发票信息表编号	

实操训练

苏州瑞德酒业有限公司于2018年10月25日向苏州盛伟商贸有限公司（增值税小规模纳税人）销售一批葡萄酒8 000瓶，采用分期收款结算方式，共计货款20万元（不含税价）。双方签订分期收款销售合同，合同约定2018年11月30日收取货款5万元，2019年3月31日收取货款5万元，2019年6月30日收取货款10万元。但对方要求于2018年11月5日前开具全额增值税发票，并将购货单位名称注明为：苏州盛宏商贸有限公司（增值税一般纳税人），以便能够抵扣进项税额。因为该公司是苏州盛伟商贸有限公司的关联企业，苏州瑞德酒业有限责任公司会计小王于是就开出了一张如下的增值税发票。

请分析小王开具的发票是否符合规定。

实操分析

专用发票不仅是纳税人经济活动中的重要商业凭证，而且是兼记销货方销项税额和购货方进项税额进行税款抵扣的凭证，对增值税的计算和管理起着决定性的作用，因此正确使用增值税专用发票是十分重要的。增值税发票在领购、使用等方面有着严格的规定,只要熟悉这些规定,判定小王开具的发票是否符合规定就不是难事了。

1. 准备工作

本任务主要要求学生对增值税发票的管理知识进行掌握和应用,因此应充分了解增值税发票管理的相关要求和制度。

2. 操作步骤注意点

(1)由于签订的是分期收款销售合同,应按合同规定的时间和金额开具增值税发票,对方要求于2018年11月5日前开具全额增值税发票不符合发票管理规定。

(2)由于货物是由苏州瑞德酒业有限责任公司销售给苏州盛伟商贸有限公司,因此,即使开具增值税发票,收票单位也应该是苏州盛伟商贸有限公司,而对方为了能够抵扣进项税额,要求将发票开给苏州盛宏商贸有限公司,是违法行为,属于虚开增值税发票行为,应承担相关法律责任。

鉴于上述分析,小王开具的发票是不符合法律规定的。

思考与练习

1. 【简答题】哪些情况下不能开具增值税发票?
2. 【简答题】增值税专用发票开具时限有哪些规定?
3. 【简答题】丢失增值税专用发票该如何处理?
4. 【训练题】请根据前述任务中的描述,开出正确的增值税发票。

资料:1. 购货方纳税人识别号:985458235412545。

2. 购货方地址、电话自拟。

3. 购货方开户行及账号:苏州工行新区支行 5254522015651548651212。

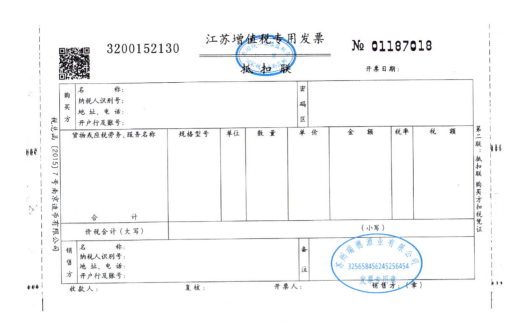

5.【训练题】如果你是该公司的购票员,准备于今日去主管税务机关领购30份增值税专用发票,根据该公司的基本资料,完成"增值税专用发票领购单"的填写?

（注：该公司的领购簿号为：SZ2501542354；发票代码自拟）

增值税专用发票领购单

购票日期：　　　　　　　　　　　　　　　　　　　　　　　年　　月　　日

纳税人名称：		领购簿号：	
税务登记号：□□□□□□□□□□□□□□□			
购票员姓名：			
购票员身份证号：□□□□□□□□□□□□□□□□□□			
领购发票种类	联次	数量	
		本/份	纳税人财务专用章或发票专用章
		本/份	
		本/份	
		本/份	
专管员签字：		审核部门签章：	
审批部门签章：		售票员签字：	

二联　报发票管理部门

6.【训练题】如任务中的购货方于10日后发生销货退回,请根据相关资料,填写"开具红字增值税专用发票信息表"。

项目三 增值税的一般管理规定

知识点
◎ 增值税纳税人的确认
◎ 增值税税率及征收率

技能点
◎ 掌握相关增值税应税范围的界定
◎ 掌握增值税的计税方法及差额开票

课前十分钟——税收文化普及:《商鞅变法》

知识掌握

一、纳税人和扣缴义务人

在中华人民共和国境内(以下称境内)销售生产销售、进口货物,提供加工、修理修配劳务,提供应税服务,销售无形资产或者不动产(以下称应税行为)的单位和个人,为增值税纳税人,应缴纳增值税。

单位,是指企业、行政单位、事业单位、军事单位、社会团体及其他单位。个人,是指个体工商户和其他个人。

单位以承包、承租、挂靠方式经营的,承包人、承租人、挂靠人(以下统称承包人)以发包人、出租人、被挂靠人(以下统称发包人)名义对外经营并由发包人承担相关法律责任的,以该发包人为纳税人。否则,以承包人为纳税人。

纳税人分为一般纳税人和小规模纳税人。

▶ 应税行为的年应征增值税销售额(以下称应税销售额)超过财政部和国

家税务总局规定标准的纳税人为一般纳税人，未超过规定标准的纳税人为小规模纳税人。

➤ 年应税销售额超过规定标准的其他个人不属于一般纳税人。年应税销售额超过规定标准但不经常发生应税行为的单位和个体工商户可选择按照小规模纳税人纳税。

➤ 年应税销售额未超过规定标准的纳税人，会计核算健全，能够提供准确税务资料的，可以向主管税务机关办理一般纳税人资格登记，成为一般纳税人。

➤ 会计核算健全，是指能够按照国家统一的会计制度规定设置账簿，根据合法、有效凭证核算。

➤ 除国家税务总局另有规定外，**一经登记为一般纳税人后，不得转为小规模纳税人。**

中华人民共和国境外（以下称境外）单位或者个人在境内发生应税行为，在境内未设有经营机构的，以购买方为增值税扣缴义务人。财政部和国家税务总局另有规定的除外。

两个或者两个以上的纳税人，经财政部和国家税务总局批准可以视为一个纳税人合并纳税。具体办法由财政部和国家税务总局另行制定。

二、征税范围

征税范围有以下两个方面。

（1）生产销售货物、进口货物、提供加工修理修配劳务。

（2）在境内销售服务、无形资产或者不动产，是指有偿提供服务、有偿转让无形资产或者不动产。包括：① 服务（租赁不动产除外）或者无形资产（自然资源使用权除外）的销售方或者购买方在境内；② 所销售或者租赁的不动产在境内；③ 所销售自然资源使用权的自然资源在境内；④ 财政部和国家税务总局规定的其他情形。

下列情形不属于在境内销售服务或者无形资产：

➤ 境外单位或者个人向境内单位或者个人销售完全在境外发生的服务。
➤ 境外单位或者个人向境内单位或者个人销售完全在境外使用的无形资产。
➤ 境外单位或者个人向境内单位或者个人出租完全在境外使用的有形动产。
➤ 财政部和国家税务总局规定的其他情形。

但是，属于下列非经营活动的情形除外：

（1）行政单位收取的同时满足以下条件的政府性基金或者行政事业性收费。

① 由国务院或者财政部批准设立的政府性基金，由国务院或者省级人民政府及其财政、价格主管部门批准设立的行政事业性收费；

② 收取时开具省级以上（含省级）财政部门监（印）制的财政票据；

③ 所收款项全额上缴财政。

（2）单位或者个体工商户聘用的员工为本单位或者雇主提供取得工资的服务。

（3）单位或者个体工商户为聘用的员工提供服务。

（4）财政部和国家税务总局规定的其他情形。

微课视频：如何正确选择采购商

三、增值税税率、征收率及预征率

营改增后，除了特定的不征税项目外，均征收增值税。由于本次营改增大量采用了营业税平移的思路，导致增值税税率、征收率、预征率等比较繁杂，时常容易搞错。

（一）增值税税率

增值税税率是指增值税的适用税率，是指的法定税率，用于增值税一般计税方法的计算。

1. 适用税率为16%

适用税率为16%的范围如下。

（1）销售或者进口除列举的适用税率为10%和0之外的货物。货物，是指有形动产，包括电力、热力、气体在内。

(2) 提供加工、修理修配劳务。

(3) 提供有形动产租赁服务。

2. 适用税率为10%

适用10%税率的货物,采用的是正列举方式,列入范围的才适用。这些货物多数是属于农产品、支农产品以及教育文化等方面的政府支持性优惠税率,包括销售或者进口下列货物：

(1) 粮食、食用植物油；自来水、暖气、冷气、热水、煤气、石油液化气、天然气、沼气、居民用煤炭制品；图书、报纸、杂志；饲料、化肥、农药、农机、农膜。

(2) 农产品,是指种植业、养殖业、林业、牧业、水产业生产的各种植物、动物的初级产品。

(3) 农用水泵、农用柴油机。

(4) 农用挖掘机、养鸡设备系列、养猪设备系列产品属于农机,适用13%增值税税率。

(5) 音像制品、电子出版物、中小学教材配套产品。

(6) 国务院规定的其他货物。

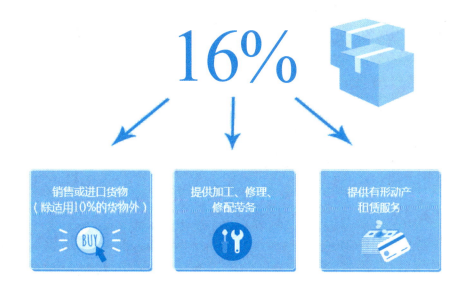

3. 适用税率为10%的其他范围

适用税率为10%的包括：提供交通运输、邮政、基础电信、建筑、不动产租赁服务,销售不动产,转让土地使用权。(财税〔2016〕36号) 注意：这里采用的是正列举法,不在列举范围的,不适用。

4. 适用税率为6%

适用6%的税率是指：除了提供有形动产租赁服务（16%）、适用10%税率的列举服务项目以及适用0%的跨境应税行为以外的应税服务。（财税〔2016〕36号）

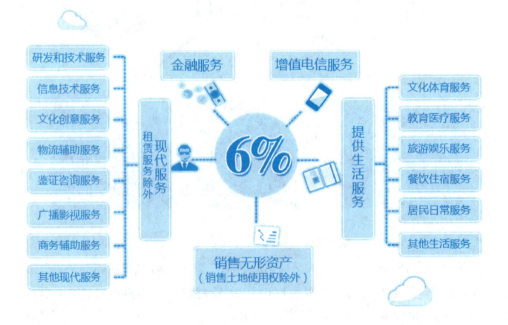

5. 适用税率为0

适用税率为0的范围包括：

（1）国际运输服务。

（2）航天运输服务。

（3）向境外单位提供的完全在境外消费的相关服务：① 研发服务；② 合同能源管理服务；③ 设计服务；④ 广播影视节目（作品）的制作和发行服务；⑤ 软件服务；⑥ 电路设计及测试服务；⑦ 信息系统服务；⑧ 业务流程管理服务；⑨ 离岸服务外包业务；⑩ 转让技术。

（4）财政部和国家税务总局规定的其他服务。

（5）纳税人出口货物（国务院另有规定的除外）。

微课视频：跨境应税服务税收优惠
来源：中财讯

（二）增值税征收率

增值税征收率主要是针对小规模纳税人和一般纳税人适用或者选择采用简易计税方法计税的项目。采用征收率计税的，不得抵扣进项税额。

1. 征收率为3%

除以下列举的货物、劳务和服务项目适用对应的征收率外，其他项目和行为均适用3%的基本征收率。

2. 征收率为5%

征收率为5%的项目为：

（1）销售自行开发、取得、自建的不动产（财税〔2016〕36号）。注意：个人销售购买的住房有特殊的征免税规定，但征收率一致。

微课视频：个人二手房交易的增值税处理
来源：中财讯

（2）不动产经营租赁服务。注意：有两个例外：一是个人出租住房，应按照5%的征收率减按1.5%计算应纳税额；二是公路经营企业中的一般纳税人收取试点前开工的高速公路的车辆通行费，可以选择减按3%征收率的简易方法计税。（财税〔2016〕36号、财税〔2016〕47号）

有特殊情况如下：

（1）纳税人以经营租赁方式将土地出租给他人使用，按照不动产经营租赁服务征税。

《关于进一步明确全面推开营改增试点有关劳务派遣服务、收费公路通行费抵扣等政策的通知》
来源：财税〔2016〕47号

（2）无论一般纳税人还是小规模纳税人，提供劳务派遣服务选择差额纳税的。注意：小规模纳税人提供劳务派遣服务按全额纳税的，征收率为3%。（财税〔2016〕47号）

（3）一般纳税人收取试点前开工（指相关施工许可证注明的合同开工日期在2016年4月30日前）的一级公路、二级公路、桥、闸通行费，选择适用简易计税方法的。（财税

〔2016〕47号）

（4）一般纳税人提供人力资源外包服务，选择适用简易计税方法的。（财税〔2016〕47号）

（5）纳税人转让2016年4月30日前取得的土地使用权，选择适用简易计税方法的，按照差额5%的征收率计算缴纳增值税。（财税〔2016〕47号）

（6）一般纳税人2016年4月30日前签订的不动产融资租赁合同，或以2016年4月30日前取得的不动产提供的融资租赁服务，可以选择适用简易计税方法，按照5%的征收率计算缴纳增值税。（财税〔2016〕47号）

（三）增值税预征率

增值税预征，除了已有的经过审批同意的增值税汇总缴纳企业，根据审批结果，按照一定方法就地进行预征增值税、总机构结算缴纳外，普遍性预征是营改增中的不动产和建筑两大特殊行业，目的是均衡入库税款、预防欠缴税款和平衡地方财政利益。

1. 预征率为2%

一般纳税人跨县（市、区）提供建筑服务，适用一般计税方法计税的，以取得的全部价款和价外费用扣除支付的分包款后的余额，按照2%的预征率预缴税款。（国家税务总局公告2016年第17号）

微课视频：分包款预缴的扣除问题

微课视频：异地预缴的问题处理

注意：纳税人在同一地级行政区范围内跨县（市、区）提供建筑服务，不适用《纳税人跨县（市、区）提供建筑服务增值税征收管理暂行办法》(国家税务总局公告2016年第17号印发）。

（1）跨同一地级行政区范围提供建筑服务，需要按照工程项目分别计算应预缴税款，在项目发生地向国税机关预缴税款，并向机构所在地主管税务机关进行汇总纳税申报。

（2）应预缴税款=（全部价款和价外费用-支付的分包款）÷(1+10%)×2%

（3）纳税人取得的全部价款和价外费用扣除支付的分包款后的余额为负数的，可结转下次预缴税款时继续扣除。

2. 预征率为3%

（1）一般纳税人跨同一地级行政区范围提供建筑服务，并选择适用简易计税方法计税的以及小规模纳税人跨县（市、区）提供建筑服务的，需要按照工程项目分别计算应预缴税款，在项目发生地向国税机关预缴税款，向机构所在地主管税务机关进行汇总纳税申报。（国家税务总局公告2016年第17号）

应预缴税款=（全部价款和价外费用-支付的分包款）÷(1+3%)×3%

（2）房地产开发企业无论采用何种计税方法，采取预收款方式销售所开发的房地产项目，在收到预收款时都按照3%的预征率预缴增值税。（国家税务总局公告2016年第18号）

① 应预缴税款＝预收款÷（1+适用税率或征收率）×3%

适用一般计税方法计税的，按照10%的适用税率计算；适用简易计税方法计税的，按照5%的征收率计算。

② 一般纳税人应在取得预收款的次月纳税申报期向主管国税机关预缴税款。小规模纳税人应在取得预收款的次月纳税申报期或主管国税机关核定的纳税期限向主管国税机关预缴税款。

③ 预售时，预售发票选择发票代码为602的"销售自行开发的房地产项目预收款"进行开具，不得开具增值税专用发票，发票税率栏应填写"不征税"。

正式销售时，购买方需要增值税专用发票的，小规模纳税人向主管国税机关申请代开。一般纳税人不得向其他个人开具增值税专用发票；小规模纳税人不得向其他个人申请代开增值税专用发票。

（3）一般纳税人出租其取得的、选择或者适用一般计税方法的，与机构所在地不在同一县（市、区）的不动产，应向不动产所在地国税机关预缴，向机构所在地主管国税机关纳税申报。（国家税务总局公告2016年第16号）

① 应预缴税款＝含税销售额÷（1+10%）×3%

② 在同一县（市、区）的不预缴。

3. 预征率为5%

（1）无论一般纳税人还是小规模纳税人，转让取得（包括自建）的不动产。除其他个人外发生转让的，均向不动产所在地主管地税机关预缴，向机构所在地主管国税机关申报纳税。（国家税务总局公告2016年第14号）

① 其他个人向不动产所在地主管地税机关直接纳税申报。

② 纳税人转让自建的不动产，按照全额预缴。

应预缴税款＝全部价款和价外费用÷（1+5%）×5%

③ 纳税人转让除自建以外取得的不动产，按照差额预缴。

应预缴税款＝（全部价款和价外费用－不动产购置原价或者取得不动产时的作价）÷（1+5%）×5%

（2）一般纳税人出租其取得的、选择或者适用简易计税方法的不动产；小规模纳税人出租的除个体工商户和其他个人住房之外的不动产。（国家税务总局公告2016年

第 16 号）

① 应预缴税款＝含税销售额÷（1+5%）×5%

② 除其他个人之外，出租与机构所在地不在同一县（市、区）的不动产，应向不动产所在地国税机关预缴，向机构所在地主管国税机关纳税申报。

③ 其他个人出租不动产，向不动产所在地主管地税机关申报纳税。

4. 预征率为 1.5%

（1）个体工商户出租住房，按照 5% 的征收率减按 1.5% 计算应纳税额。不动产所在地与机构所在地不在同一县（市、区）的，向不动产所在地主管国税机关预缴税款，向机构所在地主管国税机关申报纳税。（国家税务总局公告 2016 年第 16 号）

（2）其他个人出租住房，按照 5% 的征收率减按 1.5% 计算应纳税额，向不动产所在地主管地税机关申报纳税。（国家税务总局公告 2016 年第 16 号）

（四）不属于增值税征税范围

（1）行政单位收取的同时满足以下条件的政府性基金或者行政事业性收费：

① 由国务院或者财政部批准设立的政府性基金，由国务院或者省级人民政府及其财政、价格主管部门批准设立的行政事业性收费；

② 收取时开具省级以上（含省级）财政部门监（印）制的财政票据；

③ 所收款项全额上缴财政。

（2）单位或者个体工商户聘用的员工为本单位或者雇主提供加工、修理修配劳务以及取得工资的服务。

（3）单位或者个体工商户为聘用的员工提供服务。

（4）财政部和国家税务总局规定的其他情形。

（五）不征收增值税项目

（1）根据国家指令无偿提供的铁路运输服务、航空运输服务，属于《试点实施办法》第十四条规定的用于公益事业的服务。

（2）存款利息。

（3）被保险人获得的保险赔付。

（4）房地产主管部门或者其指定机构、公积金管理中心、开发企业以及物业管理单位代收的住宅专项维修资金。

（5）在资产重组过程中，通过合并、分立、出售、置换等方式，将全部或者部分实物资产以及与其相关联的债权、负债和劳动力一并转让给其他单位和个人，其中涉及的不动产、土地使用权转让行为。

四、增值税的计税方法

（一）一般性规定

增值税的计税方法，包括一般计税方法和简易计税方法。

（1）一般纳税人发生应税行为适用一般计税方法计税。

一般纳税人发生财政部和国家税务总局规定的特定应税行为，可以选择适用简易计税方法计税，但一经选择，36个月内不得变更。

（2）小规模纳税人发生应税行为适用简易计税方法计税。

（3）境外单位或者个人在境内发生应税行为，在境内未设有经营机构的，扣缴义务人按照下列公式计算应扣缴税额：

$$应扣缴税额=购买方支付的价款÷(1+税率)×税率$$

（二）一般计税方法

一般计税方法的应纳税额，是指当期销项税额抵扣当期进项税额后的余额。

$$应纳税额=当期销项税额-当期进项税额$$

当期销项税额小于当期进项税额不足抵扣时，其不足部分可以结转下期继续抵扣。

销项税额，是指纳税人发生应税行为按照销售额和增值税税率计算并收取的增值税额。销项税额计算公式：

$$销项税额=销售额×税率$$

一般计税方法的销售额不包括销项税额，纳税人采用销售额和销项税额合并定价方法的，按照下列公式计算销售额：

$$销售额=含税销售额÷(1+税率)$$

进项税额，是指纳税人购进货物、加工修理修配劳务、服务、无形资产或者不动产，支付或者负担的增值税额。

注意事项： 纳税人适用一般计税方法计税的，因销售折让、中止或者退回而退还给购买方的增值税额，应当从当期的销项税额中扣减；因销售折让、中止或者退回而收回的增值税额,应当从当期的进项税额中扣减。

(三)简易计税方法

简易计税方法的应纳税额,是指按照销售额和增值税征收率计算的增值税额,不得抵扣进项税额。应纳税额计算公式:

$$应纳税额 = 销售额 \times 征收率$$

简易计税方法的销售额不包括其应纳税额,纳税人采用销售额和应纳税额合并定价方法的,按照下列公式计算销售额:

$$销售额 = 含税销售额 \div (1 + 征收率)$$

注意事项:纳税人适用简易计税方法计税的,因销售折让、中止或者退回而退还给购买方的销售额,应当从当期销售额中扣减。扣减当期销售额后仍有余额造成多缴的税款,可以从以后的应纳税额中扣减。

五、增值税差额征税

差额征税是指营业税改征增值税应税服务的纳税人,按照国家有关营业税差额征税的政策规定,**以取得的全部价款和价外费用扣除支付给规定范围纳税人的规定项目价款后的不含税余额为销售额的征税方法。**

微课视频:增值税差额征收的政策
来源:中财讯

根据财税〔2016〕36号和财税〔2016〕47号的相关规定,对增值税差额征税情况归纳如下:

差额征税项目汇总

类 型	政 策 规 定
1. 金融商品转让	按照卖出价扣除买入价后的余额为销售额。金融商品转让,不得开具增值税专用发票
2. 经纪代理服务	以取得的全部价款和价外费用,扣除向委托方收取并代为支付的政府性基金或者行政事业性收费后的余额为销售额。向委托方收取的政府性基金或者行政事业性收费,不得开具增值税专用发票,可以开具增值税普通发票
3. 融资租赁	以收取的全部价款和价外费用,扣除支付的借款利息、发行债券利息和车辆购置税后的余额为销售额

（续表）

类　　型	政　策　规　定
4. 融资性售后回租服务	以取得的全部价款和价外费用(不含本金),扣除对外支付的借款利息、发行债券利息后的余额作为销售额
5. 电信企业为公益性机构接受捐款	以其取得的全部价款和价外费用,扣除支付给公益性机构捐款后的余额为销售额。其接受的捐款,不得开具增值税专用发票
6. 房地产开发企业销售房地产项目	一般纳税人销售其开发的房地产项目,以取得的全部价款和价外费用,扣除受让土地时向政府部门支付的土地价款后的余额为销售额。注意,选择简易计税方法的房地产老项目除外
7. 转让2016年4月30日前取得的土地使用权	选择适用简易计税方法,以取得的全部价款和价外费用减去取得该土地使用权的原价后的余额为销售额,按照5%的征收率计算缴纳增值税
8. 建筑服务	一般纳税人跨县(市)提供建筑服务,适用一般计税方法计税的,应以取得的全部价款和价外费用为销售额计算应纳税额。纳税人应以取得的全部价款和价外费用扣除支付的分包款后的余额预缴税款
	适用简易计税方法的,以取得的全部价款和价外费用扣除支付的分包款后的余额为销售额,并按此计税方法在建筑服务发生地预缴税款
9. 转让不动产	一般纳税人销售其2016年4月30日前取得的不动产(不含自建),适用一般计税方法计税的,以取得的全部价款和价外费用减去该项不动产购置原价或者取得不动产时的作价后的余额预缴增值税。适用简易计税方法计税的,以全部收入减去该项不动产购置原价或者取得不动产时的作价后的余额预缴税款,向机构所在地的主管国税机关进行纳税申报
	一般纳税人销售其2016年5月1日后取得(不含自建)的不动产,应适用一般计税方法,以取得的全部价款和价外费用减去该项不动产购置原价或者取得不动产时的作价后的余额按照5%的预征率预缴税款,向机构所在地的主管国税机关进行纳税申报
	小规模纳税人销售其取得(不含自建)的不动产,应以取得的全部价款和价外费用减去该项不动产购置原价或者取得不动产时的作价后的余额为销售额,按照5%的征收率计算应纳税额。纳税人应按照上述计税方法向不动产所在地的主管地税机关预缴款项,向机构所在地主管国税机关进行纳税申报
	其他个人销售其取得(不含自建)的不动产(不含其购买的住房),应以取得的全部价款和价外费用减去该项不动产购置原价或者取得不动产时的作价后的余额为销售额,按照5%的征收率缴纳增值税
	北京市、上海市、广州市和深圳市的个体工商户和个人将购买2年以上(含2年)的非普通住房对外销售的,以销售收入减去购买住房价款后的差额按照5%的征收率缴纳增值税
10. 航空运输业	航空运输企业的销售额,应扣除代收的机场建设费和代售其他航空运输企业客票而代收转付的价款

（续表）

类　　型	政　策　规　定
11. 一般纳税人提供客运场站服务	以其取得的全部价款和价外费用，扣除支付给承运方运费后的余额为销售额
12. 中国证券登记结算公司	销售额不包括以下资金项目：按规定提取的证券结算风险基金；代收代付的证券公司资金交收违约垫付资金利息；结算过程中代收代付的资金交收违约罚息
13. 旅游服务	可以选择以取得的全部价款和价外费用，扣除向旅游服务购买方收取并支付给其他单位或者个人的住宿费、餐饮费、交通费、签证费、门票费和支付给其他旅游企业的旅游费用后的余额为销售额。向旅游服务购买方收取并支付的上述费用，不得开具增值税专用发票，可以开具普通发票
14. 劳务派遣服务	可以选择差额纳税，以取得的全部价款和价外费用，扣除代用工单位支付给劳务派遣员工的工资、福利和为其办理社会保险及住房公积金后的余额为销售额
15. 安全保护服务	以取得的全部价款和价外费用，扣除代用工单位支付给外派员工的工资、福利和为其办理社会保险及住房公积金后的余额为销售额
16. 物业管理服务中收取自来水水费	向服务接收方收取的自来水水费，以扣除其对外支付的自来水水费后的余额为销售额，按照简易计税办法依3%的征收率计算缴纳增值税
17. 中国移动、中国联通、中国电信等接受捐款	中国移动通信集团公司、中国联合网络通信集团有限公司、中国电信集团公司及其成员单位通过手机短信公益特服号为公益性机构接受捐款，以其取得的全部价款和价外费用，扣除支付给公益性机构捐款后的余额为销售额。其接受的捐款，不得开具增值税专用发票
18. 教育中心等考试费收入	境外单位通过教育部考试中心及其直属单位在境内开展考试，教育部考试中心及其直属单位应以取得的考试费收入扣除支付给境外单位考试费后的余额为销售额，按提供"教育辅助服务"缴纳增值税；就代为收取并支付给境外单位的考试费统一扣缴增值税。教育部考试中心及其直属单位代为收取并支付给境外单位的考试费，不得开具增值税专用发票，可以开具增值税普通发票

六、差额征税开票分析

根据规定，按照现行政策规定适用差额征税办法缴纳增值税，且不得全额开具增值税发票的（财政部、税务总局另有规定的除外），**纳税人自行开具或者税务机关代开增值税发票时，通过新系统中差额征税开票功能，录入含税销售额（或含税评估额）和扣除额，系统自动计算**

微课视频：有些发票中为啥带有三个小星号
来源：中财讯

税额和不含税金额,备注栏自动打印"差额征税"字样,发票开具不应与其他应税行为混开。

 实操训练

苏州瑞德国际旅行社2018年9月10日接受当地一家企业212万元的旅游收入,合同包括在旅游过程中相关的机票、住宿以及餐费、门票等费用统一由旅行社代付,合计费用159万元。旅行社增值税规定属于差额开票差额征税。会计小刘经过思考,得出以下开票方案。

【A方案】根据财税〔2016〕36号文,差额计算销售额。

增值税销项税额=[(212-159)/(1+6%)]×6%=50×6%=3(万元)。向购买方开具一部分增值税专用发票,一部分增值税普通发票。其中,增值税专用发票:金额50万元,税率6%,税额3万元;增值税普通发票:价税合计159万元,两张发票合计212万元。

【B方案】根据财税〔2016〕36号文,差额计算销售额。

增值税销项税额=[(212-159)/(1+6%)]×6%=50×6%=3(万元)。不含税销售额=212-3=209(万元)。向购买方开具增值税专用发票:金额209万元,税率***,税额3万元。

【C方案】增值税销项税额=[212/(1+6%)]×6%=200×6%=12(万元)。不含

税销售额=212-12=200（万元）；销项税额12万元中仅有3万元进入应纳税额，其余的9万元转化为销售方收益。向购买方开具专用发票：金额200万元，税率6%，税额12万元。

请问，上面的哪一种方案增值税开票处理是正确的？

实操分析

1. 准备工作

财税〔2016〕36号文规定，试点纳税人提供旅游服务，可以选择以取得的全部价款和价外费用，扣除向旅游服务购买方收取并支付给其他单位或者个人的住宿费、餐饮费、交通费、签证费、门票费和支付给其他接团旅游企业的旅游费用后的余额为销售额。选择上述办法计算销售额的试点纳税人，向旅游服务购买方收取并支付的上述费用，不得开具增值税专用发票，可以开具普通发票。

国家税务总局公告2016年第23号规定，按照现行政策规定适用差额征税办法缴纳增值税，且不得全额开具增值税专用发票的（财政部、税务总局另有规定的除外），纳税人自行开具或者税务机关代开增值税专用发票时，通过新系统中差额征税开票功能，录入含税销售额和扣除额，系统自动计算税额和不含税金额，备注栏自动打印"差额征税"字样，发票开具不应与其他项目混开。

2. 操作步骤注意点

旅行社选择差额纳税时，需先填入扣除额，再填入价税合计金额，调整税率为6%，确认即可。值得注意的是，在打印的发票备注栏中应当显示"差额征税"字样，如果没有这四个字，估计就是全额纳税了。

鉴于上述分析，上述A和B两个方案均是可以的。

思考与练习

1.【单选题】根据增值税的现行规定，下列货物中适用10%税率的是（　　）。
   A. 农用汽车　　　　B. 卷帘机　　　　C. 农业灌溉用水　　　　D. 酸奶

2.【单选题】纳税人提供景区游览场所并收取门票收入按（　　）缴纳增值税。
   A. 不征收增值税　　B. 文化体育服务　　C. 娱乐业　　　　D. 其他生活服务

3. 【单选题】境内的单位和个人提供适用零税率应税服务的,可以放弃适用零税率,选择免税或按规定缴纳增值税。放弃适用零税率后,(　　)内不得再申请适用零税率。
   A. 30个月　　　　B. 24个月　　　　C. 36个月　　　　D. 12个月

4. 【单选题】将建筑物、构筑物等不动产或者飞机、车辆等有形不动产的广告位出租给其他单位或者个人用于发布广告,按照(　　)缴纳增值税。
   A. 不动产租赁服务　　　　　　　　B. 不动产经营租赁服务
   C. 经营租赁服务　　　　　　　　　D. 广告服务

项目四 如何进行一般纳税人应纳税额计算

知识点	技能点
◎ 计税销售额的确认 ◎ 销项税额的计算	◎ 掌握混合销售与兼营的界定 ◎ 掌握不动产进项税额抵扣的处理

课前十分钟——税收文化普及:《始皇律田》

  知识掌握

一、一般销售方式销售额的确定

（一）销售额及价外费用

销售额,是指纳税人发生货物销售、提供加工修理修配,提供应税服务以及转让无形资产和不动产,取得的全部价款和价外费用。财政部和国家税务总局另有规定的除外。

价外费用,是指价外收取的各种性质的收费,包括价外向购买方收取的手续费、补贴、基金、集资费、返还利润、奖励费、违约金、滞纳金、延期付款利息、赔偿金、代收款项、代垫款项、包装费、包装物租金、储备费、优质费、运输装卸费以及其他各种性质的价外收费。但下列项目不包括在内:

（1）代为收取并符合规定的政府性基金或者行政事业性收费;

（2）以委托方名义开具发票代委托方收取的款项。

微课视频:违约金的税收处理及开票

（二）销售价格异常的规定

纳税人发生应税行为价格明显偏低或者偏高且不具有合理商业目的的，或者发生视同销售行为而无销售额的，主管税务机关有权按照下列顺序确定销售额：

（1）按照纳税人最近时期销售同类货物、服务、无形资产或者不动产的平均价格确定。

（2）按照其他纳税人最近时期销售同类货物、服务、无形资产或者不动产的平均价格确定。

（3）按照组成计税价格确定。组成计税价格的公式为：

$$组成计税价格 = 成本 \times (1 + 成本利润率)$$

成本利润率由国家税务总局确定。

不具有合理商业目的，是指以谋取税收利益为主要目的，通过人为安排，减少、免除、推迟缴纳增值税税款，或者增加退还增值税税款。

> **思考：**
> 混合销售与兼营的区别在哪里？

图解税收：营改增后兼营不同税率的应税服务，对应进项税额可以混抵吗？
来源：国家税务总局

（三）混合销售与兼营

一项销售行为如果既涉及服务，又涉及货物，为混合销售。从事货物的生产、批发或者零售的单位和个体工商户的混合销售行为，按照销售货物缴纳增值税；其他单位和个体工商户的混合销售行为，按照销售服务缴纳增值税。

纳税人销售活动板房、机器设备、钢结构件等自产货物的同时提供建筑、安装服务，不属于上述规定的混合销售，应分别核算货物和建筑服务的销售额，分别适用不同的税率或者征收率。未能分别核算的，由税务机关核定其货物的销售额。

纳税人兼营免税、减税项目的，应当分别核算免税、减税项目的销售额；未分别核算的，不得免税、减税。

纳税人兼营销售货物、劳务、服务、无形资产或者不动产，适用不同税率或者征收率的，应当分别核算适用不同税率或者征收率的销售额；**未分别核算的，从高适用税率。**

微课视频：什么是混合销售以及相关税收风险事项

非常思维

建筑企业提供建筑服务并销售建材属于混合销售，一并按10%计算增值税，那么物流企业提供运输服务并销售货物，是不是也一并按10%计算增值税呢？为什么？

纳税人销售活动板房、机器设备、钢结构件等自产货物的同时提供建筑、安装服务,不属于《营业税改征增值税试点实施办法》(财税〔2016〕36号文件印发)第四十条规定的混合销售,应分别核算货物和建筑服务的销售额,分别适用不同的税率或者征收率。(国家税务总局2017年11号公告)

一般纳税人销售自产机器设备的同时提供安装服务,应分别核算机器设备和安装服务的销售额,安装服务可以按照甲供工程选择适用简易计税方法计税。

一般纳税人销售外购机器设备的同时提供安装服务,如果已经按照兼营的有关规定,分别核算机器设备和安装服务的销售额,安装服务可以按照甲供工程选择适用简易计税方法计税。(国家税务总局2018年42号公告)

二、特殊销售方式下销售额的确定

在销售活动中,为了达到促销的目的,有多种销售方式。不同销售方式下,销售者取得的销售额会有所不同。税法对不同销售方式分别做了规定。

(一)采取折扣方式销售

税法规定,如果销售额和折扣额在同一张发票上分别注明的,可按折扣后的余额作为销售额计算增值税;如果将折扣额另开发票,不论其在财务上如何处理,均不得从销售额中减除折扣额。

注意:

折扣销售即为会计上所称的商业折扣;销售折扣即为会计上所称的现金折扣。

这里要做两点解释:

第一,折扣销售不同于销售折扣。销售折扣是指销货方在销售货物或应税劳务后,为了鼓励购货方及早偿还货款而协议许诺给予购货方的一种折扣优待。销售折扣发生在销货之后,是一种融资性质的理财费用,因此销售折扣不得从销售额中减除。企业在确定销售额时应把折扣销售与销售折扣严格区分开。

微课视频:营销活动中销售折扣的运用

第二,折扣销售仅限于货物价格的折扣,如果销货者将自产、委托加工和购买的货物用于实物折扣的,则该实物款额不能从货物销售额中减除,且该实物应按增值税条例"视同销售货物"中的"赠送他人"计算征收增值税。

微课视频:现金折扣增值税处理及筹划

> **特别注意：**
>
> 纳税人发生应税行为，开具增值税专用发票后，发生开票有误或者销售折让、中止、退回等情形的，应当按照国家税务总局的规定开具红字增值税专用发票；未按照规定开具红字增值税专用发票的，不得按照本办法第三十二条和第三十六条的规定扣减销项税额或者销售额。

（二）采取以旧换新方式销售

以旧换新是指纳税人在销售自己的货物时，有偿收回旧货物的行为。根据税法规定，采取以旧换新方式销售货物的，**应按新货物的同期销售价格确定销售额，不得扣减旧货物的收购价格**。

考虑到金银首饰以旧换新业务的特殊情况，对金银首饰以旧换新业务，可以按销售方实际收取的不含增值税的全部价款征收增值税。

（三）采取还本销售方式销售

还本销售是指纳税人在销售货物后，到一定期限由销售方一次或分次退还给购货方全部或部分价款。这种方式实际上是一种筹资，是以货物换取资金的使用价值，到期还本不付息的方法。税法规定，采取还本销售方式销售货物，其销售额就是货物的销售价格，不得从销售额中减除还本支出。

（四）采取以物易物方式销售

以物易物是一种较为特殊的购销活动，是指购销双方不是以货币结算，而是以同等价款的货物相互结算，实现货物购销的一种方式。税法规定，以物易物双方都应作购销处理，以各自发出的货物核算销售额并计算销项税额，以各自收到的货物按规定核算购货额并计算进项税额。

> **注意：**
>
> 在以物易物活动中，应分别开具合法的票据，如收到的货物不能取得相应的增值税专用发票或其他合法票据的，不能抵扣进项税额。

（五）包装物押金是否计入销售额

纳税人为销售货物而出租出借包装物收取的押金，单独记账核算的，时间在1年以内，又未过期的，不并入销售额征税，但对因逾期未收回包装物不再退还的押金，应按所包装货物的适用税率计算销项税额。当然，在将包装物押金并入销售额征税时，要先将该押金换算为不含税价,再并入销售额征税。另外,包装物押金不应混同于包装物租金,**包装物租金在销货时作为价外费用并入销售额计算销项税额。**

从1995年6月1日起,**对销售除啤酒、黄酒外的其他酒类产品而收取的包装物押金,无论是否返还以及会计上如何核算,均应并入当期销售额征税。**对销售啤酒、黄酒所收取的押金,按上述一般押金的规定处理。

(六) 旧货、旧机动车的销售

纳税人销售旧货,销售自己使用过的2008年12月31日以前购进或者自制的固定资产,按照简易办法依照3%征收率减按2%征收增值税。**销售自己使用过的在2009年1月1日以后购进或者自制的固定资产,按照16%的税率征收增值税。**

微课视频:企业出售旧的固定资产如何纳税
来源:中财讯

三、视同销售行为销售额的确定

1. 单位或个体经营者的下列行为,视同销售货物

(1) 将货物交付他人代销;

(2) 销售代销货物;

(3) 设有两个以上机构并实行统一核算的纳税人,将货物从一个机构移送至其他机构用于销售,但相关机构设在同一县(市)的除外;

(4) 将自产或委托加工的货物用于集体福利或个人消费;

(5) 将自产、委托加工或购买的货物作为投资、分配、赠送。

2. 视同销售服务、无形资产或者不动产的情况

(1) **单位或者个体工商户**向其他单位或者个人无偿提供服务,但用于公益事业或者以社会公众为对象的除外。

微课视频:视同销售的确认和判断

思考1:

公司自然人股东无偿借款给公司使用是否被认定为视同销售?

思考2:

公司无偿借款给自然人股东使用是否被认定为视同销售?

图解税收:关联单位间的无息资金拆借是否缴纳增值税?
来源:国家税务总局

(2) **单位或者个人**向其他单位或者个人无偿转让无形资产或者不动产,但用于公益事业或者以社会公众为对象的除外。

（3）财政部和国家税务总局规定的其他情形。

注意：当企业发生视同销售行为时，相关业务的增值税计税销售额可以参照上述"销售价格异常"相关规定处理。

四、一般进项税额的抵扣处理

1. 下列进项税额准予从销项税额中抵扣

（1）从销售方取得的增值税专用发票（含税控机动车销售统一发票，下同）上注明的增值税额。

（2）从海关取得的海关进口增值税专用缴款书上注明的增值税额。

（3）购进农产品，除取得增值税专用发票或者海关进口增值税专用缴款书外，**按照农产品收购发票或者销售发票上注明的农产品买价之和10%的扣除率计算的进项税额**。计算公式为：

微课视频：购销活动中运输主体的选择

进项税额＝买价 × 扣除率

买价，是指纳税人购进农产品在农产品收购发票或者销售发票上注明的价款和按照规定缴纳的烟叶税。

> ▶ 从按照简易计税方法依照3%征收率计算缴纳增值税的小规模纳税人取得增值税专用发票的，以增值税专用发票上注明的金额和10%的扣除率计算进项税额；取得（开具）农产品销售发票或收购发票的，以农产品销售发票或收购发票上注明的农产品买价和10%的扣除率计算进项税额。
>
> ▶ 营业税改征增值税试点期间，纳税人购进用于生产销售或委托受托加工16%税率货物的农产品维持原扣除力度（13%）不变。

（4）从境外单位或者个人购进服务、无形资产或者不动产，自税务机关或者扣缴义务人取得的解缴税款的完税凭证上注明的增值税额。

> **关于扣税凭证的注意事项：**
>
> ▶ 纳税人取得的增值税扣税凭证不符合法律、行政法规或者国家税务总局有关规定的，其进项税额不得从销项税额中抵扣。

> ▶ 增值税扣税凭证，是指增值税专用发票、海关进口增值税专用缴款书、农产品收购发票、农产品销售发票和完税凭证。
>
> ▶ 纳税人凭完税凭证抵扣进项税额的，应当具备书面合同、付款证明和境外单位的对账单或者发票。资料不全的，其进项税额不得从销项税额中抵扣。

2. 下列项目的进项税额不得从销项税额中抵扣

（1）用于简易计税方法计税项目、免征增值税项目、集体福利或者个人消费的购进货物、加工修理修配劳务、服务、无形资产和不动产。其中涉及的固定资产、无形资产、不动产，仅指专用于上述项目的固定资产①、无形资产（不包括其他权益性无形资产）、不动产。

纳税人的交际应酬消费属于个人消费，其进项税额不得抵扣。

（2）非正常损失②的购进货物，以及相关的加工修理修配劳务和交通运输服务。

（3）非正常损失的在产品、产成品所耗用的购进货物③（不包括固定资产）、加工修理修配劳务和交通运输服务。

（4）非正常损失的不动产，以及该不动产所耗用的购进货物、设计服务和建筑服务。

（5）非正常损失的不动产在建工程所耗用的购进货物、设计服务和建筑服务。

纳税人新建、改建、扩建、修缮、装饰不动产，均属于不动产在建工程。

（6）购进的旅客运输服务、贷款服务、餐饮服务、居民日常服务和娱乐服务。

（7）财政部和国家税务总局规定的其他情形。

微课视频：统借统还的税务处理

> **不得抵扣进项税额的几个关键点理解**
>
> 1."固定资产"的理解
>
> 上述第（1）项中"固定资产"，是指使用期限超过12个月的机器、机械、运输工具以及其他与生产经营有关的设备、工具、器具等有形动产。
>
> 2."非正常损失"的理解
>
> 上述第（2）项至第（5）项所称"非正常损失"，是指因管理不善造成货物被盗、丢失、霉烂变质，以及因违反法律法规造成货物或者不动产被依法没收、销毁、拆除的情形。

> **3. 不动产、在建工程中涉及"购进货物"的理解**
>
> 上述第(4)项、第(5)项所称"购进货物",是指构成不动产实体的材料和设备,包括建筑装饰材料和给排水、采暖、卫生、通风、照明、通讯、煤气、消防、中央空调、电梯、电气、智能化楼宇设备及配套设施。

适用一般计税方法的纳税人,兼营简易计税方法计税项目、免征增值税项目而无法划分不得抵扣的进项税额,按照下列公式计算不得抵扣的进项税额:

不得抵扣的进项税额=当期无法划分的全部进项税额×(当期简易计税方法计税

项目销售额+免征增值税项目销售额)÷当期全部销售额

已抵扣进项税额的购进货物(不含固定资产)、劳务、服务,**发生不得抵扣进项税额情形的,应当将该进项税额从当期进项税额中扣减**;无法确定该进项税额的,按照当期实际成本计算应扣减的进项税额。

五、不动产进项税额的抵扣处理

(一)不动产一般抵扣处理

纳税人2016年5月1日后购进货物和设计服务、建筑服务,用于新建不动产,或者用于改建、扩建、修缮、装饰不动产并**增加不动产原值超过50%的**,其进项税额分2年从销项税额中抵扣。

上述进项税额中,60%的部分于取得扣税凭证的当期从销项税额中抵扣;40%的部分为待抵扣进项税额,于**取得扣税凭证的当月起**第13个月从销项税额中抵扣。

微课视频:不动产进项税额抵扣的问题
来源:中财讯

如果租入的不动产进行改建、扩建、修缮、装饰所发生的设计服务、建筑服务和购买材料的进行税额,其进行税额可以一次抵扣,不需要分2年抵扣。注

> **注意:**
>
> 不动产的进项税额抵扣中的第13个月是包括取得扣税凭证的当月。例如,某企业2017年4月购买一座办公楼,并与4月份取得增值税专用发票,那么首先60%的进项税额应在4月份的申报期(也就是5月初)抵扣,另外的40%应该在2018年的4月份的申报期即(2018年5月初)申报抵扣。

意：上述租入的不动产如果专用于简易计税方法计税项目、免征增值税项目、集体福利或者个人消费，其进项税额不能抵扣。

购进时已全额抵扣进项税额的货物和服务，转用于不动产在建工程的，其已抵扣进项税额的40%部分，应于转用的当期从进项税额中扣减，计入待抵扣进项税额，并于转用的当月起第13个月从销项税额中抵扣。

纳税人销售其取得的不动产或者不动产在建工程时，尚未抵扣完毕的待抵扣进项税额，允许于销售的当期从销项税额中抵扣。

（二）不动产改变用途时抵扣处理

1. 已经抵扣进项税额的不动产用于不得抵扣进项税额的项目

已抵扣进项税额的不动产，发生非正常损失，或者改变用途，**专用于简易计税方法计税项目、免征增值税项目、集体福利或者个人消费的**，按照下列公式计算不得抵扣的进项税额：

$$不得抵扣的进项税额 = (已抵扣进项税额 + 待抵扣进项税额) \times 不动产净值率$$

$$不动产净值率 = (不动产净值 \div 不动产原值) \times 100\%$$

不得抵扣的进项税额小于或等于该不动产已抵扣进项税额的，应于该不动产改变用途的当期，将不得抵扣的进项税额从进项税额中扣减。

不得抵扣的进项税额大于该不动产已抵扣进项税额的，应于该不动产改变用途的当期，将已抵扣进项税额从进项税额中扣减，并从该不动产待抵扣进项税额中扣减不得抵扣进项税额与已抵扣进项税额的差额。

思考：
　　如果企业购买一幢公寓楼给职工做宿舍用，是否一定要取得增值税专用发票呢？

［案例］
　　2017年5月1日，纳税人买了一座楼办公用1 000万元（不含税），进项税额110万元，正常情况下，应在2017年5月当月抵扣66万元，2018年5月（第13个月）再抵扣剩余的44万元。可是在2018年4月，纳税人就将办公楼改造成员工食堂，用于集体福利了。
　　如果2018年4月该不动产的净值为800万元，不动产净值率就是80%，不得抵扣的进项税额为88万元,大于已抵扣的进项税额66万元,按照政策规定,这时应将已抵扣的66万元进项税额转出,并在待抵扣进项税额中扣减不得抵扣进项税额与已抵扣进项税额的差额88-66=22万元。余额22万元(44-22)在2018年5月允许抵扣。

如果2018年4月该不动产的净值为500万元,不动产净值率就是50%,不得抵扣的进项税额为55万元,小于已抵扣的进项税额66万元,按照政策规定,这时将已抵扣的66万元进项税额转出55万元即可。剩余的44万元仍在2018年5月允许抵扣。

2. 不得抵扣进项税额的不动产用于可以抵扣进项税额的项目

按照规定不得抵扣进项税额的不动产,发生用途改变,用于允许抵扣进项税额项目的,按照下列公式在改变用途的次月计算可抵扣进项税额。

可抵扣进项税额=增值税扣税凭证注明或计算的进项税额×不动产净值率

依照本条规定计算的可抵扣进项税额,应取得2016年5月1日后开具的合法有效的增值税扣税凭证。

按照本条规定计算的可抵扣进项税额,60%的部分于改变用途的次月从销项税额中抵扣,40%的部分为待抵扣进项税额,<u>于改变用途的次月起</u>第13个月从销项税额中抵扣。

小规模纳税人的增值税处理

对于小规模纳税人而言,其发生的增值税又该如何处理呢?

(一)应纳税额的计算公式

小规模纳税人销售货物或者应税劳务,按照销售额3%的征收率计算应纳税额,不得抵扣进项税额。应纳税额计算公式为:

应纳税额=销售额×征收率

（二）含税销售额的换算

由于小规模纳税人在销售货物或应税劳务时，只能开具普通发票，取得的销售收入均为含税销售额。小规模纳税人在计算应纳税额时，必须将含税销售额换算为不含税的销售额后才能计算应纳税额。

【例】某商店为增值税小规模纳税人，2018年6月取得零售收入总额10.815万元。计算该商店6月应缴纳的增值税税额。

（1）6月取得的不含税销售额：

$$10.815 \div (1+3\%) = 10.5（万元）$$

（2）6月应缴纳增值税税额：

$$10.5 \times 3\% = 0.315（万元）$$

（三）购置税控收款机税款抵免的计算

增值税小规模纳税人购置税控收款机，经主管税务机关审核批准后，可凭购进税控收款机取得的增值税专用发票，按照发票上注明的增值税税额，抵免当期应纳增值税。或者按照购进税控收款机取得的普通发票上注明的价款，依下列公式计算可抵免税额：

$$可抵免税额 = 价款 \div (1+16\%) \times 16\%$$

当期应纳税额不足抵免的，未抵免部分可在下期继续抵免。

根据《财政部国家税务总局关于增值税税控系统专用设备和技术维护费用抵减增值税税额有关政策的通知》（财税〔2012〕15号）第一条规定：增值税纳税人2011年12月1日以后初次购买增值税税控系统专用设备（包括分开票机）支付的费用，可凭购买增值税税控系统专用设备取得的增值税专用发票，在增值税应纳税额中全额抵减（抵减额为价税合计额），不足抵减的可结转下期继续抵减。

拓展：

增值税纳税人2011年12月1日以后缴纳的技术维护费（不含补缴的2011年11月30日以前的技术维护费），可凭技术维护服务单位开具的技术维护费发票，在增值税应纳税额中全额抵减，不足抵减的可结转下期继续抵减。技术维护费按照价格主管部门核定的标准执行。

（四）增值税小规模纳税人增值税优惠

增值税小规模纳税人应正确核算销售货物，提供加工、修理修配劳务的销售额，以及销售服务、无形资产的销售额。增值税小规模纳税人销售货物，提供加工、修理修配劳务销售服务，转让无形资产月销售额不超过10万元（按季纳税30万元），可享受小微企业免征收增值税优惠政策。

按季纳税申报的增值税小规模纳税人，实际经营期不足一个季度的，以实际经营月份计算当期可享受小微企业免征增值税政策的销售额度。

其他个人采取预收款形式出租不动产，取得的预收租金收入，可在预收款对应的租赁期内平均分摊，分摊后的月租金收入不超过10万元的，可享受小微企业免征增值税优惠政策。

增值税小规模纳税人月销售额不超过10万元（按季纳税30万元）的，当期因代开增值税专用发票（含货物运输业增值税专用发票）已经缴纳的税款，在专用发票全部联次追回或者按规定开具红字专用发票后，可以向主管税务机关申请退还。

图解税收：营改增后，大学生创业如何享受增值税优惠？
来源：国家税务总局

实操训练

瑞德酒业有限公司是一家专门从事酒类产品研发和生产销售的企业，属于增值税一般纳税人。近年来企业市场一直处于上升的趋势。2018年12月该公司发生了如下业务：

1. 对外销售一批瑞德53度酱香白酒，共4 000箱。开具增值税专用发票，注明金额为800万元。

2. 对外销售一批瑞德48度醇香白酒，共6 000箱。开具增值税普通发票，注明销售金额为1 300万元，折扣200万元，实际金额1 100万元。

3. 因销售白酒，与当地一家运输企业（一般纳税人）签订运输协议，支付运费10万元，取得运输公司开具的增值税专用发票。

4. 接受会计师事务所（一般纳税人）咨询服务，支付咨询费，取得事务所开具的增值税专用发票注明金额为20万元。

5. 公司购买一层写字楼用于办公，取得房地产公司开具的增值税专用发票注明写字楼金额1 000万元。（房地产开发企业的写字楼项目属于老项目，采取简易计税方法。）

6. 为食堂购买2台冰柜，取得增值税专用发票注明金额为8 000元。

7. 将自产的一批瑞德53度酱香白酒共100箱作为职工福利发放。

8. 当月支付水电费,均取得销售方开具的增值税专用发票,其中水费发票显示金额20万元,电费发票显示金额40万元。

9. 向当地农民收购一批生产用粮食,取得的《农产品收购发票》显示的价款为60万元。

10. 出租公司2014年购买的沿街门面,当月取得含税租金收入105万元(经过税务机关备案,该出租业务可以采取简易征收处理),对商户均开具增值税普通发票。

11. 上月购买的用于生产酒糟的小麦因保管不善发生损坏,账面损失成本为43.5万元。

实操分析

自从2016年5月1日全面营业税改增值税后,现在企业所发生的相关销售以及服务均要缴纳增值税。由于服务的类型不同,涉及适用的税率或征收率也不尽相同,同时相关增值税销售额的确认也是比较复杂的问题。

1. 公司对外销售一批瑞德53度酱香白酒,共4 000箱。开具增值税专用发票,注明金额为800万元。显然,该笔业务需要计算销项税额,发票金额800万元即为不含税价,因此,**销项税额(1)=800×16%=128(万元)**。

2. 公司对外销售一批瑞德48度醇香白酒,共6 000箱。开具增值税普通发票,注明销售金额为1 300万元,折扣200万元,实际金额1 100万元。该笔业务其实属于折扣销售业务。税法规定,如果销售额和折扣额在同一张发票上分别注明的,可按折扣后的余额作为销售额计算增值税。因此,该笔业务的计税销售额为1 100万元。**销项税额(2)=1 100×16%=176(万元)**。

3. 因销售白酒,与当地一家运输企业签订运输协议,支付运费10万元,取得运输公司开具的增值税专用发票。该笔业务说明企业接受外部运费服务,运输业属于增值税服务范畴,适用增值税税率为10%,因此瑞德公司接受运输服务的进项税额可以抵扣。**进项税额(1)=10÷(1+10%)×10%=0.91(万元)**。

4. 接受会计师事务所咨询服务,支付咨询费,取得事务所开具的增值税专用发票注明金额为20万元。该笔业务说明企业接受外部咨询服务,咨询业也属于增值税服务范畴,适用增值税税率为6%,因此,瑞德公司接受咨询服务的进项税额可以抵扣。进项税额(2)=20×6%=1.2(万元)。

5. 因为公司购买一层写字楼是用于办公,因此,发生的进项税额60%的部分于取得扣税凭证的当期从销项税额中抵扣;40%的部分为待抵扣进项税额,于取得扣税凭证的当月起第13个月从销项税额中抵扣。而写字楼专用发票注明写字楼金额1 000万元,同时房地产开发企业的写字楼项目属于老项目,采取简易计税方法,因此,进项税额抵扣率应适应5%;所以本期可以抵扣的进项税额(3)=1 000×5%×60%=30(万元)。

6. 为食堂购买2台冰柜,取得增值税专用发票注明金额为8 000元。由于冰柜是给食堂所用,属于用于集体福利,因此,购买冰柜即使取得了增值税专用发票,其进项税额也不得在当地抵扣,应计入集体福利成本。

7. 公司将自产的一批瑞德53度酱香白酒,共100箱给职工发放福利,这种行为属于货物的视同销售,应计算确认销项税额,其计税销售额应参照纳税人最近时期销售同类货物、服务、无形资产或者不动产的平均价格确定。由于该公司当月实际销售过53度酱香白酒,其实际市场销售额为800万元÷4 000箱=0.2万元/箱。因此,用于职工福利的100箱白酒计税销售额也应按0.2万元/箱。所以,销项税额(3)=100×0.2×16%=3.2(万元)。

8. 当月支付水电费,均取得销售方开具的增值税专用发票,其中水费发票显示金额20万元;电费发票显示金额40万元;公司日常经营管理中发生的水电费进项税额均是可以抵扣的,只是电费的税率为16%,水费的征收率为3%。因此,本业务的进项税额(4)=20×3%+40×16%=0.6+6.4=7(万元)。

9. 向当地农民收购一批生产用粮食,取得的《农产品收购发票》显示的价款为60万元。根据规定,企业购进农产品,可以农产品收购发票或者销售发票上注明的农产品买价和10%的扣除率计算的进项税额。因此,本业务的进项税额(5)=60×10%=6(万元)。

10. 出租公司2014年购买的沿街门面,可以采取简易计税处理,当月取得租金含税收入105万元,即销项税额(4)=80÷(1+5%)×5%=5(万元)。

11. 上月购买的用于生产酒糟的小麦因保管不善发生损坏,这属于非正常损失,进项税额不得抵扣,由于该小麦属于上月购进,其进项税额10%已经在上期进行了抵扣,因此本期应将其抵扣的进项税额进行转出处理。因账面损失成本为43.5万元,即该批小麦的采购原价=43.5÷(1-10%)=48.3(万元),因此,进项税额转出=48.3×10%=4.83(万元)。

注意:自2017年7月1日起,农产品增值税的抵扣率为11%,本任务由于业务发生时间问题,仍按13%进行抵扣。

经过上述分析,该公司本月应缴纳增值税=本期销项税额-(本期可以抵扣的进项税额-进项税额转出)=(128+176+3.2+5)-(0.91+1.2+30+7+6-4.83)=312.2-39.47=272.73(万元)。

思考与练习

1.【单选题】下列项目中,应计算销项税额的项目是(　　)。
   A. 将购买的货物用于集体福利
   B. 将自产的货物用于非应税项目
   C. 将购买的货物委托加工收回后继续用于增值税生产
   D. 将购买的货物用于非应税项目

2.【单选题】某生产企业为增值税一般纳税人,本期销售收入为140.4万元(含税),本期发出包装物收取押金为4.68万元,本期逾期未归还包装物押金为2.34万元。该企业本期应申报的销项税额为(　　)万元。
   A. 19.69　　　　B. 20.74　　　　C. 21.08　　　　D. 20.8

3.【单选题】下列各项中,属于增值税混合销售行为的是(　　)。
   A. 建材商店在销售建材的同时又为其他客户提供装饰服务
   B. 汽车建造公司在生产销售汽车的同时又为客户提供修理服务
   C. 塑钢门窗销售商店在销售产品的同时又为客户提供安装服务
   D. 电信局为客户提供电话安装服务的同时又销售所安装的电话机

4. 【多选题】在计算增值税销项税额时,下列项目可以不计入销售额的有( )。
   A. 销售折扣　　　B. 折扣销售　　　C. 实物折扣　　　D. 销售折让

5. 【多选题】对纳税人为销售货物而出租出借包装物收取的押金,其增值税错误的计税方法是( )。
   A. 单独记账核算的,一律不并入销售额征税,对逾期收取的包装物押金,均并入销售额征税
   B. 酒类包装物押金,一律并入销售额计税,其他货物押金,单独记账核算的,不并入销售额征税
   C. 无论会计如何核算,均应并入销售额计算缴纳增值税
   D. 对销售除啤酒、黄酒外的其他酒类产品收取的包装物押金,均应并入当期销售额征税,其他货物押金,单独记账且未逾期者,不计算缴纳增值税

6. 【多选题】下列关于增值税的计税销售额规定,说法正确的有( )。
   A. 以物易物方式销售货物,由多交付货物的一方以价差计算缴纳增值税
   B. 以旧换新方式销售货物,以实际收取的不含增值税的价款计算缴纳增值税(金银首饰除外)
   C. 还本销售方式销售货物,以实际销售额计算缴纳增值税
   D. 销售折扣方式销售货物,不得从计税销售额中扣减折扣额

7. 【计算题】A电子设备生产企业(本题下称A企业)与B商贸公司(本题下称B公司)均为增值税一般纳税人,2018年12月份有关经营业务如下:
   (1) A企业从B公司购进生产用原材料和零部件,取得B公司开具的增值税专用发票,注明货款180万元、增值税28.8万元,货物已验收入库,货款和税款未付。
   (2) B公司从A企业购电脑600台,每台不含税单价0.45万元,取得A企业开具的增值税专用发票,注明货款270万元、增值税45.9万元。B公司以销货款抵顶应付A企业的货款和税款后,实付购货款90万元、增值税14.4万元。
   (3) A企业为B公司制作大型电子显示屏,开具了普通发票,取得含税销售额9.28万元、调试费收入2.32万元。制作过程中委托C公司进行专业加工,支付加工费2万元、增值税0.32万元,取得C公司增值税专用发票。
   (4) B公司从农民手中购进免税农产品,收购凭证上注明支付收购货款30万元,支付运输公司的运输费3万元,取得普通发票。入库后,将收购的农产品40%作为职工福利消费,60%零售给消费者并取得含税收入35万元。
   (5) B公司销售电脑和其他物品取得含税销售额298.85万元,均开具普通发票。
   要求:计算A企业、B公司发生的销项税额。

项目五　房地产开发企业增值税应纳税额的处理

> **知识点**
> ◎ 房地产企业增值税的征收范围及适用税率
> ◎ 房地产企业增值税的计税方法
>
> **技能点**
> ◎ 掌握房地产企业增值税的准确计算
> ◎ 掌握房地产企业预缴增值税的管理

课前十分钟——税收文化普及:《谈税论嫁》

  知识掌握

一、纳税人

1. 在中华人民共和国境内销售自行开发的房地产项目的企业,为增值税纳税人。

2. 增值税纳税人分为一般纳税人与小规模纳税人两大类。纳税人年应征增值税销售额**超过500万元（含本数）**的为一般纳税人,未超过规定标准的纳税人为小规模纳税人。

二、征税范围

根据《销售服务、无形资产或者不动产注释》的规定,房地产业主要涉及以下税目:
（1）房地产企业销售<u>自行开发</u>的房地产项目属于销售不动产税目;

（2）房地产企业出租自行开发的房地产项目（包括如商铺、写字楼、公寓等），属于租赁服务税目中的不动产经营租赁服务和不动产融资租赁服务（不含不动产售后回租融资租赁）。

> **不征收增值税项目**
> 1. 房地产主管部门或者其指定机构、公积金管理中心、开发企业以及物业管理单位代收的住宅专项维修资金。
> 2. 在资产重组过程中，通过合并、分立、出售、置换等方式，将全部或者部分实物资产以及与其相关联的债权、负债和劳动力一并转让给其他单位和个人，其中涉及的不动产、土地使用权转让行为。

三、税率和征收率

房地产企业销售自行开发的房地产项目、出租不动产适用的税率均为10%。

房地产开发企业中的小规模纳税人销售自行开发的房地产项目、出租不动产，以及一般纳税人提供的可选择简易计税方法的销售房地产项目、出租不动产业务，征收率为5%。

境内的购买方为境外单位和个人扣缴增值税的，按照适用税率扣缴增值税。

从税制适用而言，一般纳税人适用增值税税率，其进项税额可以抵扣，而小规模纳税人适用增值税征收率，其进项税额不可以抵扣。

四、计税方法

（一）基本规定

房地产企业增值税的计税方法，包括一般计税方法和简易计税方法。

一般纳税人发生应税行为适用一般计税方法计税。一般纳税人发生财政部和国家税务总局规定的特定应税行为，可以选择适用简易计税方法计税，但一经选择，36个月内不得变更。

小规模纳税人发生应税行为适用简易计税方法计税。

（二）一般计税方法的应纳税额

一般计税方法的应纳税额按以下公式计算：

$$应纳税额 = 当期销项税额 - 当期进项税额$$

当期销项税额小于当期进项税额不足抵扣时,其不足部分可以结转下期继续抵扣。

(三)简易计税方法的应纳税额

简易计税方法的应纳税额,是指按照销售额和增值税征收率计算的增值税额,不得抵扣进项税额。应纳税额计算公式:

$$应纳税额 = 销售额 \times 征收率$$

简易计税方法的销售额不包括其应纳税额,纳税人采用销售额和应纳税额合并定价方法的,按照下列公式计算销售额:

$$销售额 = 含税销售额 \div (1 + 征收率)$$

五、销售额的确定

(一)基本规定

纳税人发生应税行为取得的全部价款和价外费用。财政部和国家税务总局另有规定的除外。

价外费用,是指价外收取的各种性质的收费,但不包括以下项目:

(1)代为收取并符合规定的政府性基金或者行政事业性收费;

(2)以委托方名义开具发票代委托方收取的款项。

(二)具体规定

房地产开发企业中的一般纳税人销售其开发的房地产项目(选择简易计税方法的房地产老项目除外),以取得的全部价款和价外费用,扣除受让土地时向政府部门支付的土地价款后的余额为销售额。纳税人按照上述规定从全部价款和价外费用中扣除的向政府支付的土地价款,以省级以上(含省级)财政部门监(印)制的财政票据为合法有效凭证。

注意:

房地产企业销售不动产采取全额开票差额纳税的处理方式。例如,某房地产企业本月取得销售额3 000万元,分摊的土地价款1 200万元。因此,房地产企业给业主开具的售房发票应还是3 000万元,但在纳税申报时可以按(3 000万元 - 1 200万元)计算的税额申报。

当期允许扣除的土地价款=（当期销售房地产项目建筑面积÷房地产项目可供销售建筑面积）×支付的土地价款

"向政府部门支付的土地价款"，包括土地受让人向政府部门支付的征地和拆迁补偿费用、土地前期开发费用和土地出让收益等。

一般纳税人销售自行开发的房地产老项目，可以选择适用简易计税方法按照5%的征收率计税。一经选择简易计税方法计税的，36个月内不得变更为一般计税方法计税。

房地产老项目，是指：（1）《建筑工程施工许可证》注明的合同开工日期在2016年4月30日前的房地产项目；（2）《建筑工程施工许可证》未注明合同开工日期或者未取得《建筑工程施工许可证》但建筑工程承包合同注明的开工日期在2016年4月30日前的建筑工程项目。

一般纳税人销售自行开发的房地产老项目适用简易计税方法计税的，以取得的全部价款和价外费用为销售额，不得扣除对应的土地价款。

房地产开发企业中的小规模纳税人，销售自行开发的房地产项目，按照5%的征收率计税。

> **注意：**
> 对房地产企业的小规模纳税人，无论新老项目，都是以取得的全部价款和价外费用计算销售额，不允许差额扣除相应的土地价款。

六、房地产企业增值税的预缴税款

一般纳税人采取预收款方式销售自行开发的房地产项目，应在收到预收款时按照3%的预征率预缴增值税，应在取得预收款的次月纳税申报期向主管国税机关预缴税款。应预缴税款按照以下公式计算：

应预缴税款=预收款÷（1+适用税率或征收率）×3%

房地产开发企业中的一般纳税人销售房地产老项目，适用一般计税方法计税的，应以取得的全部价款和价外费用，**按照3%的预征率在不动产所在地预缴税款后，向机构所在地主管税务机关进行纳税申报。**

七、进项税额处理

一般纳税人销售自行开发的房地产项目，兼有一般计税方法计税、简易计税方法计税、免征增值税的房地产项目而无法划分不得抵扣的进项税额的，**应以《建筑工程施工许可证》注明的"建设规模"为依据进行划分。**

不得抵扣的进项税额＝当期无法划分的全部进项税额×（简易计税、免税房地产项目建设规模÷房地产项目总建设规模）

八、纳税申报

一般纳税人销售自行开发的房地产项目适用一般计税方法计税的，应按照《营业税改征增值税试点实施办法》（财税〔2016〕36号）规定的纳税义务发生时间，以当期销售额和10%的适用税率计算当期应纳税额，抵减已预缴税款后，向主管国税机关申报纳税。未抵减完的预缴税款可以结转下期继续抵减。

一般纳税人销售自行开发的房地产项目适用简易计税方法计税的，应按照规定的纳税义务发生时间，以当期销售额和5%的征收率计算当期应纳税额，抵减已预缴税款后，向主管国税机关申报纳税。未抵减完的预缴税款可以结转下期继续抵减。

实操训练

苏州瑞德房地产有限公司（一般纳税人）自行开发了B房地产项目，施工许可证注明的开工日期是2015年3月15日，2017年5月1日开始预售房地产，至2018年8月30日共取得预收款5 250万元，已按照营业税规定申报缴纳营业税。A房地产企业对上述预收款开具收据，未开具营业税发票。该企业2018年9月又收到预收款5 250万元。2018年8—9月共开具了增值税普通发票10 500万元，同时办理房产产权转移手续。

2018年7月还取得了建筑服务增值税专用发票价税合计1 110万元（其中：注明的增值税税额为110万元）。经计算，本期允许扣除的土地价款为1 500万元。纳税人选择放弃选择简易计税方法，按照适用税率计算缴纳增值税。

请问：苏州瑞德房地产有限公司在9月申报期应申报多少增值税税款？

1. 纳税人按照《房地产开发企业销售自行开发的房地产项目增值税征收管理暂行办法》（国家税务总局公告2016年第18号）（以下简称《办法》）第十一条、第十二条规定，应在2018年9月申报期就取得的预收款计算应预缴税款。

应预缴税款＝5 250÷（1+10%）×3%＝143.2（万元）

2. 根据《办法》第四条,销售额可扣除当期允许扣除的土地价款。

3. 纳税人应在2018年9月申报期按照《办法》第十四条的规定确定应纳税额。

计算过程:

销项税额=(5 250−1 500)÷(1+10%)×10%=3 409.09×10%=340.9(万元)

进项税额=100(万元)

应纳税额=340.9−100=240.9(万元)

应补税额=261.6−141.9=119.7(万元)

思考与练习

1. 【单选题】苏州瑞德房地产开发公司,为增值税一般纳税人,正在预售2015年5月开工建设的商品房,2018年8月取得预售款110万元,如果该公司选择简易办法,当期销售收入是多少?应交增值税是多少?

   A. 100万元,5万元。

   B. 105.71万元,5.29万元。

   C. 107.77万元,2.23万元。

2. 【单选题】第1题中,该公司选择简易办法,计算当期应预缴的增值税金额是多少?

   A. 3万元。　　　　　B. 5.24万元。　　　　　C. 3.17万元。

3. 【单选题】2018年5月份取得项目购买的门窗为增值税专用发票,价款100万元,进项税16万元;员工出差取得住宿发票为增值税专用发票,住宿费1万元,进项税0.06万元,问:取得增值税专用发票需要认证吗?采用简易计税办法,当期进项税可以抵扣吗?

   A. 需要认证,不可以抵扣。

   B. 需要认证,可以抵扣。

   C. 不需要认证,不可以抵扣。

4. 【计算题】计算此单位5月份增值税申报表需补交增值税金额?

5. 第1题中如果该公司选择一般计税方式,2015年房地产公司购土地时支付土地价款10 000万元,规划总建筑面积5万平方米,已开发的为二期建筑面积1万平方米,二期可售面积8 000平方米,5月份销售面积200平方米,计算当期可抵扣的土地价款是多少?开具发票时的销项税金是多少?

项目六　建筑企业增值税应纳税额的处理

> **知识点**
> ◎ 建筑企业增值税的征收范围及适用税率
> ◎ 建筑企业增值税的计税方法
>
> **技能点**
> ◎ 掌握建筑企业增值税的准确计算
> ◎ 掌握建筑企业异地预缴增值税的管理

课前十分钟——税收文化普及:《轻徭薄赋》

 知识掌握

一、纳税人

在中华人民共和国境内提供建筑服务的单位和个人,为增值税纳税人。
单位,是指企业、行政单位、事业单位、军事单位、社会团体及其他单位。
个人,是指个体工商户和其他个人。
在境内销售提供建筑服务,是指建筑服务的销售方或者购买方在境内。

二、征税范围

建筑服务的征税范围,是指各类建筑物、构筑物及其附属设施的建造、修缮、装饰、线路、管道、设备、设施

注意:
施工地在境外的建筑服务免征增值税,但需要去税务机关办理免税备案手续。

等的安装以及其他工程作业的业务活动,包括工程服务、安装服务、修缮服务、装饰服务和其他建筑服务。

(一)工程服务

工程服务,是指新建、改建各种建筑物、构筑物的工程作业,包括与建筑物相连的各种设备或者支柱、操作平台的安装或者装设工程作业,以及各种窑炉和金属结构工程作业。

(二)安装服务

安装服务,是指生产设备、动力设备、起重设备、运输设备、传动设备、医疗实验设备以及其他各种设备、设施的装配、安置工程作业,包括与被安装设备相连的工作台、梯子、栏杆的装设工程作业,以及被安装设备的绝缘、防腐、保温、油漆等工程作业。

固定电话、有线电视、宽带、水、电、燃气、暖气等经营者向用户收取的安装费、初装费、开户费、扩容费以及类似收费,按照安装服务缴纳增值税。

(三)修缮服务

修缮服务,是指对建筑物、构筑物进行修补、加固、养护、改善,使之恢复原来的使用价值或者延长其使用期限的工程作业。

(四)装饰服务

装饰服务,是指对建筑物、构筑物进行修饰装修,使之美观或者具有特定用途的工程作业。

> **注意**:
> 机械、汽车的维修适用16%的增值税,不属于建筑业。

(五)其他建筑服务

其他建筑服务,是指上列工程作业之外的各种工程作业服务,如钻井(打井)、拆除建筑物或者构筑物、平整土地、园林绿化、疏浚(不包括航道疏浚)、建筑物平移、搭脚手架、爆破、矿山穿孔、表面附着物(包括岩层、土层、沙层等)剥离和清理等工程作业。

三、税率和征收率

建筑企业纳税人分为一般纳税人和小规模纳税人。纳税人提供建筑服务的年应征增值税销售额超过500万元(含本数)的为一般纳税人,未超过规定标准的纳税人为小规模纳税人。

一般纳税人适用税率为10%；小规模纳税人提供建筑服务，以及一般纳税人提供的可选择简易计税方法的建筑服务，征收率为3%。

境内的购买方为境外单位和个人扣缴增值税的，按照适用税率扣缴增值税。

四、计税方法

（一）基本规定

房地产企业增值税的计税方法，包括一般计税方法和简易计税方法。

一般纳税人发生应税行为适用一般计税方法计税。一般纳税人发生财政部和国家税务总局规定的特定应税行为，可以选择适用简易计税方法计税，但一经选择，36个月内不得变更。

小规模纳税人发生应税行为适用简易计税方法计税。

（二）一般计税方法的应纳税额

一般计税方法的应纳税额按以下公式计算：

$$应纳税额 = 当期销项税额 - 当期进项税额$$

当期销项税额小于当期进项税额不足抵扣时，其不足部分可以结转下期继续抵扣。

（三）简易计税方法的应纳税额

1. 简易计税方法的应纳税额，是指按照销售额和增值税征收率计算的增值税额，不得抵扣进项税额。应纳税额计算公式：

$$应纳税额 = 销售额 \times 征收率$$

2. 简易计税方法的销售额不包括其应纳税额，纳税人采用销售额和应纳税额合并定价方法的，按照下列公式计算销售额：

$$销售额 = 含税销售额 \div (1 + 征收率)$$

建筑企业提供的建筑服务也可以根据项目判断新老项目，属于建筑工程老项目的，可以选择适用简易计税方法按照3%的征收率计税。新项目只能按照一般计税方法处理，但是施工工程中的清包工项目和甲供材项目，不管新老项目，都可以选择简易计税处理。一经选择简易计税方法计税的，36个月内不得变更为一般计税方法计税。

注意：
　　甲供材项目，是指全部或部分设备、材料、动力由工程发包方自行采购的建筑工程。清包工方式提供建筑服务，是指施工方不采购建筑工程所需的材料或只采购辅助材料，并收取人工费、管理费或者其他费用的建筑服务。

　　施工项目老项目，是指：(1)《建筑工程施工许可证》注明的合同开工日期在2016年4月30日前的房地产项目；(2)《建筑工程施工许可证》未注明合同开工日期或者未取得《建筑工程施工许可证》但建筑工程承包合同注明的开工日期在2016年4月30日前的建筑工程项目。

五、异地项目的增值税预缴

（一）纳税人跨地级行政区提供建筑服务的

（1）一般纳税人跨地级行政区提供建筑服务，**适用一般计税方法计税的**，以取得的全部价款和价外费用扣除支付的分包款后的余额，**按照2%的预征率计算应预缴税款**。

（2）一般纳税人跨地级行政区提供建筑服务，**选择适用简易计税方法计税的**，以取得的全部价款和价外费用扣除支付的分包款后的余额，**按照3%的征收率计算应预缴税款**。

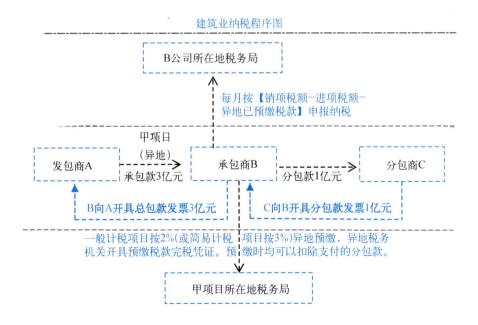

建筑业纳税程序图

(3) **小规模纳税人跨地级行政区提供建筑服务**，以取得的全部价款和价外费用扣除支付的分包款后的余额，**按照3%的征收率计算应预缴税款。**

适用一般计税方法计税的：

$$应预缴税款=（全部价款和价外费用-支付的分包款）\div(1+10\%)\times 2\%$$

适用简易计税方法计税的：

$$应预缴税款=（全部价款和价外费用-支付的分包款）\div(1+3\%)\times 3\%$$

（二）分包款扣除的管理

纳税人取得的全部价款和价外费用扣除支付的分包款后的余额为负数的，可结转下次预缴税款时继续扣除。

纳税人应按照工程项目分别计算应预缴税款，分别预缴。

纳税人按照上述规定从取得的全部价款和价外费用中扣除支付的分包款，应当取得从分包方取得的2016年5月1日后开具的，**备注栏注明建筑服务发生地所在县（市、区）、项目名称的增值税发票。**

> **思考：**
> 为什么分包款发票的备注栏应注明建筑服务发生地所在县（市、区）、项目名称？

（三）预缴税款的缴纳

纳税人跨地级行政区提供建筑服务，在向建筑服务发生地主管国税机关预缴税款时，需提交以下资料：

（1）《增值税预缴税款表》；
（2）与发包方签订的建筑合同原件及复印件；
（3）与分包方签订的分包合同原件及复印件；
（4）从分包方取得的发票原件及复印件。

纳税人跨地级行政区提供建筑服务，向建筑服务发生地主管国税机关预缴的增值税税款，可以在当期增值税应纳税额中抵减，抵减不完的，结转下期继续抵减。纳税人以预缴税款抵减应纳税额，应以完税凭证作为合法有效凭证。

（四）预缴税款的税收管理

对跨地级行政区提供的建筑服务，纳税人应自行建立预缴税款台账，区分不同县（市、区）和项目逐笔登记全部收入、支付的分包款、已扣除的分包款、扣除分包款的发票

增值税预缴税款表

税款所属时间： 年 月 日至 年 月 日

纳税人识别号：□□□□□□□□□□□□□□□□□□□□ 是否适用一般计税方法 是□ 否□

纳税人名称：(公章)			金额单位：元（列至角分）	
项目编号			项目名称	
项目地址				
预征项目和栏次		销售额	扣除金额	预征率	预征税额
		1	2	3	4
建筑服务	1				
销售不动产	2				
出租不动产	3				
	4				
	5				
合　　计	6				
授权声明	如果你已委托代理人填报，请填写下列资料： 为代理一切税务事宜，现授权　　　（地址）为本次纳税人的代理填报人，任何与本表有关的往来文件，都可寄予此人。 授权人签字：		填表人申明	以上内容是真实的、可靠的、完整的。 纳税人签字：	

非常思维

某建筑企业有A、B、C三个项目，其中A项目适用简易计税方法，B、C项目适用一般计税方法。2018年3月，三个项目分别收到不含税销售价款1亿元，分别预缴增值税300万元、200万元和200万元，共预缴增值税700万元。2018年8月，B项目达到了纳税义务发生时间，当月计算出应纳税额为1 000万元，此时抵减的预缴增值税仅仅是B项目的预缴税款，还是可以抵减A、B和C三个项目的全部预缴的增值税款呢？

号码、已预缴税款以及预缴税款的完税凭证号码等相关内容,留存备查。

纳税人跨地级行政区提供建筑服务,按规定应向建筑服务发生地主管国税机关预缴税款而自应当预缴之月起超过6个月没有预缴税款的,由机构所在地主管国税机关按照《中华人民共和国税收征收管理法》及相关规定进行处理。

六、纳税义务发生时间

纳税人提供建筑服务并收讫销售款项或者取得索取销售款项凭据的当天,先开具发票的,为开具发票的当天。

收讫销售款项,是指纳税人提供建筑服务过程中或者完成后收到款项。

取得索取销售款项凭据的当天,是指书面合同确定的付款日期;未签订书面合同或者书面合同未确定付款日期的,为建筑服务完成的当天。

纳税人提供建筑服务采取预收款方式的,其纳税义务发生时间为收到预收款的当天。

具体如下图所示:

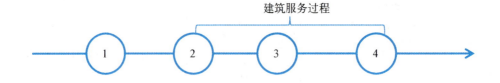

第1项:如果服务未提供,只要先开发票,不管是专用发票还是普通发票,都必须在当期计税;如果未开具发票,则只能做预收款处理!

第2项:如果开始提供服务,并一次性收款,则在此时点确认纳税义务。

第3项:如果约定服务过程中收取款项,有明确的付款日期,那确定的日期应做确认纳税义务,此时不管对方是否欠款,哪怕欠款也要缴税。

第4项:如果既没收款又没约定收款时间,那么在服务完成当天确认应税义务。

实操训练

苏州瑞德建筑有限公司为增值税一般纳税人,机构所在地为江苏省苏州市。2018年5月1日到上海承接A工程项目,并将A项目中的部分施工项目分包给了乙公司,

2018年5月30日发包方按进度支付工程价款220万元。当月该项目瑞德公司购进材料取得增值税专用发票上注明的税额8万元;2018年5月瑞德公司支付给乙公司工程分包款50万元,乙公司开具给瑞德公司增值税专用发票,税额4.55万元。对A工程项目,瑞德建筑公司选择适用一般计税方法计算应纳税额,该公司2018年5月需缴纳多少增值税?

实操分析

一般纳税人跨地级行政区提供建筑服务,适用一般计税方法计税的,应以取得的全部价款和价外费用为销售额计算应纳税额。纳税人应以取得的全部价款和价外费用扣除支付的分包款后的余额,按照2%的预征率在建筑服务发生地预缴税款后,向机构所在地主管税务机关进行纳税申报。

计算过程:
(1) 该公司5月销项税额为220÷(1+10%)×10%=20(万元)
(2) 该公司5月进项税额为8+4.55=12.55(万元)
(3) 该公司5月应纳增值税额为20−12.55=7.45(万元)
(4) 在上海预缴增值税为(220−50)÷(1+10%)×2%=3.09(万元)
(5) 在苏州全额申报,扣除预缴增值税后,应缴纳7.45−3.09=4.36(万元)

思考与练习

1. 【计算题】甲建筑公司为增值税一般纳税人,2018年5月1日承接A工程项目,2018年5月30日发包方按进度支付工程价款220万元,该项目当月发生工程成本为100万元,其中购买材料、动力、机械等取得增值税专用发票上注明的金额为50万元。对A工程项目甲建筑公司选择适用一般计税方法计算应纳税额,该公司2018年5月需缴纳多少增值税?

2. 【计算题】甲建筑公司为增值税一般纳税人,2018年5月1日以清包工方式承接A工程项目(或为甲供工程提供建筑服务),2018年5月30日发包方按工程进度支付工程价款220万元,该项目当月发生工程成本为100万元,其中购买材料、动力、机械等取得增值税专用发票上注明的金额为50万元。对A工程项目甲建筑公司选用简易计税方法计算应纳税额,2018年5月需缴纳多少增值税?

3.【计算题】甲建筑公司为增值税一般纳税人,2018年5月1日承接A工程项目,2018年5月30日发包方按进度支付工程价款220万元,A项目当月发生工程成本为100万元,取得增值税专用发票上注明的金额为50万元,税率16%。2018年5月3日承接B工程项目,5月31日发包方支付工程价款110万元,B项目工程成本为80万元,取得增值税专用发票上注明的金额为60万元,税率16%。对两个工程项目甲建筑公司均选择适用一般计税方法计算应纳税额,该公司2018年5月需缴纳多少增值税?

4.【计算题】甲建筑公司为增值税一般纳税人,2018年5月1日承接A工程项目,2018年5月30日按发包方要求为所提供的建筑服务开具增值税专用发票,开票金额200万元,税额20万元。(或2018年5月30日与发包方、监理方共同验工计价,确认工程收入为220万元),该项目当月发生工程成本为100万元,其中购买材料、动力、机械等取得增值税专用发票上注明的金额为50万元。发包方于2018年6月5日支付了220万元工程款。对A工程项目,甲建筑公司选择适用一般计税方法计算应纳税额,该公司2018年5月需缴纳多少增值税?

项目七　出口退（免）税处理

知识点
◎ 出口退（免）税的基本政策及适用范围
◎ 出口退税的计算

技能点
◎ 掌握出口退（免）税适用范围的区别
◎ 掌握出口退税的计算步骤和方法

课前十分钟——税收文化普及：《盐铁官营》

知识掌握

一、出口货物退（免）税基本政策及适用范围

对出口的凡属于已征或应征增值税、消费税的货物，都是出口货物退（免）税的货物范围，均应予以退还已征增值税和消费税或免征应征的增值税和消费税。一般应具备以下四个条件：

（1）必须是属于增值税、消费税征税范围的货物；

（2）必须是报关离境的货物；

（3）必须是在财务上做销售处理的货物；

（4）必须是出口收汇并已核销的货物。

我国根据本国的实际，采取了出口退税与免税相结合的政策。根据出口企业的不同形式和出口货物的不同种类，我国的出口货物政策分为三种类型。

（一）出口退税并免税

出口免税是指货物在出口环节不征增值税、消费税。出口退税是指对货物在出口

前实际承担的税收负担,按规定的退税率计算后予以退还。适用这一政策的主要有:

(1)有出口经营权的内资生产企业自营出口或委托外贸企业代理出口的自产货物;

(2)有进出口经营权的外贸企业收购货物后直接出口或委托其他外贸企业代理出口的货物;

(3)生产企业委托外贸企业代理出口的自产货物;

(4)外商投资企业自营出口或委托外贸企业代理出口的自产货物。

(二)出口免税但不退税

出口免税与上述(一)项含义相同。出口不退税是指适用这个政策的出口货物因前一道生产、销售或进口环节是免税的,因此,出口时该货物本身是不含税的,也无须退税。适用这一政策的主要有:

(1)属于生产企业的小规模纳税人自营出口或委托外贸企业代理出口的自产货物;

税案警示:税务总局曝光6起骗取出口退税案件

(2)外贸企业直接购进国家规定的免税货物出售的;

(3)来料加工复出口货物;

(4)军品及军队系统企业出口军需工厂生产或军需部门调拨的货物;

(5)避孕药品和用具、古旧图书;

(6)国家出口计划内的卷烟。

税收视频:4.5亿税款骗税大案
来源:央视网

(三)出口不免税也不退税

出口不免税是指对国家限制或禁止出口的某些货物的出口环节视同内销环节,照常征税。出口不退税是指对这些货物出口不退还出口前所负担的税款。适用这一政策的主要有:

(1)<u>税法列举限制或禁止出口的货物,包括天然牛黄、麝香、铜及铜基合金、白金等;</u>

税案视频:税耗子落网
来源:央视网

(2)国家计划外出口的原油;

(3)国家规定不征税的出口货物。

另外,出口企业不能提供出口退(免)税所需单证,或提供的单证有问题的出口货物,不得退(免)税。

二、出口货物的退税率

出口货物的退税率,是出口货物的实际退税额与退税计税依据的比例。现行出口货物的增值税退税率有17%、13%、11%、9%、8%、6%、5%七档。

三、出口货物退税的计算

目前我国《出口货物退（免）税管理办法》规定对于拥有自营和委托出口自产货物的生产企业采用办法是"免、抵、退"办法。

（一）当期应纳税额的计算

当期应纳税额=当期内销货物的销项税额-（当期进项税额-当期免抵退税不得免征和抵扣税额）-上期留抵税额

其中：

当期免抵退税不得免征和抵扣税额=出口货物离岸价×外汇人民币牌价×（出口货物征税率-出口货物退税率）-免抵退税不得免征和抵扣税额抵减额

免抵退税不得免征和抵扣税额抵减额=免税购进原材料价格×（出口货物征税率-出口货物退税率）

（二）免抵退税额的计算

免抵退税额=出口货物离岸价×外汇人民币牌价×出口货物退税率-免抵退税额抵减额

其中：

免抵退税额抵减额=免税购进原材料价格×出口货物退税率

（三）当期应退税额和免抵税额的计算

（1）如当期期末留抵税额≤当期免抵退税额，则：

当期应退税额=当期期末留抵税额

当期免抵税额=当期免抵退税额-当期应退税额

（2）如当期期末留抵税额＞当期免抵退税额，则：

当期应退税额=当期免抵退税额

当期免抵税额=0

收购货物出口的外贸企业退税办法

我国《出口货物退（免）税管理办法》规定了收购货物出口的外贸企业，主要适用办法是"先征后退"办法。

（一）外贸企业"先征后退"的计算办法

（1）外贸企业出口货物增值税的计算应依据购进出口货物增值税专用发票上所注明的进项金额和退税税率计算。

$$应退税额＝外贸收购不含增值税购进金额 × 退税税率$$

（2）外贸企业收购小规模纳税人出口货物增值税的退税计算公式为：

$$应退税额＝[普通发票所列（含增值税）销售金额]÷（1+征收率）×6\%或5\%$$

（3）外贸企业委托生产企业加工出口货物的退税规定：外贸企业委托生产企业加工收回后报关出口的货物，按购进国内原辅材料的增值税专用发票上注明的进项金额，依原辅材料的退税税率计算原辅材料应退税额。支付的加工费，凭受托方开具货物的退税税率，计算加工费的应退税额。

（二）外贸企业"先征后退"计算实例

【例1】苏州瑞德进出口贸易公司2018年6月出口美国平纹布2 000米，进货增值税专用发票列明单价20元/米，计税金额40 000元，退税税率10%，其应退税额为：2 000×20×10%=4 000（元）。

【例2】苏州瑞德进出口贸易公司2018年7月购进某小规模纳税人抽纱工艺品200打（套）全部出口，普通发票注明金额6 000元；购进另一小规模纳税人西服500套全部出口，取得税务机关代开的增值税专用发票，发票注明金额5 000元，退税税率6%，该企业的应退税额为：6 000÷（1+6%）×6%+5 000×6%=639.62（元）。

【例3】苏州瑞德进出口贸易公司2018年6月购进牛仔布委托加工成服装出口。取得牛仔布增值税发票一张，注明计税金额10 000元（退税税率10%）；取得服装加工费计税金额2 000元（退税税率16%），该企业的应退税额为：10 000×10%+2 000×16%=1 320（元）。

"营改增"后服务出口的税收政策

增值税政策中比较难懂的是有关出口的规定,货物出口的增值税政策一直就有"外行看不懂,内行说不清"的说法。"营改增"的增值税纳税人,面临的比较复杂的一个问题也是服务出口的增值税政策。

(一)"营改增"服务出口的增值税政策

目前适用零税率的主要有以下四种。

1. 国际运输服务

国际运输服务,是指:

(1)在境内载运旅客或者货物出境;

(2)在境外载运旅客或者货物入境;

(3)在境外载运旅客或者货物。

2. 航天运输服务

3. 向境外单位提供的完全在境外消费的服务

(1)研发服务。

(2)合同能源管理服务。

(3)设计服务。

(4)广播影视节目(作品)的制作和发行服务。

(5)软件服务。

(6)电路设计及测试服务。

(7)信息系统服务。

(8)业务流程管理服务。

(9)离岸服务外包业务。

(10)转让技术。

4. 财政部和国家税务总局规定的其他服务

(二)与零税率有关的两种退税方式及退税率

与零税率有关的退税方式包括免抵退税方式和免退税方式。

提供适用零税率服务的单位，根据服务提供者的不同，采用不同的退税方式。如果是采用一般计税方法的运输企业、研发单位、设计单位直接提供给境外的单位和个人，则适用免抵退税办法。**如果是外贸企业兼营的零税率应税服务，则适用免退税办法。**

零税率应税服务的增值税退税率，为其在境内提供对应服务适用的增值税税率。如交通运输的退税率为10%，相关服务的退税率为6%。

（三）如何理解"免抵退税"的计算方法

实行免抵退税办法的零税率应税服务免抵退税计税依据，为提供零税率应税服务取得的全部价款。

零税率应税服务增值税免抵退税，依下列公式计算。

1. 当期免抵退税额的计算

当期零税率应税服务免抵退税额＝当期零税率应税服务免抵退税计税依据 × 外汇人民币折合率 × 零税率应税服务增值税退税率

2. 当期应退税额和当期免抵税额的计算

（1）当期期末留抵税额≤当期免抵退税额时：

当期应退税额＝当期期末留抵税额

当期免抵税额＝当期免抵退税额－当期应退税额

（2）当期期末留抵税额＞当期免抵退税额时：

当期应退税额＝当期免抵退税额

当期免抵税额＝0

之所以要计算当期免抵退税额，是为了确定退税额的上限，不是所有的负数应纳税额都可以退还，有些纳税人可能因大量购进可抵扣的固定资产，导致应纳税额很大的负数，这是不能退还的。

实行免抵退税办法的零税率应税服务提供者，如同时有货物劳务（劳务指对外加工修理修配劳务）出口的，结合现行出口货物免抵退税计算公式一并计算。税务机关在审批时，按照出口货物劳务、零税率应税服务免抵退税额比例划分出口货物劳务、零税率应税服务的退税额和免抵税额。

（四）零税率的放弃

零税率应税服务提供者提供适用零税率的应税服务，如果放弃适用零税率，选择免税或按规定缴纳增值税的,应向主管税务机关报送《提供零税率应税服务放弃适用增值税零税率声明》,办理备案手续。自备案次月1日起36个月内,该企业提供的零税率应税服务,不得申报增值税退(免)税。

零税率尽管可以退税,但是征管比较复杂,因此,如果没有多少进项税可退,选择放弃零税率,选择免税,也不失为一种明智的选择。

尽管免税也可以放弃,但是就向境外提供应税服务而言,免税对纳税人是好事,轻易不要放弃免税。

实操训练

苏州瑞德酒业有限责任公司,为拥有自营出口权增值税一般纳税人的生产企业,出口货物的征税税率为16%,退税税率为10%。2018年4月有关经营业务为:购进原材料一批,取得的增值税专用发票注明的价款200万元,外购货物准予抵扣的进项税额32万元通过认证。上月末留抵税款3万元,本月内销货物不含税销售额100万元,收款116万元存入银行,本月出口一批葡萄酒的销售额折合人民币200万元。该公司会计小王想办理出口葡萄酒的退税,请你帮助小王计算当期的"免、抵、退"税额。

通过任务描述,本任务主要涉及增值税出口货物的"免、抵、退"问题。企业出口货物一般情况国家将对出口货物所发生的进项税额采取一定的政策进行"免、抵、退",但不同情形的企业、不同的出口货物等都会有不同的政策。因此,我们首先了解一下相关的知识。

实操分析

1. 准备工作

充分认识本公司属于何种企业类型,适用何种退税政策是解决本任务的关键。由于苏州瑞德酒业有限责任公司,为拥有自营出口权增值税一般纳税人的生产企业,适用"免、抵、退"办法。

2. 操作步骤注意点

基本步骤包括五步。

第一步,剔税:计算不得免征和抵扣税额:

当期免抵退税不得免征和抵扣税额=200×(16%−10%)=12(万元)

> 第二步，抵税：计算当期应纳增值税额：
>
> **当期应纳税额＝内销的销项税额－（进项税额－免抵退税不得免抵税额）－上期末留抵税额**
>
> 当期应纳税额＝100×16%－(32－12)－3＝16－20－3＝－17（万元）
>
> 第三步，算尺度：计算免抵退税额：
>
> 出口货物"免、抵、退"税额＝200×10%＝20（万元）
>
> 第四步，比较确定应退税额：
>
> 按规定，如当期末留抵税额≤当期免抵退税额时：
>
> **当期应退税额＝当期期末留抵税额**
>
> 即该企业当期应退税额＝12（万元）
>
> 第五步，确定免抵税额：
>
> **当期免抵税额＝当期免抵退税额－当期应退税额**
>
> 当期免抵税额＝20－12＝8（万元）

 思考与练习

1. 【单选题】下列出口业务中不能享受退税的是（　　）。

    A. 生产企业委托出口自产货物

    B. 小规模纳税人委托代理出口的自产货物

    C. 外贸企业出口从小规模纳税人处购进的工艺品

    D. 利用外国政府贷款，由中国招标组织在国际上进行招标，企业中标的机电产品

2. 【单选题】企业申报出口货物退（免）税的地点一般在（　　）。

    A. 出口地税务机关　　　　　　　　B. 购货地税务机关

    C. 就近的税务机关　　　　　　　　D. 企业所在地税务机关

3. 【单选题】出口货物实行零税率制度，其目的在于（　　）。

    A. 鼓励出口的政府财政补贴措施

    B. 避免对所得的国际双重课税

    C. 提高出口货物的国际竞争力

D. 鼓励出口的税收减免措施

4. 【单选题】出口货物中哪个不予退税？（　　）

   A. 纺织品。
   B. 天然牛黄。
   C. 锌制品。
   D. 机械设备。

5. 【单选题】增值税退税率是（　　）。

   A. 出口货物的销项税率
   B. 出口货物价外费用的销项税率
   C. 出口货物原料的进项税率
   D. 出口货物劳务服务的实际退（免）税额与计税依据之间的比例

6. 【多选题】对以下业务，增值税实行免、抵、退税管理办法的有（　　）。

   A. 生产企业自营出口自产货物
   B. 生产企业委托外贸企业代理出口自产货物
   C. 生产企业承接国外修理修配业务
   D. 国内生产企业中标销售的机电产品

7. 【计算题】某进出口公司2018年8月购入管件1 000吨，产品当月全部出口，工厂开具的增值税专用发票所列金额为50万元，税额8万元。试计算当期应退税额（假设管件退税率为5%）。

8. 【计算题】某有出口经营权的生产企业（一般纳税人），2018年8月出口自产货物取得销售收入85万美元（CIF价），因出口当期发生海运费6 300元，支付保险费300元。出口退税税率为10%，汇率为1∶6.25。计算2018年8月免抵退不得免征和抵扣税额。

9. 【计算题】某生产企业2018年6月发生内销950万元（不含税），本期出口货物的离岸价折合人民币为1 350万元，当期购进货物的进项税额310万元。产品增值税税率为16%，退税率为10%（假定该企业期初没有留抵税额），计算该企业应纳税额和免抵退税额。

10. 【计算题】苏州瑞德酒业有限责任公司，为拥有自营出口权增值税一般纳税人的生产企业，出口货物的征税税率为16%，退税税率为10%。2018年12月有关经营业务为：购原材料一批，取得的增值税专用发票注明的价款400万元，外购货物准予抵扣的进项税额68万元通过认证。上期末留抵税款5万元。本月内销货物不含税销售额100万元，收款116万元存入银行。本月出口货物的销售额折合人民币200万元。试计算该企业当期的"免、抵、退"税额。

项目八　征收管理

```
知识点
◎ 增值税纳税义务时间
◎ 纳税地点和申报方式

技能点
◎ 增值税纳税义务时间的判断
◎ 掌握增值税减免税的处理
```

课前十分钟——税收文化普及:《劫富拓疆》

 知识掌握

纳税人必须在法律、行政法规规定或者税务机关依照法律、行政法规的规定的申报期限内办理纳税申报,报送纳税申报表、财务会计报表及税务机关要求的其他纳税资料。纳税人享受减税、免税待遇的,在减税、免税期间也应当按规定办法纳税申报。

一、增值税纳税义务、扣缴义务发生时间

根据《中华人民共和国增值税暂行条例》(中华人民共和国国务院令第538号)和《中华人民共和国增值税暂行条例实施细则》(财政部国家税务总局第50号令)的规定,增值税纳税义务发生时间有如下确定方法。

第一,销售货物或者应税劳务,为收讫销售款项或者取得索取销售款项凭据的当天;先开具发票的,为开具发票的当天。按销售结算方式的不同,具体为:

(1)采取直接收款方式销售货物,不论货物是否发出,均为收到销售款或者取得索取销售款凭据的当天;

(2)采取托收承付和委托银行收款方式销售货物,为发出货物并办妥托收手续的当天;

（3）采取赊销和分期收款方式销售货物，为书面合同约定的收款日期的当天,无书面合同的或者书面合同没有约定收款日期的,为货物发出的当天；

（4）采取预收货款方式销售货物,为货物发出的当天,但生产销售生产工期超过12个月的大型机械设备、船舶、飞机等货物,为收到预收款或者书面合同约定的收款日期的当天；

微课视频：增值税纳税义务时间的选择

（5）委托其他纳税人代销货物,为收到代销单位的代销清单或者收到全部或者部分货款的当天。未收到代销清单及货款的,为发出代销货物满180天的当天；

（6）销售应税劳务,为提供劳务同时收讫销售款或者取得索取销售款的凭据的当天；

（7）纳税人发生视同销售货物、服务、无形资产或不动产行为,为货物移送的当天或者服务、无形资产转让完成的当天或者不动产权属变更的当天。

第二,纳税人提供租赁服务采取预收款方式的,其纳税义务发生时间为收到预收款的当天。

第三,纳税人从事金融商品转让的,为金融商品所有权转移的当天。

第四,增值税扣缴义务发生时间为纳税人增值税纳税义务发生的当天。

二、增值税纳税地点

固定业户应当向其机构所在地或者居住地主管税务机关申报纳税。总机构和分支机构不在同一县（市）的,应当分别向各自所在地的主管税务机关申报纳税；经财政部和国家税务总局或者其授权的财政和税务机关批准,可以由总机构汇总向总机构所在地的主管税务机关申报纳税。

非固定业户应当向应税行为发生地主管税务机关申报纳税；未申报纳税的,由其机构所在地或者居住地主管税务机关补征税款。

其他个人提供建筑服务,销售或者租赁不动产,转让自然资源使用权,应向建筑服务发生地、不动产所在地、自然资源所在地主管税务机关申报纳税。

扣缴义务人应当向其机构所在地或者居住地主管税务机关申报缴纳扣缴的税款。

三、增值税纳税期限

增值税的纳税期限分别为1日、3日、5日、10日、15日、1个月或者1个季度。纳税人的具体纳税期限,由主管税务机关根据纳税人应纳税额的大小分别核定。以1个季度为纳税期限的规定适用于小规模纳税人、银行、财务公司、信托投资公司、信用社,以及财政部和国家税务总局规定的其他纳税人。不能按照固定期限纳税的,可以按次纳税。

纳税人以1个月或者1个季度为1个纳税期的,自期满之日起15日内申报纳税;以1日、3日、5日、10日或者15日为1个纳税期的,自期满之日起5日内预缴税款,于次月1日起15日内申报纳税并结清上月应纳税款。

扣缴义务人解缴税款的期限,按照前两款规定执行。

四、税收减免的处理

(一)纳税人放弃免税、减税

纳税人发生应税行为适用免税、减税规定的,可以放弃免税、减税,依照本办法的规定缴纳增值税。放弃免税、减税后,36个月内不得再申请免税、减税。

纳税人发生应税行为同时适用免税和零税率规定的,纳税人可以选择适用免税或者零税率。

(二)未达起征点的处理

个人发生应税行为的销售额未达到增值税起征点的,免征增值税;达到起征点的,全额计算缴纳增值税。

增值税起征点不适用于登记为一般纳税人的个体工商户。

图解税收:营改增过渡期40个项目免征增值税
来源:国家税务总局

(三)增值税起征点幅度

(1)按期纳税的,为月销售额5 000—30 000元(含本数)。

(2)按次纳税的,为每次(日)销售额300—500元(含本数)。

起征点的调整由财政部和国家税务总局规定。省、自治区、直辖市财政厅(局)和国家税务省局应当在规定的幅度内,根据实际情况确定本地区适用的起征点,并报财政部和国家税务总局备案。

对增值税小规模纳税人中月销售额未达到10万元的企业或非企业性单位,免征增值税。

五、征收管理

增值税由国家税务总局负责征收。纳税人销售取得的不动产和其他个人出租不动产的增值税,国家税务总局暂委托地方税务局代为征收。

纳税人发生适用零税率的应税行为,应当按期向主管税务机关申报办理退(免)税,具体办法由财政部和国家税务总局制定。

知识链接

金 税 工 程

金税工程是经国务院批准的国家级电子政务工程,是国家电子政务"十二金"工程之一,是税收管理信息系统工程的总称。自1994年开始,历经金税一期、金税二期、金税三期工程建设,为我国税收工作取得巨大成就和不断进步作出了重要的贡献。

金税三期工程确定了"一个平台、两级处理、三个覆盖、四类系统"的工作目标,将建成一个年事务处理量超过100亿笔、覆盖税务机关内部用户超过80万、管理过亿纳税人的现代化税收管理信息化系统。

"一个平台":建立一个包含网络硬件和基础软件的统一的技术基础平台。实现覆盖税务总局、国地税各级机关以及与其他政府部门的网络互联;逐步建成基于因特网的纳税服务平台。

图解税收:一张图告诉你"金税三期"工程的9大亮点
来源:国家税务总局

"两级处理":依托统一的技术基础平台,建立税务总局、省局两级数据处理中心和以省局为主、税务总局为辅的数据处理机制,逐步实现税务系统的数据信息在税务总局和省局集中处理,实现涉税电子数据在税务总局、省局两级的集中存储、集中处理和集中管理。

"三个覆盖":应用信息系统逐步覆盖所有税种,覆盖税务管理的重要工作环节,覆盖各级国、地税机关,并与有关部门联网。

"四类系统":通过业务的重组、优化和规范,逐步形成一个以征收管理和外部信息为主,包括行政管理和决策支持等辅助业务在内的四个信息管理应用系统。

实操训练

2017年2月初,苏州瑞德酒业有限责任公司会计小王接到主管税务机关的税收专管员的电话,要求公司尽快办理2017年1月的增值税申报工作。小王很困惑,因为她不知道公司在2月几日前必须申报完毕,听说申报晚了还要罚款,而且公司上月还到外地进行了经营活动,要不要到外地去申报也是她不清楚的,最要命的是她根本就没有填写过增值税申报表,万一填错了,怎么办?需要准备什么材料?小王急得团团转,请你帮帮小王,消除她的困惑。

　　该任务的解决也不是难事,小王之所以很困惑,主要是她对增值税的征收管理不是了解,只要她掌握了增值税的征收管理知识,特别是纳税申报的知识,包括材料准备、纳税地点、纳税期限以及申报表的填写方法,相信小王可以轻松处理好。

　　根据规定,在金三系统中填写好增值税一般纳税人纳税申报表及相应附表,准备相应的附报资料。明确本公司的纳税期限和申报方式,一般在公司开业登记时税务机关就根据应纳税额的大小进行核定。了解公司外出经营的性质,不同性质的外出经营活动纳税地点不一样,有的在本地缴纳,有的在外地缴纳。主要看本公司外出经营时是否持公司所在地主管税务机关申请开具外出经营活动税收管理证明。

思考与练习

1. 【单选题】纳税人提供租赁服务采取预收款方式的,其纳税义务发生时间为(　　)。
   A. 收到预收款的当天　　　　　　　　B. 提供租赁服务并收取租赁款
   C. 合同约定应收租金的时间　　　　　D. 只有开具了租赁发票才发生纳税义务

2. 【单选题】关于增值税纳税时间,下列说法错误的是(　　)。
   A. 采取直接收款方式销售货物,只要货物不发出,为收到销售款或者取得索取销售款凭据的当天;
   B. 采取托收承付和委托银行收款方式销售货物,为发出货物并办妥托收手续的当天;
   C. 采取赊销和分期收款方式销售货物,为书面合同约定的收款日期的当天,无书面合同的或者书面合同没有约定收款日期的,为货物发出的当天;
   D. 采取预收货款方式销售货物,为货物发出的当天

3. 【多选题】以1个季度为纳税期限的规定适用于(　　)。
   A. 小规模纳税人　　B. 信托投资公司　　C. 信用社　　D. 保险公司

项目九　增值税申报表的填写

知识点
◎ 增值税申报表的结构
◎ 增值税申报表的勾稽关系

技能点
◎ 掌握一般计税方法和简易计税方法下增值税申报表的填报
◎ 掌握增值税预缴申报表的填报

课前十分钟——税收文化普及：《王莽改制》

知识掌握

一、一般纳税人增值税纳税申报表填写

（一）填写顺序

一般纳税人按照以下顺序填写申报表：

第一步：填写《增值税纳税申报表附列资料（一）》（本期销售情况明细）第1—11列。

第二步：填写《增值税纳税申报表附列资料（二）》（服务、不动产和无形资产扣除项目明细）。（有差额扣除项目的纳税人填写）

第三步：填写《增值税纳税申报表附列资料（一）》（本期销售情况明细）第12—14列。（有差额扣除项目的纳税人填写）

第四步：填写《增值税减免税申报明细表》。（有减免税业务的纳税人填写）

第五步：填写《增值税纳税申报表附列资料（五）》（不动产分期抵扣计算表）。（有不动产进项税额分期抵扣业务的纳税人填写）

第六步：填写《固定资产（不含不动产）进项税额抵扣情况表》。[有固定资产（不

含不动产）进项税额抵扣业务的纳税人填写］

第七步：填写《增值税纳税申报表附列资料（二）》。（本期进项税额明细）

第八步：填写《本期抵扣进项税额结构明细表》。

第九步：填写《增值税纳税申报表附列资料（四）》（税额抵减情况表）。（有税额抵减业务的纳税人填写）

第十步：填写《增值税纳税申报表（一般纳税人适用）》。（根据附表数据填写主表）

（二）一般业务的填写

增值税一般纳税人发生的一般业务（不包含即征即退、减免税、出口退税、汇总申报、税额抵减、差额征税、固定资产抵扣、不动产抵扣业务），只要填写附表一、附表二、进项结构明细表和主表中的部分项目。其他表格不要填写。

1. 销售情况的填写

（1）一般计税方法的填写。

纳税人适用一般计税方法的业务，当期取得的收入根据适用不同的税率确定的销售额和销项税额，分别填写到对应的"开具增值专用发票""开具其他发票""未开具发票"列中。

（2）简易计税方法的填写。

微课视频：增值税申报表"未开票栏"锁死的原因
来源：中财讯

纳税人适用简易计税方法的业务，当期取得的收入根据适用不同的征收率确定的销售额和应纳税额，分别填写到对应的"开具增值专用发票""开具其他发票""未开具发票"列中。

2. 进项税额的填写

（1）申报抵扣的进项税额的填写。

纳税人当期认证相符（或增值税发票查询平台勾选确认抵扣）的增值税专用发票（含机动车销售统一发票）的进项税额填写在"认证相符的增值税专用发票"栏次中。

当期取得的"海关进口增值税专用缴款书"经稽核比对相符后，根据稽核比对结果通知书注明的相符税额合计，填写到附表二第5栏"海关进口增值税专用缴款书"栏次中。

当期取得的农产品收购发票或销售发票计算的进项税额，填写到附表二第6栏"农产品收购发票或者销售发票"栏次中。实行农产品核定扣除的企业，计算出的当期农产品核定扣除进项税额也填写在此栏中。

当期取得的"代扣代缴税收缴款凭证"，代扣代缴的税额填写到附表二第7栏"代扣代缴税收缴款凭证"栏次中。

2016年5月1日至7月31日期间取得的道路、桥、闸通行费，以取得的通行费发票（不含财政票据）上注明的收费金额计算的可抵扣进项税额，**填入附表二第8栏"其他"**。

> 【政策链接】
>
> 一般纳税人支付的道路、桥、闸通行费，暂凭取得的通行费发票（不含财政票据，下同）上注明的收费金额按照下列公式计算可抵扣的进项税额：高速公路通行费可抵扣进项税额＝高速公路通行费发票上注明的金额÷（1+3%）×3%；
>
> 一级公路、二级公路、桥、闸通行费可抵扣进项税额＝一级公路、二级公路、桥、闸通行费发票上注明的金额÷（1+5%）×5%。

（2）进项税额转出额的填写。

纳税人已经抵扣但按政策规定应在本期转出的进项税额，填写到附表二第13至23栏中。

> 【政策链接】
>
> 《试点实施办法》第二十七条下列项目的进项税额不得从销项税额中抵扣：
>
> ① 用于简易计税方法计税项目、免征增值税项目、集体福利或者个人消费的购进货物、加工修理修配劳务、服务、无形资产和不动产。其中涉及的固定资产、无形资产、不动产，仅指专用于上述项目的固定资产、无形资产（不包括其他权益性无形资产）、不动产。纳税人的交际应酬消费属于个人消费。
>
> ② 非正常损失的购进货物，以及相关的加工修理修配劳务和交通运输服务。
>
> ③ 非正常损失的在产品、产成品所耗用的购进货物（不包括固定资产）、加工修理修配劳务和交通运输服务。
>
> ④ 非正常损失的不动产，以及该不动产所耗用的购进货物、设计服务和建筑服务。
>
> ⑤ 非正常损失的不动产在建工程所耗用的购进货物、设计服务和建筑服务。纳税人新建、改建、扩建、修缮、装饰不动产，均属于不动产在建工程。

3.进项税额结构明细的填写

《本期抵扣进项税额结构明细表》中"按税率或征收率归集（不包括购建不动产、通行费）的进项"，反映纳税人按税法规定符合抵扣条件，在本期申报抵扣的不同税率（或征收率)的进项税额,**不包括用于购建不动产的允许一次性抵扣和分期抵扣的进项税额,以及纳税人支付的道路、桥、闸通行费,取得的增值税扣税凭证上注明或计算的进项税额。**

纳税人执行农产品增值税进项税额核定扣除办法的,按照农产品增值税进项税额扣除率所对应的税率,将计算抵扣的进项税额填入相应栏次。

纳税人取得通过增值税发票管理新系统中差额征税开票功能开具的增值税专用发票,按照实际购买的服务、不动产或无形资产对应的税率或征收率,将扣税凭证上注明的税额填入对应栏次。

第29栏反映纳税人用于购建不动产允许一次性抵扣的进项税额。购建不动产允许一次性抵扣的进项税额,是指纳税人用于购建不动产时,发生的允许抵扣且不适用分期抵扣政策的进项税额。

> 【政策链接】
>
> 根据国家税务总局2016年第15号公告,不需进行分2年抵扣的不动产(可一次性全额抵扣)主要是指:房地产开发企业销售自行开发的房地产项目、融资租入的不动产、施工现场修建的临时建筑物、构筑物。

4. 主表的填写

(1)销售额的填写。

一般纳税人申报表主表中的销售额都为不含税销售额。服务、不动产和无形资产有扣除项目的,为扣除之前的不含税销售额。销售额根据不同项目,分别填写到"按适用税率计税销售额""按简易办法计税销售额""免、抵、退办法出口销售额""免税销售额"。主表的销售额根据附表一中的销售额进行填写。

微课视频:增值税如何进行申报
来源:中财讯

其中:服务、不动产和无形资产的销售额不填写在主表第3栏"应税劳务销售额"中,应填写在主表第1栏"按适用税率计税销售额"中。

"应税劳务销售额"栏填写应税加工、修理、修配劳务的不含税销售额。

(2)税款计算的填写。

附表一中的"货物劳务的销项税额"与"服务、不动产和无形资产的销项税额"合计填写在主表第11栏"销项税额"栏次。附表二中第12栏"当期申报抵扣进项税额合计"填写在主表第12栏"进项税额"中。根据主表中注明的公式计算的"应抵扣税额合计""实际抵扣税额""应纳税额""期末留抵税额""应纳税额合计"分别填写在相应的栏次。

主表第23栏"应纳税额减征额"填写纳税人本期按照税法规定减征的增值税应纳税额,包含按照规定可在增值税应纳税额中全额抵减的增值税税控系统专用设备费用以及技术维护费(以下简称"两项费用")、纳税人销售使用过的固定资产、销售旧货销售额1%减征的部分。

主表第24栏"应纳税额合计"由一般计税方法计算的"应纳税额"与"简易计税办法计算的应纳税额"之和,减去"应纳税额减征额"计算得出。一般计税方法的留抵税额不能抵扣简易计算办法计算的应纳税额。

(3)税款缴纳的填写。

主表第28栏"①分次预缴税额"填写纳税人本期已缴纳的准予在本期增值税应纳税额中抵减的税额。

主表第34栏"本期应补(退)税额"反映纳税人本期应纳税额中应补缴或应退回的数额。按表中所列公式计算填写。

二、小规模纳税人增值纳税申报表填写

小规模纳税人申报表由主表、附表和减免税申报明细表组成。全面推开营改增后,小规模纳税人不需要填写《增值税纳税申报表附列资料(四)》(税额抵减情况表)。仅享受小微企业免征增值税政策或未达起征点的小规模纳税人不需填写减免税申报明细表,即小规模纳税人申报表主表第12栏"其他免税销售额""本期数"无数据时,不需填写该表。有其他免税销售额需要填写减免税申报明细表。

(一)适用"起征点"政策的判断

小规模纳税人申报表填写之前需要先进行是否达到"起征点"政策的判断,如果未达到"起征点",不能在主表中第1—8栏填写相关内容。

1. "起征点"标准

按月申报的小规模纳税人,享受小微企业免征增值税优惠政策的销售额为3万元;按季纳税申报的小规模纳税人,享受小微企业免征增值税优惠政策的销售额为9万元。增值税小规模纳税人,实际经营期不足一个季度的,以实际经营月份计算当期可享受小微企业免征增值税政策的销售额度。

2. "起征点"口径

增值税小规模纳税人销售货物劳务的销售额和销售服务、无形资产的销售额分别适用"起征点"政策。有差额扣除项目的小规模纳税人,"起征点"销售额口径为扣除前的不含税销售额。货物劳务"起征点"销售额为"应征增值税不含税销售额(3%征收率)""销售使用过的固定资产不含税销售额""货物劳务免税销售额""货物劳务出口免税销售额"之和。服务、无形资产"起征点"的销售额为"服务、无形资产扣除前应征增值税不含税销售额(3%征收率)""服务、无形资产扣除前应征增值税不含税销售额(5%征收率)""服务、无形资产免税销售额""服务、无形资产出口免税销售额"之和。

(二)小规模申报表填写注意事项

1. 主表的填写注意事项

小规模纳税人申报表主表中的销售额为不含税销售额。销售应税行为有扣除项目的,为扣除后的不含税销售额。小规模纳税人销售额根据适用征收率和项目不同,分别填写在不同的栏次中。销售货物和销售服务、不动产和无形资产的销售额分别填写在不同的列中。

第1栏"应征增值税不含税销售额(3%征收率)"栏填写3%征收率的销售额。不包含销售自己使用过的固定资产、旧货、出口销售额、免税销售额、查补销售额。小规模纳税人提供劳务派遣服务,以取得的全部价款和价外费用为销售额的,填写在该栏"服务、不动产和无形资产"列。

第3栏"税控器具开具的普通发票不含税销售额"填写通过增值税发票管理新系统或税控收款机开具的普通发票不含税销售额。

第5栏"应征增值税不含税销售额(5%征收率)""服务、不动产和无形资产"列填写小规模纳税人销售、出租不动产,以及提供劳务派遣服务选择差额纳税的销售额。

销售货物劳务的应纳税额和销售服务、不动产和无形资产的应纳税额,根据适用的不同征收率分别计算填列。

小规模纳税人预缴的税款(包含在地税预缴的税款和异地国税预缴的税款)填写在"本期预缴税额"栏。

2. 附表填写的注意事项

小规模纳税人销售应税行为,有扣除项目的,根据不同的征收率分别填写附表,计算出扣除后的不含税销售额,并填写到主表相应的栏次中。

思考与练习

根据下列业务描述,练习填报增值税申报表及附表。

[基础业务]

假设该企业仅从事提供销售服务的业务,无按规定的扣除项目,该企业不兼营货物及劳务,也不属于享受即征即退优惠的企业,2018年8月发生如下业务。

(一)一般计税方法的销售情况

业务一:2018年8月16日,取得某项服务费收入106万元,开具增值税专用发票,销售额100万元,销项6万元。

(二)进项情况

业务二:2018年8月15日,购进货车一台,取得税控机动车票,金额20万元,税额3.2万元。

业务三:2018年8月20日,接受其他单位提供服务,取得增值税专用发票,金额1万元,税额600元。

业务四:2018年8月15日,接受某货物运输企业提供的交通运输服务,取得纳税人自开的增值税专用发票一张,合计金额栏5 000元,税率栏10%,税额栏500元。

业务五:2018年8月15日,接受个体货物运输企业提供的交通运输服务,取得税务机关代开的增值税专用发票一张,票面税额350元。

(三)进项税额转出

业务六:2018年8月,接受其他单位提供的设计服务,开具增值税专用发票有误,上月已抵扣,本月按规定上传《开具红字增值税专用发票信息表》,进项转出1 000元。

模块三

消费税涉税业务

消费税是以特定消费品为课税对象所征收的一种税，属于流转税的范畴。目前，世界上已有一百多个国家开征了这一税种或类似税种。我国现行消费税是1994年税制改革中新设置的一个税种。在对货物普遍征收增值税的基础上，选择少数消费品再征收一道消费税，目的是为了调节产品结构，引导消费方向，保证国家财政收入。

项目一 消费税的纳税人与范围

知识点
◎ 消费税的纳税人与征税范围
◎ 消费税的税目与税率

技能点
◎ 掌握消费税征税范围的确定
◎ 掌握消费税税目的划分

课前十分钟——税收文化普及:《观稼督耕》

知识掌握

一、纳税义务人

在中华人民共和国境内生产、委托加工和进口应税消费品的单位和个人,为消费税纳税义务人。在中华人民共和国境内是指生产、委托加工和进口属于应当征收消费税的消费品的起运地或所在地在境内。

二、征税范围

(一) 生产应税消费品

生产销售应税消费品是消费税征收的主要环节,因消费税具有单一环节征税的特点,在生产销售环节征税以后,货物在流通环节无论再转销多少次,不用再缴纳消费税。生产应税消费品除了直接对外销售应征收消费税外,纳税人将生产的应税消费品换取生产资料、消费资料、投资入股、偿还债务,以及用于继续生产应税消费品以外的其他方面都应缴纳消费税。

独家视角 | 中国透视:消费税改革路在何方?
来源:凤凰网

（二）委托加工应税消费品

委托加工应税消费品是指委托方提供原料和主要材料，受托方只收取加工费和代垫部分辅助材料加工的应税消费品。由受托方提供原材料或其他情形的一律不能视同加工应税消费品。委托加工的应税消费品收回后，再继续用于生产应税消费品销售的，其加工环节缴纳的消费税是可以扣除的。

（三）进口应税消费品

单位和个人进口货物属于消费税征税范围的，在进口环节也要缴纳消费税，进口环节缴纳的消费税由海关代征。

（四）零售应税消费品

经国务院批准，自1995年1月1日起，金银首饰、钻石及钻石饰品消费税由生产销售环节征收改为零售环节征收。零售环节适用税率为5%，其计税依据是不含增值税的销售额。

纳税人采用以旧换新（含翻新改制）方式销售的金银首饰，应按实际收取的不含增值税的全部价款确定计税依据，并征收消费税。

三、税目与税率

（一）税目

按照《消费税暂行条例》规定，消费税是在对货物普遍征收增值税的基础上，选择少数消费品再征收的一个税种，主要是为了调节产品结构，引导消费方向，保证国家财政收入。现行消费税的征收范围主要包括烟、酒、鞭炮、焰火、高档化妆品、成品油、贵重首饰及珠宝玉石、高尔夫球及球具、高档手表、游艇、木制一次性筷子、实木地板、摩托车、小汽车、电池、涂料等税目，有的税目还进一步划分若干子目。

1. 烟

凡是以烟叶为原料加工生产的产品，不论使用何种辅料，均属于本税目的征收。该税目下设甲类卷烟、乙类卷烟、雪茄烟、烟丝四个子目。

（1）甲类卷烟。甲类卷烟是指每标准条（200支，下同）调拨价格在70元（不含增值税）以上（含70元）的卷烟，其从价税率为56%［根据《国家税务总局关于调整烟产品消费税政策的通知》（财税〔2009〕84号）］。

（2）乙类卷烟。乙类卷烟是指每标准条（200支，下同）调拨价格在70元（不含增值税）以下的卷烟，其从价税率为36%。

（3）雪茄烟。雪茄烟的征收范围包括各种规格、型号的雪茄烟。其从价定额税率为36%。

（4）烟丝。烟丝的征收范围包括以烟叶为原料加工生产的不经卷制的散装烟，如斗烟、莫合烟、烟末、水烟、黄红烟丝等。其从价定额税率为30%。

2. 酒

根据《财政部 国家税务总局关于调整消费税政策的通知》（财税〔2014〕93号），自2014年12月1日起，"酒及酒精"品目相应改为"酒"，自2014年12月1日起，取消酒精消费税。

（1）白酒。白酒是指以高粱、玉米、大米等各种粮食和薯类为原料，经过糖化、发酵后，采用蒸馏方法酿制的白酒。

（2）黄酒。黄酒的征收范围包括各种原料酿制的黄酒和酒度超过12度（含12度）的土甜酒。

新闻视频：印度脂肪税
来源：央视网

（3）啤酒。啤酒的征收范围包括各种包装和散装的啤酒。无醇啤酒比照啤酒征税。

（4）其他酒。其他酒是指除粮食白酒、薯类白酒、黄酒、啤酒以外，酒度在1度以上的各种酒。其征收范围包括糠麸白酒、其他原料白酒、土甜酒、复制酒、果木酒、汽酒、药酒等。

新闻视频：泰国含糖税
来源：央视网

根据《财政部 国家税务总局关于调整消费税政策的通知》（财税〔2014〕93号），自2014年12月1日起，取消酒精消费税。

3. 高档化妆品

本税目的征收范围包括高档美容、修饰类化妆品、高档护肤类化妆品和成套化妆品。税率调整为15%。

高档美容、修饰类化妆品和高档护肤类化妆品是指生产（进口）环节销售（完税）价格（不含增值税）在10元/毫升（克）或15元/片（张）及以上的美容、修饰类化妆品和护肤类化妆品。

4. 首饰珠宝玉石

本税目征收范围包括各种金银珠宝首饰和经采掘、打磨、加工的各种珠宝玉石。

5. 鞭炮、焰火

本税目征收范围包括各种鞭炮、焰火。**体育上用的发令纸，鞭炮药引线，不按本税目征收。**

6. 汽油

本税目征收范围包括车用汽油、航空汽油、起动汽油。

工业汽油（溶剂汽油）主要作溶剂使用，不属本税目征收范围。

7. 柴油

本税目征收范围包括轻柴油、重柴油、农用柴油、军用轻柴油。

8. 摩托车

本税目征收范围包括：

（1）轻便摩托车：最大设计车速不超过50千米/小时、发动机气缸总工作容积不超过50毫升的两轮机动车；

（2）摩托车：最大设计车速超过50千米/小时、发动机气缸总工作容积超过50毫升、空车质量不超过400千克的两轮和三轮机动车。

根据（财税〔2014〕93号），自2014年12月1日起，取消气缸容量250毫升（不含）以下的小排量摩托车消费税。

9. 小汽车

小汽车是指由动力装置驱动，具有四个和四个以上车轮的非轨道无架线的、主要用于载送人员及其随身物品的车辆。

本税目征收范围包括小轿车、越野车、小客车。

用上述应税车辆的底盘组装、改装、改制的各种货车、特种用车（如急救车、抢修车）等不属于本税目征收范围。

10. 电池、涂料

为促进节能环保，经国务院批准，自2015年2月1日起对电池、涂料征收消费税。

（1）将电池、涂料列入消费税征收范围（具体税目注释见附件），在生产、委托加工和进口环节征收，适用税率均为4%。

（2）对无汞原电池、金属氢化物镍蓄电池（又称"氢镍蓄电池"或"镍氢蓄电池"）、锂原电池、锂离子蓄电池、太阳能电池、燃料电池和全钒液流电池免征消费税。

2015年12月31日前对铅蓄电池缓征消费税；自2016年1月1日起，对铅蓄电池按4%税率征收消费税。

对施工状态下挥发性有机物（Volatile Organic Compounds，VOC）含量低于420克/升（含）的涂料免征消费税。

（二）消费税税率

消费税采用比例税率和定额税率两种形式，以适应不同应税消费品的实际情况。

消费税根据不同的税目或子目确定相应的税率或单位税额。经整理汇总的消费税税目、税率（税额）表如下表。

2018年最新消费税税目税率表

税　　目	税　　率
一、烟	
1. 卷烟	
（1）甲类卷烟［调拨价70元（不含增值税）/条以上（含70元/条）］	56%加0.003元/支（生产环节）
（2）乙类卷烟［调拨价70元（不含增值税）/条以下］	36%加0.003元/支（生产环节）
（3）商业批发	11%（批发环节）11%+0.005元/支
2. 雪茄烟	36%（生产环节）
3. 烟丝	30%（生产环节）
二、酒及酒精	
1. 白酒	20%加0.5元/500克（或者500毫升）
2. 黄酒	240元/吨
3. 啤酒	
（1）甲类啤酒	250元/吨
（2）乙类啤酒	220元/吨
4. 其他酒	10%
5. 酒精	5%
三、高档化妆品	15%
四、贵重首饰及珠宝玉石	
1. 金银首饰、铂金首饰和钻石及钻石饰品	5%
2. 其他贵重首饰和珠宝玉石	10%
五、鞭炮、焰火	15%
六、成品油	
1. 汽油	
（1）含铅汽油	1.52元/升
（2）无铅汽油	1.52元/升
2. 柴油	1.20元/升
3. 航空煤油	1.20元/升
4. 石脑油	1.52元/升

(续表)

税　目	税　率
5. 溶剂油	1.52元/升
6. 润滑油	1.52元/升
7. 燃料油	1.20元/升
七、摩托车	
1. 气缸容量（排气量，下同）在250毫升（含250毫升）以下的	3%
2. 气缸容量在250毫升以上的	10%
八、小汽车	
1. 乘用车	
（1）气缸容量（排气量，下同）在1.0升（含1.0升）以下的	1%
（2）气缸容量在1.0升以上至1.5升（含1.5升）的	3%
（3）气缸容量在1.5升以上至2.0升（含2.0升）的	5%
（4）气缸容量在2.0升以上至2.5升（含2.5升）的	9%
（5）气缸容量在2.5升以上至3.0升（含3.0升）的	12%
（6）气缸容量在3.0升以上至4.0升（含4.0升）的	25%
（7）气缸容量在4.0升以上的	40%
2. 中轻型商用客车	5%
3. 超豪华小汽车	零售价格130万元（不含增值税）及以上的乘用车和中轻型商用客车，在零售环节加征消费税，税率为10%
九、高尔夫球及球具	10%
十、高档手表	20%
十一、游艇	10%
十二、木制一次性筷子	5%
十三、实木地板	5%
十四、铅蓄电池	4%（2016年1月1日起实施）
无汞原电池、金属氢化物镍蓄电池、锂原电池、锂离子蓄电池、太阳能电池、燃料电池和全钒液流电池	免征
十五、涂料	4%
施工状态下挥发性有机物（Volatile Organic Compounds，VOC）含量低于420克/升（含）	免征

四、成品油特殊规定

> 所有成品油发票均须通过增值税发票管理新系统中成品油发票开具模块开具。
> 开具成品油发票时,应遵守以下规则。

1. 正确选择商品和服务税收分类编码。
2. 发票"单位"栏应选择"吨"或"升",蓝字发票的"数量"栏为必填项且不为"0"。
3. 开具成品油专用发票后,发生销货退回、开票有误以及销售折让等情形的,应按规定开具红字成品油专用发票。

销货退回、开票有误等原因涉及销售数量的,应在《开具红字增值税专用发票信息表》中填写相应数量,销售折让的不填写数量。

4. 成品油经销企业某一商品和服务税收分类编码的油品可开具成品油发票的总量,应不大于所取得的成品油专用发票、海关进口消费税专用缴款书对应的同一商品和服务税收分类编码的油品总量。

实操训练

苏州瑞德酒业有限责任公司,主要经营白酒、啤酒、饮料及其他酒的生产与销售。2018年5月4日销售10吨粮食白酒给苏州瑞德烟酒销售有限责任公司,取得不含税销售额80万元;5月8日销售1 000箱饮料给苏州瑞德百货有限责任公司,取得不含税销售额7.5万元;5月11日,受苏州瑞德置业有限责任公司委托为其加工一批精装礼品葡萄酒,对方只对酒瓶的外观印刷有要求,相关生产用原料仍由瑞德酒业有限责任公司提供。月末,瑞德酒业有限责任公司会计小陈欲处理相关业务的消费税事宜,他认为:(1)本公司为瑞德置业有限责任公司生产的精装礼品葡萄酒属于受托加工行为,应由本公司进行代收代缴;(2)本公司4日销售给瑞德烟酒销售有限责任公司的白酒应要缴纳消费税,对方公司也在向市场销售白酒,瑞德烟酒销售有限责任公司也应该缴纳消费税;(3)公司8日销售的1 000箱饮料是酒厂生产的,也应该缴纳消费税。你认为小陈上述的想法正确吗?

实操分析

通过任务的描述,问题的关键就是小陈的想法中涉及消费税的纳税人的认定,是不是只要销售应税消费品就要纳税,还有什么样的消费品才需要缴纳消费税,是不是所有的消费品都需要缴纳消费税,以及对委托加工的正确认定是怎样的,只要我们将上述问题所涉及的税收知识掌握了,小陈也就不会出现那样的想法了。

通过相关知识的学习,我们发现:

(1) 瑞德酒业有限责任公司为瑞德置业有限责任公司生产的精装礼品葡萄酒不属于受托加工行为,因为委托加工应税消费品是指委托方提供原料和主要材料,受托方只收取加工费和代垫部分辅助材料加工的应税消费品。由受托方提供原材料或其他情形的一律不能视同加工应税消费品。生产销售精装葡萄酒,不应由瑞德置业进行代收代缴,纳税义务应由瑞德酒业承担。

(2) 公司4日销售给瑞德烟酒销售有限责任公司的白酒应要缴纳消费税是正确的,瑞德烟酒销售有限责任公司虽也在向市场销售白酒,但不需要缴纳消费税,因为只有在境内生产、委托加工和进口应税消费品的单位和个人,才为消费税纳税义务人,对方是商业企业,不符合纳税人的身份。

(3) 公司8日销售的1 000箱饮料虽是酒厂生产的,但不属于应税消费品,不需要缴纳消费税。

思考与练习

1. 【单选题】下列汽车不征收消费税的是( )。
   A. 小轿车　　　　B. 越野车　　　　C. 小客车　　　　D. 急救车

2. 【多选题】消费税不同应税产品的纳税环节包括( )。
   A. 批发环节　　　B. 进口环节　　　C. 零售环节　　　D. 生产销售环节

3. 【计算题】苏州瑞德酒业有限责任公司销售果啤20吨给瑞德百货有限责任公司,开具税控专用发票收取价款58 000元,收取包装物押金3 000元;销售B型啤酒10吨给瑞德国际大酒店,开具普通发票取得收取32 760元,收取包装物押金1 500元。瑞德酒业有限责任公司应缴纳的消费税是多少?

项目二 消费税纳税税额的计算

知识点
◎ 消费税的计税依据和方法
◎ 消费税应纳税额的计算

技能点
◎ 掌握不同方式下计税依据的确认
◎ 掌握自产自用和委托加工的消费税计算

课前十分钟——税收文化普及:《编户齐名》

  知识掌握

一、计税依据

按照现行消费税法的基本规定,消费税应纳税额的计算分为从价计征、从量计征和从价从量复合计征三类计算方法。

(一) 从价计征

在从价定率计算方法下,应纳税额的多少取决于应税消费品的销售额和适用税率两个因素。

销售额为纳税人销售应税消费品向购买方收取的全部价款和价外费用。价外费用是指价外向购买方收取的手续费、补贴、基金、集资费、返还利润、奖励费、违约金、滞纳金、延期付款利息、赔偿金、代收款项、代垫款项、包装费、包装物租金、储备费、优质费、运输装卸费以及其他各种性质的价外收费,但下列款项不包括在内:

(1) 承运部门的运费发票开具给购货方的;

(2)纳税人将该项发票转交给购货方的。

其他价外费用,无论是否属于纳税人的收入,均应并入销售额计算征税。

实行从价定率办法计算应纳税额的应税消费品连同包装销售的,应并入应税消费品的销售额中征收消费税。如果包装物是收取押金的,且单独核算,又未过期的,此项押金则不应并入应税消费品的销售额中征税。但对因逾期未收回的包装物不再退还的和已收取一年以上的押金,应并入应税消费品的销售额,按照应税消费品的适用税率征收消费税。

对酒类产品生产企业销售酒类产品(黄酒、啤酒除外)而收取的包装物押金,无论押金是否返还与会计上如何核算,均需并入酒类产品销售额中,依酒类产品的适用税率征收消费税。

如果纳税人应税消费品的销售额中未扣除增值税税款或者因不得开具增值税专用发票而发生价款和增值税税款合并收取的,在计算消费税时,应将含增值税的销售额换算为不含增值税税款的销售额。

(二)从量计征

在从量定额计算方法下,应纳税额等于应税消费品的销售数量乘以单位税额,应纳税额的多少取决于应税消费品的销售数量和单位税额两个因素。

销售数量是指纳税人生产、加工和进口应税消费品的数量。具体规定为:

(1)销售应税消费品的,为应税消费品的销售数量;

(2)自产自用应税消费品的,为应税消费品的移送使用数量;

(3)委托加工应税消费品的,为纳税人收回的应税消费品数量;

(4)进口的应税消费品,为海关核定的应税消费品进口征税数量。

(三)复合计征

现行消费税的征税范围中,只有卷烟、白酒采用复合计征方法。应纳税额等于应税销售数量乘以定额税率再加上应税销售额乘以比例税率。

生产销售卷烟、白酒从量定额计税依据为实际销售数量。进口、委托加工、自产自用卷烟、白酒从量定额计税依据分别为海关核定的进口征税数量、委托方收回数量、移送使用数量。

(四)计税依据的特殊规定

纳税人通过自设非独立核算门市部销售的自产应税消费品,应当按照门市部对外销售额或者销售数量征收消费税。

纳税人用于换取生产资料和消费资料,投资入股和抵偿债务等方面的应税消费品,应当以纳税人同类应税消费品的最高销售价格作为计税依据计算消费税。

二、兼营不同税率应税消费品的税务处理

纳税人兼营不同税率的应税消费品,应当分别核算不同税率应税消费品的销售额、销售数量。未分别核算销售额、销售数量,或者将不同税率的应税消费品组成成套消费品销售的,从高适用税率。

例如:苏州瑞德酒业有限责任公司既生产税率为20%的白酒,又生产税率为10%的其他酒,如果酒、药酒等。对于这种情况,税法规定,该公司应分别核算白酒与其他酒的销售额,然后按各自适用的税率计税;如不分别核算各自的销售额,其他酒也按白酒的税率计算纳税。如果该酒厂还生产白酒与其他酒小瓶装礼品套酒,就是税法所指的成套消费品,应按全部销售额就白酒的税率20%计算应纳消费税额,而不能以其他酒10%的税率计算其中任何一部分的应纳税额。

三、应纳税额的计算

纳税人在生产销售环节应缴纳的税消费税,包括直接对外销售应税消费品应缴纳的消费税和自产自用应税消费品应缴纳的消费税。

(一)直接对外销售应纳消费税的计算

直接对外销售应税消费品可能涉及三种计算方法。

1. 从价定率计算

在从价定率计算方法下,应纳消费税额等于销售额乘以适用税率。基本计算公式为:

$$应纳税额 = 应税消费品的销售额 \times 适用税率$$

2. 从量定额计算

在从量定额计算方法下,应纳税额等于应税消费品的销售数量乘以单位税额。基本计算公式为:

$$应纳税额 = 应税消费品的销售数量 \times 单位税额$$

3. 从价定率和从量定额复合计算

现行消费税的征税范围中,只有卷烟、白酒采用复合计算方法。基本计算公式为:

应纳税额=应税销售数量×定额税率+应税销售额×比例税率

【例1】某酒厂为增值税一般纳税人,2018年8月份发生如下经济业务。(粮食白酒及薯类白酒按原税率。)

(1)销售粮食白酒三笔,款项存入银行。

品　　种	数量(吨)	单价(含税)	金　　额
粮食白酒(瓶)	10	24 360元	243 600元
粮食白酒(瓶)	5	22 040元	111 150元
粮食白酒(瓶)	20	21 060元	421 200元

(2)销售散装粮食白酒一批,数量3吨,含税单价每吨4 680元,收取包装物押金2 320元,全部款项存入银行。

(3)销售以外购薯类白酒和自产糠麸白酒勾兑的散装酒一批,数量6吨,含税单价每吨2 320元,其中外购薯类白酒3吨,含税价共计4 680元,取得增值税专用发票,全部用于勾兑外销售,货款存入银行。

(4)用自产瓶装粮食白酒10吨,换取酿酒所用原材料111 150元。

(5)本厂生产的瓶装粮食白酒10吨,3吨用于馈赠,7吨用于职工福利。

根据以上资料,回答下列问题:

(1)销售散装粮食白酒这笔业务应纳的消费税是多少?
(2)勾兑的散装白酒出售这笔业务应纳的消费税是多少?
(3)用于换取原材料的自产白酒应缴消费税是多少?
(4)用于馈赠和职工福利的10吨瓶装粮食白酒应缴消费税是多少?

【解析】

(1)销售散装粮食白酒这笔业务应纳的消费税为:(4 680×3+2 320)÷(1+16%)×20%+3×2 000×0.5=2 800+3 000=5 800(元)

(2)勾兑的散装白酒出售这笔业务应纳的消费税为:(2 320×6)÷(1+16%)×20%+6×2 000×0.5=2 400+6 000=8 400(元)

(3)用于换取原材料的自产白酒应缴消费税为:243 600÷(1+16%)×20%+10×2 000×0.5=42 000+10 000=52 000(元)

(4)用于馈赠和职工福利的10吨瓶装粮食白酒应缴的消费税为:(243 600+111 150+

421 200）/（10+5+20）=22 170（元）（含税）

应纳消费税为：（22 170×10）÷（1+16%）×20%+10×2 000×0.5=38 224+10 000=48 224（元）

（二）自产自用应纳消费税的计算

所谓自产自用，就是纳税人生产应税消费品后，不是用于直接对外销售，而是用于自己连续生产应税消费品或用于其他方面。

1. 用于连续生产应税消费品

纳税人自产自用的应税消费品，用于连续生产应税消费品的，不纳税。所谓"纳税人自产自用的应税消费品，用于连续生产应税消费品的"，是指作为生产最终应税消费品的直接材料，并构成最终产品实体的应税消费品。

例如，卷烟厂生产出烟丝，烟丝已是应税消费品，卷烟厂再用生产出的烟丝连续生产卷烟，这样，用于连续生产卷烟的烟丝就不缴纳消费税，即只对生产的卷烟征收消费税。当然，生产出的烟丝如果是直接销售，则烟丝还是要缴纳消费税的。

2. 用于其他方面的应税消费品

纳税人自产自用的应税消费品，除用于连续生产应税消费品外，凡用于其他方面的，于移送使用时纳税。用于其他方面的是指纳税人用于生产非应税消费品和在建工程，管理部门、非生产机构，提供劳务，以及用于馈赠、赞助、集资、广告、样品、职工福利、奖励等方面的应税消费品。

3. 组成计税价格及税额的计算

纳税人自产自用的应税消费品，凡用于其他方面，应当纳税的，按照纳税人生产的同类消费品的销售价格计算纳税。同类消费品的销售价格是指纳税人当月销售的同类消费品的销售价格。如果当月同类消费品各期销售价格高低不同，应按销售数量加权平均计算。

如果没有同类消费品销售价格的，按照组成计税价格计算纳税。组成计税价格计算公式为：

$$组成计税价格=（成本+利润）÷（1-消费税税率）$$
$$应纳税额=组成计税价格×适用税率$$

对酒、烟采用从价与从量混合征收消费税的计税方法，如复合征收消费税的，其组成计税价格为：

$$组成计税价格=（成本+利润+消费税定额税）÷（1-消费税税率）$$

（三）委托加工环节应纳消费品应纳税的计算

按照规定，委托加工的应税消费品，由受托方在向委托方交货时代收代缴税款。

1. 委托加工应税消费品的确定

委托加工的应税消费品是指由委托方提供原料和主要材料，受托方只收取加工费和代垫部分辅助材料加工的应税消费品。对于由受托方提供原材料生产的应税消费品，或者受托方先将原材料卖给委托方，然后再接受加工的应税消费品，以及由受托方以委托方名义购进原材料生产的应税消费品，不论纳税人在财务上是否作销售处理，都不得作为委托加工应税消费品，而应当按照销售自制应税消费品缴纳消费税。

2. 代收代缴税款的规定

1994年5月，国家税务总局在颁发的《关于消费税若干征税问题的通知》中，对委托个体经营者加工应税消费品纳税问题做了调整，由原定一律由受托方代收代缴税款，改为纳税人委托个体经营者加工应税消费品，一律于委托方收回后在委托方所在地缴纳消费税。

对于受托方没有按规定代收代缴税款的，并不能因此免除委托方补缴税款的责任。在对委托方进行税务检查中，如果发现其委托加工的应税消费品受托方没有代收代缴税款，委托方要补缴税款，对受托方处以应代收代缴税款50%以上3倍以下的罚款。

委托加工的应税消费品，受托方在交货时已代收代缴消费税，委托方收回后直接出售的，不再征收消费税。委托个人加工应税消费品的，委托方收回后向其机构所在地或居住地主管税务机关缴纳消费税。

注意：

如果委托加工的应税消费品，受托方在交货时已代收代缴消费税，委托方收回后再经过加工后才出售的，那就要征收消费税，当然可以扣除委托加工时已经缴纳过的消费税。

3. 组成计税价格及应纳税额的计算

委托加工的应税消费品，按照受托方的同类消费品的销售价格计算纳税，同类消费品的销售价格是指受托方当月销售的同类消费品的销售价格，如果当月同类消费品各期销售价格高低不同，应按销售数量加权平均计算。如果当月无销售或者当月未完结，应按照同类消费品近期的销售价格计算纳税。没有同类消费品销售价格的按照组成计税价格计算纳税。组成计税价格的计算公式为：

$$组成计税价格 = (材料成本 + 加工费) \div (1 - 消费税税率)$$

$$应纳税额 = 组成计税价格 \times 适用税率$$

复合征收消费税的,组成计税价格为:

组成计税价格=(材料成本+加工费+消费税定额税)÷(1-消费税税率)

【例2】2018年8月,甲烟草集团公司从某烟丝厂购进已税烟丝,支付不含税价款160万元,取得增值税专用发票,委托乙企业将该批烟丝加工成甲类卷烟800箱(250条/箱,200支/条),当月加工完毕,甲公司将卷烟全部收回,乙企业收取不含税加工费20万元。已知烟丝消费税税率为30%,甲类卷烟消费税税率为56%加0.003元/支。乙企业应代收代缴消费税(　　)万元。

A. 181.09　　　　B. 208.36　　　　C. 244.36　　　　D. 256.36

【正确答案】B

知识点:委托加工环节应税消费品应纳税的计算。

答案解析:定额消费税=800×250×200×0.003÷10 000=12(万元)

乙企业应代收代缴消费税=(160+20+12)÷(1-56%)×56%+12-160×30%=208.36(万元)。

 知识链接

进口环节应纳消费税的计算

进口的应税消费品,于报关进口时缴纳消费税;进口的应税消费品的消费税由海关代征;进口的应税消费品,由进口人或者其代理人向报关地海关申报纳税;纳税人进口应税消费品,按照关税征收管理的相关规定,应当自海关填发税款缴款书之日起15日内缴纳消费税税款。

纳税人进口应税消费品,按照组成计税价格和规定的税率计算应纳税额。

(一)从价定率计征应纳税额的计算

应纳税额的计算公式:

组成计税价格=(关税完税价格+关税)÷(1-消费税税率)

应纳税额=组成计税价格×消费税税率

复合征收消费税的,组成计税价格为:

组成计税价格=(关税完税价格+关税+消费税定额税)÷(1-消费税税率)

【例3】苏州瑞德进出口贸易有限责任公司,2018年9月从国外进口一批高档化妆品(属于应税消费品),已知该批化妆品的关税完税价格为120万元,按规定应缴纳关税50万元,假定进口的化妆品的消费税税率为15%。请计算该批消费品进口环节应缴纳的消费税税额。

(1)组成计税价格=(120+50)÷(1-15%)=200(万元)
(2)应纳消费税税额=200×15%=30(万元)

(二)实行从量定额计征应纳税额的计算

应纳税额的计算公式:

应纳税额=应税消费品数量×消费税单位税额

(三)实行从价定率和从量定额计征应纳税额的计算

应纳税额的计算公式:

应纳税额=组成计税价格×消费税税率+应税消费品数量×消费税单位税额

进口环节消费税除国务院另有规定者外,一律不得给予减税、免税。

实操训练

苏州瑞德酒业有限责任公司,主要经营白酒、啤酒、饮料及其他酒的生产与销售。2018年6月4日销售10吨粮食白酒给苏州瑞德烟酒销售有限责任公司,取得不含税销售额80万元,取得运费收入3万元;6月12日销售600箱共6吨啤酒给苏州瑞德百货有限责任公司,取得不含税销售额7.5万元,6月16日将自产的100箱同类型啤酒作为福利分发给本单位职工;6月17日,将自产的50箱药酒作为礼品分送给客户,单位当月正常销售此药酒每箱市场价格2 600元(不含税价);6月5日,受苏州瑞德国际大酒店有限责任公司委托为其加工一批特制小瓶装葡萄酒,对方提供相关原材料共计15万元,瑞德酒业于6月25日加工完成并将货物交付给对方并取得加工费3万元。请准确计算出上述业务瑞德酒业有限公司应该缴纳多少消费税。

实操分析

仔细分析任务描述后,可以发现瑞德酒业有限公司发生的业务中白酒和啤酒为正常的生产销售行为;作为福利的啤酒和作为礼品的药酒为自产自用行为;小瓶葡萄酒为委托加工。只要我们能够掌握上述几种情况的消费税计算依据和计算方法,也就很容易把公司上述的涉税业务的消费税准确计算出。

1. 准备工作

(1) 明确从价征收、从量征收和复合征收的适用范围。

(2) 准确核定瑞德公司6月相关业务的性质和计税依据以及计算办法。

2. 操作步骤注意点

详细计算步骤如下:

(1) 2018年6月4日销售10吨粮食白酒给苏州瑞德烟酒销售有限责任公司,取得不含税销售额80万元,取得运费收入3万元。

本业务属于正常生产销售行为,粮食白酒按复合征收的方式计税:消费税=应税销售数量×定额税率+应税销售额×比例税率。其中,运费收入应包含在应税销售额中。所以,消费税=10×2 000×0.5+(800 000+30 000)×20%=176 000(元)。

(2) 6月12日销售600箱共6吨啤酒给苏州瑞德百货有限责任公司,取得不含税销售额7.5万元。

本业务属于正常生产销售行为,啤酒按从量征收的方式计税:消费税=应税销售数量×定额税率。瑞德酒业6吨共取得销售额7.5万元,平均每吨为1.25万元,按250元/吨的税额计算。所以,消费税=6×250=1 500(元)。

(3) 6月16日将自产的100箱同类型啤酒作为福利分发给本单位职工;6月17日,将自产的50箱药酒作为礼品分送给客户,单位当月正常销售此药酒每箱市场价格2 600元(不含税价)。

本业务属于自产自用行为,并属于用于其他方面的行为。纳税人自产自用的应税消费品,除用于连续生产应税消费品外,凡用于其他方面的,应当纳税的,按照纳税人生产的同类消费品的销售价格计算纳税。同类消费品的销售价格是指纳税人当月销售的同类消费品的销售价格,如果当月同类消费品各期销售价格高低不同,应按销售数量加权平均计算,并于移送使用时纳税,所以用于福利和捐赠都应计算消费税。啤酒按从量征收的方式计税,药酒属于其他酒,按10%的从价征收计税。所以,啤酒消费税=(6吨÷600箱)×100箱×250=250(元)

药酒消费税=50×2 600×10%=13 000(元)

(4) 6月5日,受苏州瑞德国际大酒店有限责任公司委托为其加工一批特制小瓶装葡萄酒,对方提供相关原材料共计15万元,瑞德酒业于6月25日加工完成并将货物交付给对方并取得加工费3万元。

本业务属于委托加工行为,由受托方代收代缴消费税。委托加工的应税消费品,按照受托方的同类消费品的销售价格计算纳税,如果当月无销售或者当月未完结,应按照同类消费品近期的销售价格计算纳税。没有同类消费品销售价格的按照组成计税价格计算纳税。

由于属于特制小瓶葡萄酒,无同类价格,则按组成计税价格计算。

所以,消费税=[(材料成本+加工费)÷(1−消费税税率)]×适用税率
=[(150 000+30 000)÷(1−10%)]×10%=20 000(元)

思考与练习

1.【单选题】下列各项中,不符合应税消费品销售数量规定的有( )。
   A. 进口应税消费品的,为海关核定的应税消费品进口征税数量
   B. 委托加工应税消费品的,为纳税人收回的应税消费品数量
   C. 自产自用应税消费品的,为应税消费品的生产数量
   D. 生产销售应税消费品的,为应税消费品的销售数量

2.【单选题】某进出口企业从国外进口一批小轿车,海关审定的完税价格为500万元,小轿车的关税税率为110%,消费税税率为8%,则海关代征的消费税为( )万元。
   A. 47.83   B. 84   C. 93.3   D. 91.3

3.【单选题】2018年底某酒厂销售白酒25吨,价值100万元,收取包装物押金5万元,则该酒厂(一般纳税人)应纳消费税税额为( )万元。
   A. 20.85   B. 22.5   C. 23.35   D. 23.5

4. 【单选题】消费税暂行条例规定，纳税人自产自用应税消费品，用于连续生产应税消费品的（　　）。

   A. 不纳税　　　　　　　　　　B. 视同销售纳税

   C. 于移送使用时纳税　　　　　D. 按组成计税价格

5. 【单选题】按照现行消费税制度规定，企业下列行为中，不征收消费税的是（　　）。

   A. 抵偿债务的化妆品

   B. 用于本企业职工福利的卷烟

   C. 用于广告宣传用的样品白酒

   D. 委托加工收回后直接销售的药酒（销售价格不高于委托加工计税依据）

6. 【单选题】委托加工应税消费品收回后直接出售（销售价格不高于委托加工计税依据），应交纳的税金有（　　）。

   A. 增值税　　　　B. 消费税　　　　C. 增值税和消费税　　　　D. 都不交

7. 【计算题】某卷烟厂（增值税一般纳税人）2018年7月份生产销售情况如下：

   （1）外购烟丝一批，取得增值税专用发票注明销售额120万元；本期期初结存烟丝50万元，本期期末账面结存烟丝120万元，库存烟丝40万元；

   （2）外购生产用水电支付价款1.5万元，税金0.09万元；

   （3）将本月外购烟丝全部投入生产卷烟销售，销售甲级烟400标准箱（每标准条调拨价格80元），取得销售额800万元；销售丙级烟200标准箱（每标准条调拨价格40元），取得销售额200万元；

   （4）销售给本厂职工丙级烟8标准箱共计6万元。

   根据以上业务计算烟厂本月应缴纳的增值税和消费税。

项目三　已纳消费税的扣除

知识点
◎ 已纳消费税的扣除范围
◎ 已纳消费税扣除的税务处理

技能点
◎ 掌握不同情形下应税消费品已纳税款的扣除
◎ 掌握不同情形下应税消费品已纳税款的扣除

课前十分钟——税收文化普及:《太后治税》

 知识掌握

现行消费税规定,除酒及酒精、成品油(石脑油、润滑油除外)、小汽车、高档手表、游艇五个税目外,将外购应税消费品和委托加工收回的应税消费品继续生产应税消费品销售的,可以将外购应税消费品和委托加工收回应税消费品已缴纳的消费税给予扣除。

一、应税消费品已纳税款的扣除范围

(1)外购、委托加工收回已税烟丝生产的卷烟;

(2)外购、委托加工收回已税化妆品生产的化妆品;

(3)外购、委托加工收回已税珠宝玉石生产的贵重首饰及珠宝玉石;

(4)外购、委托加工收回已税鞭炮焰火生产的鞭炮焰火;

(5)外购、委托加工收回已税摩托车生产的摩托车;

(6)外购、委托加工收回已税杆头、杆身和握把为原料生产的高尔夫球杆;

(7) 外购、委托加工收回已税木制一次性筷子为原料生产的木制一次性筷子；

(8) 外购、委托加工收回已税实木地板为原料生产的实木地板；

(9) 外购、委托加工收回已税石脑油为原料生产的应税消费品；

(10) 外购、委托加工收回已税润滑油为原料生产的润滑油。

上述当期准予扣除外购、委托加工收回应税消费品已纳消费税税款的计算公式为：

$$\text{当期准予扣除的外购应税消费品已纳税款} = \text{当期准予扣除的外购应税消费品买价} \times \text{外购应税消费品适用税率}$$

其中，

$$\text{当期准予扣除的外购应税消费品买价} = \text{期初库存的外购应税消费品的买价} + \text{当期购进的应税消费品的买价} - \text{期末库存的外购应税消费品的买价}$$

外购已税消费品的买价是指购货发票上注明的销售额（不包括增值税税款）。

$$\text{当期准予扣除的委托加工应税消费品已纳税款} = \text{期初库存的委托加工应税消费品已纳税款} + \text{当期收回的委托加工应税消费品已纳税款} - \text{期末库存的委托加工应税消费品已纳税款}$$

二、不同情形下应税消费品已纳税款扣除的分析

应税消费品已纳税款的扣除在不同的情形下有着不同的处理，可以通过下表来具体分析。

应税消费品已纳税款在不同的情形的扣除处理

应税消费品A的来源	流向		扣税分析
	第一步	第二步	
自产（不含税）	直接销售	—	A缴纳消费税
	连续生产用 新的应税消费品B	销售	B缴纳消费税
	连续生产用 新的非应税消费品C	销售	C不缴纳消费税，A缴纳消费税
	非生产用	—	A缴纳消费税
外购（含税）	直接销售	—	A不缴纳消费税
	连续生产用 新的应税消费品B	销售	B缴纳消费税，可以扣除A已纳消费税款
	连续生产用 新的非应税消费品C	销售	C不缴纳消费税，不可以扣除A已纳消费税
	非生产用	—	A不缴纳消费税，不可以扣除A已纳消费税

(续表)

应税消费品A的来源	流向		扣税分析
	第一步	第二步	
委托加工收回（不一定）	直接销售	—	如含税参照外购处理,如不含税参照自产处理
	连续生产用 — 新的应税消费品B	销售	
	连续生产用 — 新的非应税消费品C	销售	
	非生产用	—	

备注:"非生产用"是指:用于在建工程、管理部门、非生产机构、提供劳务,以及用于馈赠、赞助、集资、广告、样品、职工福利、奖励等方面的应税消费品。

知识链接

对自己不生产应税消费品,而只是购进后再销售应税消费品的工业企业,其销售的化妆品、鞭炮、焰火和珠宝、玉石,凡不能构成最终消费品直接进入消费品市场,而需进一步生产加工的,应当征收消费税,同时允许扣除上述外购应税消费品的已纳税款。

允许扣除已纳税款的应税消费品只限于从工业企业购进的应税消费品和进口环节已缴纳消费税的应税消费品,对从境内商业企业购进应税消费品的已纳税款一律不得扣除。

实操训练

苏州瑞德酒业有限责任公司2018年9月25日销售一批自产粮食白酒共30吨,取得货款300万元(不含增值税),瑞德酒业有限责任公司会计小干当月申报增值税时,就上述业务认为:该公司生产销售的白酒需要缴纳消费税是应该的,但这批白酒是用上月收购一批食用酒精生产来的,外购酒精支付了货款100万元,由于瑞德公司在外购酒精时,已经由本公司承担了酒精的消费税,而现在对白酒再一次缴纳消费税,是否存在对酒精又一次纳税呢? 小王百思不得其解,对这一批白酒销售的纳税处理不知如何是好。请帮助小王解决这笔业务。

由于消费税是价内税,实际上公司外购酒时已经承担了酒精的消费税,而由于白酒是用酒精生产来的,公司在销售自产的白酒时又缴纳消费税,显然好像是存在对酒精又一次缴纳消费税了。为了避免重复征税,现行消费税规定,将外购应税消费品和委托加工收回的应税消费品继续生产应税消费品销售的,可以将外购应税消费品和委托加工收回应税消费品已缴纳的消费税给予扣除。由此可见,小王的思考是有一定道理的。但是,关于已税消费税的扣除也不是如小王想象得那么简单,我们首先了解一下相关的知识,再来分析小王面临的业务。

实操分析

1. 准备工作

由于瑞德酒业公司是用外购酒精生产的白酒,不符合税法对已纳消费税扣除的范围,因此,公司在销售白酒时不能扣除外购酒精已纳的消费税。

2. 操作步骤注意点

瑞德酒业生产销售粮食白酒共30吨,取得货款300万元,应纳消费税的计算如下:

消费税=3 000 000×20%+30×2 000×0.5=630 000(元)

思考与练习

1. 【单选题】下列可以抵扣外购应税消费品的已纳税额的项目有( )。

   A. 领用外购已税白酒勾兑白酒

   B. 为零售金银首饰而出库的金银首饰

   C. 领用外购已税烟丝生产的卷烟

   D. 为生产化妆品而领用的酒精

2. 【计算题】A卷烟厂向农民收购一批烟叶共20吨,支付价款30万元,并支付运费2万元,取得运输单位开具的运输发票。收回后将其中的10吨烟叶委托B卷烟厂加工成6吨烟丝,支付加工费4万元,另外的10吨烟叶自行加工成6吨烟丝。A公司将10吨烟丝继续加工成150箱卷烟,其中80箱用于销售,每箱不含税价1.5万元,20箱用于集体福利,还有50箱用于抵还债款70万元。计算A卷烟厂应发生的增值税和消费税。

项目四　出口应税消费品退（免）税

知识点
◎ 出口应税消费品退（免）税政策
◎ 出口应税消费品退（免）税的计算

技能点
◎ 掌握出口退税的计算步骤和方法
◎ 掌握出口退税的办理程序

课前十分钟——税收文化普及：《储量备荒》

知识掌握

纳税人出口应税消费品与已纳增值税出口货物一样，国家都是给予退（免）税优惠的。

一、出口退税率的规定

计算出口应税消费品应退消费税的税率或单位税额，当出口的货物是应税消费品时，其退还增值税要按规定的退税率计算；其退还消费税则按该应税消费品所适用的消费税税率计算。企业应将不同消费税税率的出口应税消费品分开核算和申报，凡划分不清适用税率的，一律从低适用税率计算应退消费税税额。

二、出口应税消费品退（免）税政策

出口应税消费品退（免）消费税在政策上分为三种情况。

（一）出口免税并退税

适用这个政策的是有出口经营权的外贸企业购进应税消费品直接出口，以及外贸企业受其他外贸企业委托代理出口应税消费品。

（二）出口免税但不退税

适用这个政策的是有出口经营权的生产性企业自营出口或生产企业委托外贸企业代理出口自产的应税消费品，依据其实际出口数量免征消费税，不予办理退还消费税。

（三）出口不免税也不退税

适用这个政策的是除生产企业、外贸企业外的其他企业，具体是指一般商贸企业，这类企业委托外贸企业代理出口应税消费品一律不予退（免）税。关于退（免）消费税相关政策，可以通过下表来进行汇总。

关于退（免）消费税的相关政策汇总表

项　目	政　策　内　容
1. 退税率	消费税的退税率（额），就是该应税消费品消费税的征税率（额） 企业出口不同税率的应税消费品，须分别核算、申报，按各自适用税率计算退税额；否则，只能从低适用税率退税
2. 出口退（免）消费税政策	又免又退：有出口经营权的外贸企业 只免不退：有出口经营权的生产性企业 不免不退：除生产企业、外贸企业外的一般商贸企业
3. 退税计算	只有外贸企业出口应税消费品，才有退采购环节消费税 应退消费税＝出口货物工厂销售额（不含增值税）×退税率
4. 出口退免税后管理	（1）外贸企业出口应税消费品后发生退关或退货：必须及时补交已退消费税 （2）生产企业直接出口应税消费品发生退关或退货：暂不补交消费税，待转作内销后再补交消费税

针对生产企业与外贸企业在增值税与消费税出口退税方面的政策差异，可归纳为下表。

增值税与消费税出口退税方面的政策差异表

两类企业	业务情况	税务处理
生产企业出口应税消费品	既有出口	增值税：出口免税并退税
		消费税：出口免税不退税
	也有内销	增值税：不单独计算应纳税额
		消费税：按三种计税方法计算

（续表）

两类企业	业务情况	税务处理
外贸企业出口应税消费品	既有出口	增值税：免税并退税
		消费税：免税并退税
	也有内销	增值税：购进扣税法计算
		消费税：不缴纳

三、出口应税消费品退税额的计算

外贸企业从生产企业购进货物直接出口或受其他外贸企业委托代理出口应税消费品的应退消费税税款，分两种情况处理：

（1）属于从价定率计征消费税的应税消费品，应依照外贸企业从工厂购进货物时征收消费税的价格计算应退消费税税款，其公式为：

$$应退消费税税款 = 出口货物的工厂销售额 \times 税率$$

上述公式中"出口货物的工厂销售额"不包含增值税。对含增值税的价格应换算为不含增值税的销售额。

（2）属于从量定额计征消费税的应税消费品，应以货物购进和报关出口的数量计算应退消费税税款。其公式为：

$$应退消费税税款 = 出口数量 \times 单位税额$$

 知识链接

一、出口应税消费品办理退（免）税后的管理

出口的应税消费品办理退税后，发生退关，或者国外退货进口时予以免税的，报关出口者必须及时向其所在地主管税务机关申报补缴已退的消费税税款。

纳税人直接出口的应税消费品办理免税后发生退关或国外退货，进口时已予以免税的，经所在地主管税务机关批准，可暂不办理补税，待其转为国内销售时，再向其主管税务机关申报补缴消费税。

二、一般商贸企业出口应税消费品是否可以退（免）消费税

根据《财政部、国家税务总局关于出口货物劳务增值税和消费税政策的通知》(财税〔2012〕39号)第一条规定，对下列出口货物劳务，除适用该通知第六条和第七条规定的外，实行免征和退还增值税[以下称增值税退（免）税]政策。

该通知所称出口企业，是指依法办理工商登记、税务登记、对外贸易经营者备案登记，自营或委托出口货物的单位或个体工商户，以及依法办理工商登记、税务登记但未办理对外贸易经营者备案登记，委托出口货物的生产企业。

该通知所称出口货物，是指向海关报关后实际离境并销售给境外单位或个人的货物，分为自营出口货物和委托出口货物两类。

第八条规定，适用该通知第一条、第六条或第七条规定的出口货物，如果属于消费税应税消费品，实行下列消费税政策：

（1）出口企业出口或视同出口适用增值税退（免）税的货物，免征消费税，如果属于购进出口的货物，退还前一环节对其已征的消费税；

（2）出口企业出口或视同出口适用增值税免税政策的货物，免征消费税，但不退还其以前环节已征的消费税，且不允许在内销应税消费品应纳消费税款中抵扣；

（3）出口企业出口或视同出口适用增值税征税政策的货物，应按规定缴纳消费税，不退还其以前环节已征的消费税，且不允许在内销应税消费品应纳消费税款中抵扣。

因此，出口货物适用消费税退（免）税的单位，必须是依法办理工商登记、税务登记、对外贸易经营者备案登记，自营或委托出口货物的单位或个体工商户，以及依法办理工商登记、税务登记但未办理对外贸易经营者备案登记，委托出口货物的生产企业。

苏州瑞德进出口贸易有限责任公司，为拥有自营出口权增值税一般纳税人的非生产型企业，出口货物的征税税率为17%。2018年10月26日从生产企业购入化妆品一批，取得增值税专用发票注明价款25万元、增值税4万元（增值税退税税率为10%），支付购买化妆品的运输费用3万元，当月将该批化妆品全部出口取得销售收入35万元。该外贸公司出口化妆品应退的消费税该如何确认。

实操分析

上述任务是关于消费税出口退（免）税的处理，由于增值税同时也存在出口免抵退的税务处理，因此，任务解决的关键在于如何区分两种税款的退（免）税的处理。

应退消费税=25×30%=7.5（万元）

应退增值税=25×增值税退税率（假定10%）=2.5（万元）

思考与练习

1. 【单选题】某工厂自营出口的办理完退免税的鞭炮被对方退货，入境时海关未对其征税，则该工厂（　　）。

    A. 向税务机关补缴应纳消费税

    B. 暂不补税，待内销时再补缴消费税

    C. 出口转内销货物不计算消费税

    D. 向税务机关补缴已退还的消费税

2. 【多选题】下列企业出口应税消费品不办理退消费税的有（　　）。

    A. 有出口经营权的生产企业自营出口自产应税消费品

    B. 外贸企业委托其他外贸企业代理出口应税消费品

    C. 生产企业自产产品委托外贸企业出口代理

    D. 外贸企业从生产企业购进应税消费品直接出口

3. 【计算题】苏州瑞德进出口贸易有限责任公司，兼营出口和内销。2018年6月3日从境内高尔夫球具厂收购高尔夫球具一批，取得增值税专用发票，注明价款30万元，增值税5.1万元，将其出口南亚，对外报价折合人民币36万元；高尔夫球具消费税率10%，增值税出口退税率10%，要求计算：该企业当期应退消费税。

项目五　征收管理

知识点
◎ 申报材料和纳税期限
◎ 纳税地点和申报方式

技能点
◎ 掌握纳税申报表的填写
◎ 掌握纳税申报的具体流程

课前十分钟——税收文化普及:《输庸代役》

 知识掌握

一、纳税义务发生时间

纳税人生产的应税消费品于销售时纳税,进口消费品应当于应税消费品报关进口环节纳税,但金银首饰、钻石及钻石饰品在零售环节纳税。消费税纳税义务发生的时间,以货款结算方式或行为发生时间分别确定。

纳税人销售的应税消费品,其纳税义务的发生时间为:

(1) 采取赊销和分期收款结算方式的,为书面合同约定的收款日期的当天,书面合同没有约定收款日期或者无书面合同的,为发出应税消费品的当天;

(2) 采取预收货款结算方式的,为发出应税消费品的当天;

(3) 采取托收承付和委托银行收款方式的,为发出应税消费品并办妥托收手续的当天;

(4) 采取其他结算方式的,为收讫销售款或者取得索取销售款凭据的当天。

纳税人自产自用应税消费品的,为移送使用的

注意:
关于消费税的纳税义务时间要与增值税的纳税义务时间进行比较。

当天。

纳税人委托加工应税消费品的,为纳税人提货的当天。

纳税人进口应税消费品的,为报关进口的当天。

二、纳税期限

消费税的纳税期限分别为1日、3日、5日、10日、15日、1个月或者1个季度。纳税人的具体纳税期限,由主管税务机关根据纳税人应纳税额的大小分别核定;不能按照固定期限纳税的,可以按次纳税。

纳税人以1个月或者1个季度为1个纳税期的,自期满之日起15日内申报纳税;以1日、3日、5日、10日或者15日为1个纳税期的,自期满之日起5日内预缴税款,于次月1日起15日内申报纳税并结清上月应纳税款。

纳税人进口应税消费品,应当自海关填发税款缴纳证的次日起15日内缴纳税款。

三、纳税地点

纳税人销售的应税消费品,以及自产自用的应税消费品,除国家另有规定的外,应当向纳税人核算地主管税务机关申报纳税。

委托加工的应税消费品,除受托方为个体经营者外,由受托方向所在地主管税务机关代收代缴消费税税款。

进口的应税消费品,由进口人或者其代理人向报关地海关申报纳税。

纳税人到外县(市)销售或委托外县(市)代销自产应税消费品的,于应税消费品销售后,回纳税人核算地或所在地缴纳消费税。

纳税人的总机构与分支机构不在同一县(市)的,应在生产应税消费品的分支机构所在地缴纳消费税。但经国家税务总局及所属省国家税务局批准,纳税人分支机构应纳消费税税款也可由总机构汇总向总机构所在地主管税务机关缴纳。

四、纳税申报

(1)办税服务厅接收纳税人申报资料信息或纳税人通过互联网络申报后提交的纸质资料,核对资料信息是否齐全、是否符合法定形式、填写内容是否完整、是否与税收优惠备案审批信息一致,符合的即时办结;不符合的当场一次性告知应补正资料或不予受理原因。

（2）为纳税人提供申报纳税办理指引，辅导纳税人申报纳税，提示纳税人填写税收优惠栏目。

（3）纳税人可通过财税库银电子缴税系统或银行卡（POS机）等方式缴纳税款，办税服务厅应按规定开具完税凭证。

（4）办税服务厅人员在相关消费税申报表上签名并加盖业务专用章，一份返还纳税人，一份作为资料归档，一份作为税收会计核算的原始凭证。

（5）在办税服务厅或商业密集区提供自助办税设备。

 实操训练

2018年9月初，苏州瑞德酒业有限责任公司会计小王接到主管税务机关的税收专管员的电话，要求公司尽快办理8月份的消费税申报工作。请问小王该如何办理纳税申报，有哪些注意事项。

实操分析

该任务的解决也不是难事，只要小王掌握了消费税的征收管理知识，包括纳税义务发生时间、纳税地点、纳税期限以及申报表的填写方法，消费税的申报工作也就不是难事。

填写好"消费税申报表"以及"应税消费品生产经营情况登记表""生产企业生产经营情况表""抵扣税款台账（外购从价定率征收应税消费品）""抵扣税款台账（委托加工收回、进口从价定率征收的应税消费品）""抵扣税款台账（从量定额征收应税消费品）"等附表，明确纳税义务的发生时间和地点，以及本企业的纳税期限。

 思考与练习

1.【单选题】下列各项中，符合消费税纳税义务发生时间规定的是（　　）。

A.进口的应税消费品，为取得进口货物的当天

B. 自产自用的应税消费品,为移送使用的当天

C. 委托加工的应税消费品,为支付加工费的当天

D. 采取预收货款结算方式的,为收到预收款的当天

2.【多选题】下列各项中,有关消费税的纳税地点正确的有(　　)。

A. 纳税人进口应税消费品在纳税人机构所在地缴纳消费税

B. 纳税人自产自用应税消费品在纳税人核算地缴纳消费税

C. 纳税人委托加工应税消费品一般回委托方所在地缴纳消费税

D. 纳税人到外县销售自产应税消费品应回核算地或所在地缴纳消费税

模块四

企业所得税涉税业务

企业所得税,是对我国境内企业和其他取得收入的组织的生产经营所得和其他所得所征收的一种税收,它是国家参与企业利润分配的重要手段。

我国现行的企业所得税制度是随着改革开放和经济体制改革的不断推进而逐步建立、完善起来的。由于历史原因,在1991年4月9日和1993年12月13日,分别由第七届全国人民代表大会第四次会议通过了《中华人民共和国外商投资企业和外国企业所得税法》和国务院发布的《中华人民共和国企业所得税暂行条例》。十多年来,这两个法规并行于内、外资企业所得税的征收管理,对我国经济的快速发展发挥了重要的作用。但是,随着我国市场经济的不断完善和世界经济一体化的快速发展,内、外资企业再分别实施不同的税收法规已不适应。为了理顺国家与企业的分配关系和内、外资企业的税负公平,以及有利于促进我国经济的稳定发展,于2007年3月16日第十届全国人民代表大会第五次全体会议通过了《中华人民共和国企业所得税法》,合并了内、外资企业所得税法,并于2008年1月1日起施行。

项目一　企业所得税纳税人身份的确定

知识点
◎ 居民企业和非居民企业的划分
◎ 企业所得税税率

技能点
◎ 掌握实际管理机构及纳税人身份的确定
◎ 掌握大学生创业的税收优惠政策

课前十分钟——税收文化普及：《夏秋两征》

知识掌握

一、企业所得税纳税人身份的划分

企业所得税的纳税义务人是指在中华人民共和国境内的企业和其他取得收入的组织。《中华人民共和国企业所得税法》（以下简称企业所得税法）第一条规定，除个人独资企业、合伙企业不适用企业所得税法外，凡在我国境内，企业和其他取得收入的组织（以下统称企业）为企业所得税的纳税人，依照本法规定缴纳企业所得税。

企业所得税的纳税人分为居民企业和非居民企业，这是根据企业纳税义务范围的宽窄进行的分类方法，不同的企业在向中国政府缴纳所得税时，纳税义务不同。详细分类如表1所示。

企业所得税法所称的"实际管理机构"要同时符合以下三个方面的条件。

第一，对企业有实质性管理和控制的机构，即并非形式上的"橡皮图章"，而是对企业

表1 纳税义务人与征税对象

纳税人	判定标准	纳税人范围	征税对象
居民企业	（1）依照中国法律、法规在中国境内成立的企业； （2）依照外国（地区）法律成立但实际管理机构在中国境内的企业	包括：国有、集体、私营、联营、股份制等各类企业；外商投资企业和外国企业；有生产经营所得和其他所得的其他组织 不包括：个人独资企业和合伙企业（适用个人所得税）	来源于中国境内、境外的所得
非居民企业	（1）依照外国（地区）法律、法规成立且实际管理机构不在中国境内，但在中国境内设立机构、场所的企业； （2）在中国境内未设立机构、场所，但有来源于中国境内所得的企业	在中国境内从事生产经营活动的机构、场所，包括： （1）管理机构、营业机构、办事机构； （2）工厂、农场、开采自然资源的场所； （3）提供劳务的场所； （4）从事建筑、安装、装配、修理、勘探等工程作业的场所； （5）其他从事生产经营活动的机构、场所	来源于中国境内的所得

的经营活动能够起到实质性的影响。如一家在中国设立机构、场所的外国公司,虽然其主要经营管理活动都在中国市场内进行,但该公司的董事们可以在夏威夷召开董事会会议,或者身处全球各地的董事们通过电视电话召开会议。对于这家企业,我们如果采取决定和决策作出地点作为实际管理控制地的判断标准,就很难确认其为中国居民企业。

第二,对企业实行全面的管理和控制的机构。如果该机构只是对该企业的一部分或并不关键的生产经营活动进行影响和控制,比如只是对在中国境内的某一个生产车间进行管理,则不被认定为实际管理机构。只有对企业的整体或者主要的生产经营活动有实际管理控制,本企业的生产经营活动负总体责任的管理控制机构,才符合实际管理机构标准。

第三,管理和控制的内容是企业的生产经营、人员、账务、财产等。这是本条规定的界定实际管理机构的最关键标准。如果一个外国企业只是在表面上由境外的机构对企业有实质性全面管理和控制权,但是企业的生产经营、人员、账务、财产等重要事务实际上是由在中国境内的一个机构来作出决策的,那么,我们就应当认定其实际管理机构在中国境内。

上述三个条件必须同时具备,才能被认定为实际管理机构。

二、企业所得税税率的确定

企业所得税税率是体现国家与企业分配关系的核心要素。税率设计的原则是兼顾国家、企业、职工个人三者利益：既要保证财政收入的稳定增长,又要使企业在发展生产、经营方面有一定的财力保证；既要考虑到企业的实际情况和负担能力,又要维护税率的统一性。

企业所得税实行比例税率。比例税率简便易行,透明度高,不会因征税而改变企业间收入分配比例,有利于促进效率的提高。现行规定是:

(1)基本税率为25%。适用于居民企业和在中国境内设有机构、场所且所得与机构、场所有关联的非居民企业。

(2)低税率为20%。适用于在中国境内未设立机构、场所的,或者虽设立机构、场所但取得的所得与其所设机构、场所没有实际联系的非居民企业。但实际征税时适用10%的税率。

(3)两档优惠税率。符合条件的小型微利企业减按20%,国家重点扶持的高新技术企业减按15%。

表2 企业所得税税率一览表

税率	适用范围
25%	居民企业
	在中国境内设有机构、场所且所得与机构、场所有关联的非居民企业
20%（实际执行10%）	中国境内未设立机构、场所的,有来自中国境内的所得
	虽设立机构、场所但取得的所得与其所设构、场所没有实际联系的非居民企业
20%	小型微利企业
15%	高新技术企业

能力提升

大众创业、万众创新的红利
——小型微利企业各类优惠政策

为扶持小型微利企业发展,积极推动大众创业、万众创新,发挥小微企业在促进经济发展、增加就业等方面的积极作用,国家在税收、财政和金融等方面给予小型微利企业较多的优惠。

1.什么是小型微利企业,其判断标准是什么?

符合条件的小型微利企业,是指从事国家非限制和禁止行业,并

图解税收:创业创新小明可以享受这些税收优惠
来源:国家税务总局

符合下列条件的企业:

年度应纳税所得额不超过300万元,从业人数不超过300人,资产总额不超过5 000万元;

年度应纳税所得额是指企业每一纳税年度的收入总额,减除不征税收入、免税收入、各项扣除以及允许弥补的以前年度亏损后的余额。

"从业人数"和"资产总额"按企业全年季度平均值确定,具体计算公式为:

$$季度平均值=(季初值+季末值)\div 2$$
$$全年季度平均值=全年各季度平均值之和\div 4$$

2. 小微企业享受的增值税和印花税税收优惠政策有哪些?

根据最新政策规定,符合条件的小微企业,可享受增值税、企业所得税和印花税的优惠政策。

(1) 当前小微企业增值税优惠的主要内容是什么?

增值税小规模纳税人应分别核算销售货物或者加工、修理修配劳务的销售额和销售服务、无形资产的销售额。增值税小规模纳税人销售货物或者加工、修理修配劳务、销售服务、无形资产月销售额不超过10万元(按季纳税30万元),可享受小微企业暂免征收增值税优惠政策。

(2) 当前小型、微型企业印花税优惠的主要内容是什么?

自2018年1月1日至2020年12月31日,对金融机构与小型企业、微型企业签订的借款合同免征印花税。

——《财政部、税务总局关于支持小微企业融资有关税收政策的通知》

(财税〔2017〕77号)

(3) 小微企业享受增值税和印花税的税收优惠政策是否需要审批?如何办理?

享受暂免征收增值税和印花税的纳税人,无需向主管税务机关申请备案或审批,可直接在申报表或电子税务局相关申报模块中自行填报即可享受减免。

3. 小微企业享受的政府性基金的优惠政策有哪些?

自工商登记注册之日起3年内,对安排残疾人就业未达到规定比例、在职职工总数20人以下(含20人)的小微企业,免征残疾人就业保障金。

——《关于对小微企业免征有关政府性基金的通知》(财税〔2014〕122号)

4. 小微企业享受的企业所得税税收优惠政策有哪些?

自2019年1月1日至2021年12月31日,对小微企业年应纳税所得额不超过100万元的部分,减按25%计入应纳税所得额,按20%的税率缴纳企业所得税;对年应纳税所得额超过100万元但不超过300万元的部分,减按50%计入应纳税所得额,按20%的税率缴纳企业所得税。

5. 小型微利企业享受企业所得税税收优惠政策是否需要审批?如何办理?

符合规定条件的小型微利企业自行申报享受企业所得税税收优惠,无须税务机关审核批准。在汇算清缴时,小型微利企业通过填报企业所得税年度纳税申报表中"资产总额、从业人数、所属行业、国家限制和禁止行业"等栏次履行备案手续,不再另行专门备案。

年度汇算清缴后,主管税务机关将核实企业是否符合上述小型微利企业规定条件。不符合规定条件的,应按照规定补缴税款。

6. 核定征收的小型微利企业可否享受企业所得税优惠政策?

自2014年1月1日起,**符合规定条件的小型微利企业,采取核定征收企业所得税方式的,可按规定享受小型微利企业所得税减低税率及减征税优惠政策。**

7. 小型微利企业在季度预缴企业所得税时如何享受优惠?

(1)预缴企业所得税时,小型微利企业的资产总额、从业人数、年度应纳税所得额指标,暂按当年度截至本期申报所属期末的情况进行判断。其中,资产总额、从业人数指标比照"全年季度平均值"的计算公式,计算截至本期申报所属期末的季度平均值;年度应纳税所得额指标暂按截至本期申报所属期末不超过300万元的标准判断。

(2)原不符合小型微利企业条件的企业,在年度中间预缴企业所得税时,按规定判断符合小型微利企业条件的,应按照截至本期申报所属期末累计情况计算享受小型微利企业所得税减免政策。当年度此前期间因不符合小型微利企业条件而多预缴的企业所得税税款,可在以后季度应预缴的企业所得税税款中抵减。

(3)按月度预缴企业所得税的企业,在当年度4月、7月、10月预缴申报时,如果按照规定判断符合小型微利企业条件的,下一个预缴申报期起调整为按季度预缴申报,一经调整,当年度内不再变更。

8. 小型微利企业在企业所得税汇算清缴时如何享受优惠?

一是符合条件的小型微利企业,预缴时未享受税收优惠的,可依据企业的年度申报情况,在年度汇算清缴时统一计算享受。

二是企业预缴时享受了小型微利企业优惠政策,但年度汇算清缴超过规定标准的,应按规定补缴税款。

 知识链接

其他国家企业所得税税率

企业所得税税率在全球范围内已不断下降,其中大部分是西方国家对各自的本籍(即在该国国内注册成立的)跨国公司把自己产生大部分应税所得的业务迁往境外的应对之策。有些国家或地区的公司无须支付企业所得税,而还有一些国家或地区的公司要把企业利润的三分之一上交给政府。

巴哈马:巴哈马没有企业所得税,跨国公司最终支付的实际税率为5%—15%。

百慕大:百慕大没有企业所得税,跨国公司的实际税率平均为12%左右。

开曼群岛:跨国公司最终为它们在开曼群岛注册的业务部门所产生的利润支付约13%的税率。

马来西亚:本土公司缴纳的税率平均为19%,而跨国公司缴纳的税率平均为17%。

印度:法定企业所得税税率为34%。跨国公司实际支付的税率中位数仅为17%,本土公司为22%。

中国台湾地区:企业所得税税率为25%。经税收减免后,本土公司税率中位数为20%,而跨国公司为18%。

瑞典:企业所得税为28%,比美国低。本土公司的实际税率仅10%,跨国公司为18%。

瑞士:企业所得税税率是21%。本土公司的实际税率中位数为17%,而跨国公司为19%。

加拿大:企业所得税税率为36%。税收减免后,跨国公司税率中位数仅21%,本土公司14%。

澳大利亚:企业所得税税率为30%。税收减免后,本土公司及跨国公司实际税率中位数为22%。

法国:企业所得税税率为35%。税收减免后,本土公司实际税率中位数为25%,跨国公司为23%。

美国:跨国公司企业所得税税率是35%。税收减免后,本土公司税率中位数为23%,跨国公司28%。

德国:本土公司及跨国公司的企业所得税税率为37%,但缴付的实际税率中位数分别为16%和24%。

英国：跨国公司及本土公司的法定企业所得税税率是30%。但经税收减免之后，本土公司的总税收负担是20%左右，而跨国公司则为24%左右。

日本：法定企业所得税税率为40%。本土公司实际税率为37%，而大型跨国公司实际税率为38%，均为全球最高。

实操训练

苏州瑞德进出口贸易公司2018年4月召开董事会，决定在新加坡投资注册成立一家贸易公司（新苏贸易）。新加坡是低税国家。成立的是一家法人公司，开展的贸易活动是和瑞德公司有业务来往的。新苏贸易公司的董事长是由瑞德公司董事长兼任，其董事会也是由瑞德公司董事所组成，并且这些人员都在境内工作。新苏贸易公司总经理和财务经理都是由新苏贸易公司董事会委派，其他人员是外聘。新苏贸易公司董事会内部规定，就是新苏贸易公司在对外开展业务的时候，其购销价格、承揽客户、合同签约、财权、重要财产的处置和人事安排等的决定权都在董事会。同时，还规定凡与新苏贸易公司开展业务收入都要进入新苏贸易公司账户，并且按月向董事会报告财务报表。每年召开的两次董事会一般都安排在境内召开，主要研究经营决策、利润分配、人事任免等重大事项。请仔细分析瑞德公司这样做的目的是什么？他们的目的能不能实现？

借鉴国际经验，新税法明确实行法人所得税制度，并采用了规范的居民企业和非居民企业的概念。法人所得税制下的纳税人认定的关键是着重把握居民企业和非居民企业的标准。新税法采用注册地和实际管理机构所在地的双重标准来判断居民企业和非居民企业。注册地较易理解和掌握，实际管理机构所在地的判断则较难理解。税法中对实际管理机构是如何界定的？相关的考虑是什么？

看实际管理机构所在地的认定，它的表现形式大概是什么样，比如说，首先这个企业的董事会的股东大会开会的地点、场所是咱们关注的。那么，咱们关注什么呢？就要关注你在境内还是境外，答案是应该在境内。

第二个是董事会行使指挥监督权力的场所，董事会行使指挥监督管理的权力在哪个地方，境内还是境外。

第三是主要股东居住地，如董事长、大股东，他居住在境内还是境外，这也是需要关注的一个问题。

第四是制定战略投资决策的地方。

第五个是企业账簿保管的场所。

实操分析

我们一块儿来分析一下,按照新苏贸易公司董事会内部规定,刚才上面有这样一个规定。企业实际操作怎么样?新苏贸易公司它实际上是开展业务也好,做财务核算也好,公司中高层人员的人事安排等这些事项,实际上都是由董事会来决定的。大家看这个董事会,刚才介绍它是由境内瑞德公司董事会人员所组成的。所以新苏贸易公司几乎所有的重要决策都由这一个董事会来定,也就是说,总经理在新加坡,有什么事儿就得传真或者电话来问董事会或者董事长这一个事情怎么弄,基本上都是这样。实际是什么情况?生产经营、人员职位安排、决定、人事安排、财权、财产的处置权等,实际上是不是都由新苏贸易公司的董事会决定?董事会的人员组成又是由境内的瑞德公司这些人员来兼任,实际上新苏贸易公司的重要决策人员都在境内。一个是这些人都在境内,第二个是不是对新苏贸易企业实施了实质性全面管理和控制?以上的介绍都证明了这一点。实际上它的目的是干什么?就是把资金落在新加坡的新苏贸易公司,这就是它的一个目的。新加坡是低税国,本来那里收税很低,他这样一弄的话按照原来税法规定,中国就一点税也征不着,他这一边操作,收入都放在那一边,在那一边纳税,你这一边,他取得多少收入,怎么运作,是什么情况,也不知道。

所以,对这种状况新税法规定,如果2018年以后开始这么干,判定下来这个是实际管理机构在境内,新苏贸易公司是中国的居民企业,瑞德公司得把境外收入如实申报给中国税务机关。

思考与练习

1.【单选题】下列各项中,不属于企业所得税纳税人的企业是( )。

A. 在外国成立但实际管理机构在中国境内的企业

B. 在中国境内成立的外商独资企业

C. 在中国境内成立的个人独资企业

D. 在中国境内未设立机构、场所,但有来源于中国境内所得的企业

2. 【单选题】根据企业所得税法律制度的规定,下列关于非居民企业的表述中,正确的是(　　)。

  A. 在境外成立的企业均属于非居民企业

  B. 在境内成立但有来源于境外所得的企业属于非居民企业

  C. 依照外国法律成立,实际管理机构在中国境内的企业属于非居民企业

  D. 依照外国法律成立,实际管理机构不在中国境内但在中国境内设立机构、场所的企业属于非居民企业

项目二　企业所得税应税收入的确定

知识点
◎ 计税收入的确认
◎ 不征税收入和免税收入的确定

技能点
◎ 掌握企业所得税应税收入确定的应用
◎ 掌握非营利组织收入的确定

课前十分钟——税收文化普及:《品茶论税》

知识掌握

应纳税所得额是企业所得税的计税依据,按照企业所得税法的规定,应纳税所得额为企业每一个纳税年度的收入总额,减除不征税收入、免税收入、各项扣除,以及允许弥补的以前年度亏损后的余额。基本公式为:

应纳税所得额=收入总额-不征税收入-免税收入-各项扣除-以前年度亏损

因此,确定企业的应税收入是计算企业所得税的基础。

一、收入总额

企业的收入总额包括以货币形式和非货币形式从各种来源取得的收入,具体有销售货物收入、提供劳务收入、转让财产收入、股息、红利等权益性投资收益,以及利息收入、租金收入、特许权使用费收入、接受捐赠收入、其他收入。

新闻视频:河北省国税局公布三起重大涉税违法案件
来源:央视网

（一）销售收入确认的原则

除企业所得税法及实施条例另有规定外，企业销售收入的确认，必须遵循权责发生制原则和实质重于形式原则。企业销售商品同时满足下列条件的，应确认收入的实现：

（1）商品销售合同已经签订，企业已将商品所有权相关的主要风险和报酬转移给购货方；

（2）企业对已售出的商品既没有保留通常与所有权相联系的继续管理权，也没有实施有效控制；

（3）收入的金额能够可靠地计量；

（4）已发生或将发生的销售方的成本能够可靠地核算。

（二）一般销售收入纳税义务时间的确认

（1）采取下列商品销售方式的，应按以下规定确认收入实现时间：

① 销售商品采用托收承付方式的，在办妥托收手续时确认收入；

② 销售商品采取预收款方式的，在发出商品时确认收入；

③ 销售商品需要安装和检验的，在购买方接受商品以及安装和检验完毕时确认收入，如果安装程序比较简单，可在发出商品时确认收入；

④ 销售商品采用支付手续费方式委托代销的，在收到代销清单时确认收入。

（2）以分期收款方式销售货物的，按照合同约定的收款日期确认收入的实现。

（3）企业受托加工制造大型机械设备、船舶、飞机，以及从事建筑、安装、装配工程业务或者提供其他劳务等，持续时间超过12个月的，按照纳税年度内完工进度或者完成的工作量确认收入的实现。

（4）采取产品分成方式取得收入的，按照企业分得产品的日期确认收入的实现，其收入额按照产品的公允价值确定。

（5）企业发生非货币性资产交换，以及将货物、财产、劳务用于捐赠、偿债、赞助、集资、广告、样品、职工福利或者利润分配等用途的，应当视同销售货物、转让财产或者提供劳务，但国务院财政、税务主管部门另有规定的除外。

（6）企业以买一赠一等方式组合销售本企业商品的，不属于捐赠，应将总的销售金额按各项商品的公允价值的比例来分摊确认各项的销售收入。

（7）采用售后回购方式销售商品的，销售的商品按售价确认收入，回购的商品作为购进商品处理。有证据表明不符合销售收入确认条件的，如以销售商品方式进行融资，收到的款项应确认为负债，回购价

微课视频：收入确认的税会差异
来源：中财讯

格大于原售价的,差额应在回购期间确认为利息费用。

(8) 销售商品以旧换新的,应当按照销售商品收入确认条件确认收入,回收的商品作为购进商品处理。

(9) 企业为促进商品销售而在商品价格上给予的价格扣除属于商业折扣,商品销售涉及商业折扣的,应当按照扣除商业折扣后的金额确定销售商品收入金额。

> **小提示:**
>
> 债权人为鼓励债务人在规定的期限内付款而向债务人提供的债务扣除属于现金折扣,销售商品涉及现金折扣的,应当按扣除现金折扣前的金额确定销售商品收入金额,现金折扣在实际发生时作为财务费用扣除。
>
> 企业因售出商品的质量不合格等原因而在售价上给的减让属于销售折让;企业因售出商品质量、品种不符合要求等原因而发生的退货属于销售退回。企业已经确认销售收入的售出商品发生销售折让和销售退回,应当在发生当期冲减当期销售商品收入。

(三) 劳务收入的原则

企业在各个纳税期末,提供劳务交易的结果能够可靠估计的,应采用完工进度(完工百分比)法确认提供劳务收入。

1. 提供劳务交易的结果能够可靠估计

这是指同时满足下列条件:

(1) 收入的金额能够可靠地计量;

(2) 交易的完工进度能够可靠地确定;

(3) 交易中已发生和将发生的成本能够可靠地核算。

2. 企业提供劳务完工进度的确定方法

可选用如下:

(1) 已完工作的测量;

(2) 已提供劳务占劳务总量的比例;

(3) 发生成本占总成本的比例。

> **注意:**
>
> 企业所得税上对于劳务收入的确认与会计准则上对劳务收入确认以及增值税上对劳务收入确认的差异。

企业应按照从接受劳务方已收或应收的合同或协议价款确定劳务收入总额,根据纳税期末提供劳务收入总额乘以完工进度扣除以前纳税年度累计已确认提供劳务收入后的金额,确认为当期劳务收入;同时,按照提供劳务估计总成本乘以完工进度扣除以前纳税期间累计已确认劳务成本后的金额,结转为当期劳务成本。

(四)一般劳务收入纳税义务时间的确认

1. 安装费

应根据安装完工进度确认安装费收入。安装工作是商品销售附带条件的,安装费在确认商品销售实现时确认收入。

2. 宣传媒介的收费

应在相关的广告或商业行为出现于公众面前时确认收入。广告的制作费,应根据制作广告的完工进度确认收入。

3. 软件费

为特定客户开发软件的收费,应根据开发的完工进度确认收入。

4. 服务费

包含在商品售价内可区分的服务费,在提供服务的期间分期确认收入。

5. 艺术表演、招待宴会和其他特殊活动的收费

在相关活动发生时确认收入。收费涉及几项活动的,预收的款项应合理分配给每项活动,分别确认收入。

6. 会员费

申请入会或加入会员,只允许取得会籍,所有其他服务或商品都要另行收费的,在取得该会员费时确认收入。申请入会或加入会员后,会员在会员期内不再付费就可得到各种服务或商品,或者以低于非会员的价格销售商品或提供服务的,该会员费应在整个受益期内分期确认收入。

7. 劳务费

长期为客户提供重复的劳务收取的劳务费,在相关劳务活动发生时确认收入。

(五)其他业务收入纳税义务时间的确认

1. 股息、红利等权益性投资收益

这是指企业因权益性投资从被投资方取得的收入。股息、红利等权益性投资收益,除国务院财政、税务主管部门另有规定外,按照被投资方做出利润分配决定的日期确认收入的实现。

2. 利息收入

这是指企业将资金提供他人使用但不构成权益性投资,或者因他人占用企业资金取得的收入,包括存款利息、贷款利息、债券利息、欠款利息等收入。**利息收入,按照合**

同约定的债务人应付利息的日期确认收入的实现。

3. 租金收入

这是指企业提供固定资产、包装物或者其他有形财产的使用权取得的收入。租金收入，按照合同约定的承租人应付租金的日期确认收入的实现。

4. 特许权使用费收入

这是指企业提供专利权、非专利技术、商标权、著作权以及其他特许权的使用权而取得的收入。特许权使用费收入，按照合同约定的特许权使用人应付特许权使用费的日期确认收入的实现。属于提供设备和其他有形资产的特许权费，在交付资产或转移资产所有权时确认收入；属于提供初始及后续服务的特许权费，在提供服务时确认收入。

5. 接受捐赠收入

这是指企业接受的来自其他企业、组织或者个人无偿给予的货币性资产、非货币性资产。接受捐赠收入，按照实际收到的捐赠资产的日期确认收入的实现。

6. 其他收入

这是指企业取得的除以上收入外的其他收入，包括企业资产溢余收入、逾期未退包装物押金收入、确实无法偿付的应付款项、已做坏账损失处理后又收回的应收款项、债务重组收入、补贴收入、违约金收入、汇兑收益等。

> **注意：**
> 关于利息收入、租金收入以及特许权使用费收入在企业所得税上的确认时间并不是按照会计上的"权责发生制"确认的标准。

二、不征税收入和免税收入

国家为了扶持和鼓励某些特殊的纳税人和特定的项目，或者避免因征税影响企业的正常经营，对企业取得的某些收入予以不征税或免税的特殊政策。

（一）不征税收入

（1）专项用途财政资金。

（2）依法收取并纳入财政管理的行政事业性收费、政府性基金。

（3）国务院规定的其他不征税收入，是指企业取得的，由国务院财政、税务主管部门规定专项用途并经国务院批准的财政性资金。

（二）免税收入

（1）国债利息收入。

（2）符合条件的居民企业之间的股息、红利等权益性投资收益。

（3）在中国境内设立机构、场所的非居民企业从居民企业取得与该机构、场所有实际联系的股息、红利等权益性投资收益。

（4）符合条件的非营利组织的收入。

 知识链接

一、专项用途财政资金

财政部、国家税务总局联合下发的《财政部　国家税务总局关于专项用途财政性资金企业所得税处理问题的通知》（财税〔2011〕70号），就企业取得专项用途财政性资金的企业所得税处理进行了明确。

微课视频：专项用途财政资金税收优惠

对于企业取得的专项用途财政性资金，应按如下规定进行企业所得税处理。

第一，取得资金的层级必须是县级以上各级人民政府财政部门及其他部门。这里的县级以上包含县级。取得资金的部门不仅包括财政部门，县级以上各级人民政府的其他部门如发改委、科技局、经贸委等部门也包含在内。

第二，企业从县级以上各级人民政府财政部门及其他部门取得的应计入收入总额的财政性资金，可以作为不征税收入，在计算应纳税所得额时从收入总额中减除，须同时符合以下条件：

（1）企业能够提供规定资金专项用途的资金拨付文件；

（2）财政部门或其他拨付资金的政府部门对该资金有专门的资金管理办法或具体管理要求；

（3）企业对该资金以及以该资金发生的支出单独进行核算。

以上三个条件缺一不可。

第三，企业应正确进行不征税收入的企业所得税处理。根据《中华人民共和国企业所得税法实施条例》（以下简称实施条例）第二十八条的规定，上述不征税收入用于支出所形成的费用，不得在计算应纳税所得额时扣除；用于支出所形成的资产，其计算的折旧、摊销不得在计算应纳税所得额时扣除。

第四，把握一个5年时间限制，即企业将规定条件的财政性资金作不征税收入处理后，在5年（60个月）内未发生支出且未缴回财政部门或其他拨付资金的政府部门的部分，应计入取得该资金第六年的应税收入总额；计入应税收入总额的财政性资金发生的支出,允许在计算应纳税所得额时扣除。

二、符合条件的非营利组织的收入

(一)符合条件的非营利组织的范围

企业所得税法所称符合条件的非营利组织,是指同时符合下列条件的组织:

(1)依法履行非营利组织登记手续;

(2)从事公益性或者非营利性活动;

(3)取得的收入除用于与该组织有关的、合理的支出外,全部用于登记核定或者章程规定的公益性或者非营利性事业;

(4)财产及其孳息不用于分配;

(5)按照登记核定或者章程规定,该组织注销后的剩余财产用于公益性或者非营利性目的,或者由登记管理机关转赠给予该组织性质、宗旨相同的组织,并向社会公告;

(6)投入人对投入该组织的财产不保留或者享有任何财产权利;

(7)工作人员工资福利开支控制在规定的比例内,不变相分配该组织的财产。

前款规定的非营利组织的认定管理办法由国务院财政、税务主管部门会同国务院有关部门制定。

(二)符合条件的非营利组织的免税收入的范围

根据《财政部 国家税务总局关于非营利组织企业所得税免税收入问题的通知》(财税〔2009〕122号)规定,符合条件的非营利组织企业所得税免税收入范围具体包括:

(1)接受其他单位或者个人捐赠的收入;

(2)除《企业所得税法》第七条规定的财政拨款以外的其他政府补助收入,但不包括因政府购买服务取得的收入;

(3)按照省级以上民政、财政部门规定收取的会费;

(4)不征税收入和免税收入孳生的银行存款利息收入;

(5)财政部、国家税务总局规定的其他收入。

 实操训练

苏州瑞德酒业有限公司(适用25%税率)2018年相关收入类账簿显示当年企业发

生如下收入或流入：

(1) 销售商品　　　　　　　　　　　　　　　　　8 600万元

(2) 转让固定资产　　　　　　　　　　　　　　　150万元

(3) 汇兑收益　　　　　　　　　　　　　　　　　60万元

(4) 接受捐赠设备一台　　　　　　　　　　　　　200万元（市价）

(5) 确实无法偿付的应付款项　　　　　　　　　　30万元

(6) 购买国债利息收入　　　　　　　　　　　　　5万元

(7) 向苏州乐园啤酒节捐赠啤酒1 000箱　　　　　5万元

(8) 其他　　　　　　　　　　　　　　　　　　　560万元

公司会计小王在计算公司2018年企业所得税时认为：

(1) 销售商品和转让固定资产的收入应该纳税；

(2) 汇兑收益是由于汇率变化引起的，实际购买力并没有变化，因此瑞德酒业就不应该作为计税收入；

(3) 接受捐赠设备应该纳税；

(4) 无法偿付的应付款项并没有导致单位的资产增加，因此，也不应该作为计税收入；

(5) 购买国债利息收入作为公司投资收入，并且增加了公司利润，应该作为计税收入；

(6) 向啤酒节捐赠啤酒没有引起公司的财务收入增加，所以不应该作为计税收入。

针对小王的上述观点，请你作出评价分析。

> **实操分析**
>
> 通过任务描述，主要是瑞德公司小王面对公司众多的收入类型时，不能准确判定哪些收入应作为计税收入，哪些则不是。企业所得税法对企业的各类收入进行了明确划分，形成了计税收入、不征税收入和免税收入三类，我们只要清楚这些知识，也就不难对小王的观点进行评价了。
>
> **1. 准备工作**
>
> 明确企业所得税对不同收入的计税处理办法，并定位公司各类收入的类型。
>
> **2. 操作步骤注意点**
>
> (1) 销售商品、接受捐赠设备和转让固定资产的收入应该纳税的观点是正确的。
>
> (2) 无法偿付的应付款项虽没有导致单位的资产增加，但引起了公司所有者权益的增加，以及负债的减少，按税法规定应该作为计税收入。
>
> (3) 购买国债利息收入作为公司投资收入，虽增加了公司利润，但属于国家

免税收入的范围,因此不作为计税收入。

(4)向啤酒节捐赠啤酒没有引起公司的财务收入增加,但应作为视同销售,所以应该作为计税收入。

(5)汇兑收益应该作为计税收入。

思考与练习

1.【单选题】下列项目收入中,不需要计入应纳税所得额的有( )。
   A. 企业债券利息收入　　　　　　　B. 符合条件的居民企业之间股息收益
   C. 债务重组收入　　　　　　　　　D. 接受捐赠的实物资产价值

2.【单选题】符合条件的非营利组织取得下列收入,免征企业所得税的是( )。
   A. 从事营利活动取得的收入
   B. 因政府购买服务而取得的收入
   C. 不征税收入孳生的银行存款利息收入
   D. 按照县级民政部门规定收取的会费收入

3.【单选题】根据企业所得税法的规定,以下收入中属于不征税收入的是( )。
   A. 财政拨款
   B. 在中国境内设立机构、场所的非居民企业连续持有居民企业公开发行并上市流通的股票不足12个月取得投资收益
   C. 非营利组织从事营利性活动取得的收入
   D. 国债利息收入

4.【单选题】关于企业所得税收入的确定,说法正确的是( )。
   A. 利息收入,应以实际收到利息的日期,确认收入的实现
   B. 房地产开发企业自建的商品房转为自用的,按移送的日期确认收入的实现
   C. 外购的货物用于交际应酬,应按企业同类资产同期对外销售价格确定销售的收入
   D. 自产的货物用于对外捐赠,应按企业同类资产同期对外销售价格确定销售的收入

5.【单选题】下列各项利息收入,不计入企业所得税应纳税所得额的是( )。
   A. 企业债券利息收入　　　　　　　B. 外单位欠款付给的利息收入
   C. 购买国债的利息收入　　　　　　D. 银行存款利息收入

6.【单选题】下列关于企业所得税收入确认,表述正确的是(　　)。

　　A. 售后回购业务企业所得税上不确认收入,收到的款项应确认为负债

　　B. 以买一赠一方式销售商品的,赠送的商品应视同销售计入收入总额

　　C. 以旧换新业务按照销售的新货物和换入的旧货物的价格差额确认销售收入

　　D. 企业给予购货方现金折扣,按扣除现金折扣前的金额确定销售商品收入金额

项目三　企业所得税有关扣除项目的确定

> **知识点**
> ◎ 扣除项目的范围及标准的确认
> ◎ 不得税前扣除项目的确认
>
> **技能点**
> ◎ 掌握企业所得税有关扣除项目在税法计算中的运用
> ◎ 掌握企业所得税有亏损弥补的运用

课前十分钟——税收文化普及:《方田均税》

 知识掌握

由于应纳税所得额=收入总额-不征税收入-免税收入-各项扣除-以前年度亏损,所以准确掌握企业允许的各项税前扣除项目也是计算企业所得税的关键。

一、扣除项目的范围

企业所得税法规定,企业实际发生的与取得收入有关的、合理的支出,包括成本、费用、税金、损失、其他支出,准予在计算应纳税所得额时扣除。

(一)成本

成本指企业在生产经营活动中发生的销售成本、销货成本、业务支出,以及其他耗费,即企业销售商品(产品、材料、下脚料、废料、废旧物

微课视频:企业为个人承担税款的税务处理

资等）、提供劳务、转让固定资产、无形资产（包括技术转让）的成本。

（二）费用

费用指企业每一个纳税年度为生产、经营商品和提供劳务等所发生的销售（经营）费用、管理费用和财务费用。已计入成本的有关费用除外。

（三）税金

税金指企业发生的除企业所得税和允许抵扣的增值税以外的企业缴纳的各项税金及其附加，即企业按规定缴纳的消费税、城市维护建设税、关税、资源税、土地增值税、房产税、车船税、土地使用税、印花税、教育费附加等产品销售税金及附加。这些已纳税金准予税前扣除。

> **注意：**
> 企业允许税前扣除的税金中不包括增值税。

（四）损失

损失指企业在生产经营活动中发生的固定资产和存货的盘亏、毁损、报废损失、转让财产损失、呆账损失、坏账损失、自然灾害等不可抗力因素造成的损失以及其他损失。

企业发生的损失减除责任人赔偿和保险赔款后的余额，依照国务院财政、税务主管部门的规定扣除。

企业已经作为损失处理的资产，在以后纳税年度又全部收回或者部分收回时，应当计入当期收入。

（五）扣除的其他支出

这是指除成本、费用、税金、损失外，企业在生产经营活动中发生的与生产经营活动有关的、合理的支出。

二、允许扣除项目的标准

在计算应纳税所得额时，下列项目可按照实际发生额或规定的标准扣除。

微课视频：企业薪酬支出如何扣除
来源：中财讯

（一）工资、薪金支出

企业发生的合理的工资、薪金支出准予据实扣除。工资、薪金支出是企业每一纳税年度支付给在本企业任职或与其有雇佣关系的员工的所有现金或非现金形式的劳动报酬,包括基本工资、奖金、津贴、补贴、年终加薪、加班工资,以及与任职或者受雇有关的其他支出。

(二)关于工资薪金的几个文件

1.《国家税务总局关于企业所得税应纳税所得额若干税务处理问题的公告》

企业因雇用季节工、临时工、实习生、返聘离退休人员所实际发生的费用,应区分为工资薪金支出和职工福利费支出,并按《企业所得税法》规定在企业所得税前扣除。其中属于工资薪金支出的,准予计入企业工资薪金总额的基数,作为计算其他各项相关费用扣除的依据。

国家税务总局关于企业所得税应纳税所得额若干税务处理问题的公告
来源:国家税务总局公告2012年第15号

季节工、临时工根据《中华人民共和国劳动合同法》的相关规定与用人单位订立劳动合同或劳动协议且在劳动部门备案,可以作为工资薪金支出在税前列支,否则应作为劳务报酬凭合法有效的票据才能在税前列支。

2.《国家税务总局关于企业工资薪金和职工福利费等支出税前扣除问题的公告》

(1)企业福利性补贴支出税前扣除问题。

列入企业员工工资薪金制度、固定与工资薪金一起发放的福利性补贴,符合《国家税务总局关于企业工资薪金及职工福利费扣除问题的通知》(国税函〔2009〕3号)第一条规定的,可作为企业发生的工资薪金支出,按规定在税前扣除。不能同时符合上述条件的福利性补贴,应作为国税函〔2009〕3号文件第三条规定的职工福利费,按规定计算限额税前扣除。

(2)企业年度汇算清缴结束前支付汇缴年度工资薪金税前扣除问题。

企业在年度汇算清缴结束前向员工实际支付的已预提汇缴年度工资薪金,准予在汇缴年度按规定扣除。

(3)企业接受外部劳务派遣用工支出税前扣除问题。

企业接受外部劳务派遣用工所实际发生的费用,应分两种情况按规定在税前扣除:按照协议(合同)约定直接支付给劳务派遣公司的费用,应作为劳务费支出;直接支付给员工个人的费用,应作为工资薪金支出和职工福利费支出。其中属于工资薪金支出的费用,准予计入企业工资薪金总额的基数,作为计算其他各项相关费用扣除的依据。

国家税务总局关于企业工资薪金和职工福利费等支出税前扣除问题的公告
来源:国家税务总局公告2015年第34号

(三）职工福利费、工会经费、职工教育经费

企业发生的职工福利费、工会经费、职工教育经费按标准扣除，未超过标准的按实际数扣除，超过标准的只能按标准扣除。

（1）企业发生的职工福利费支出，不超过工资薪金总额14%的部分准予扣除。

（2）企业拨缴的工会经费，不超过工资薪金总额2%的部分准予扣除。凭工会组织开具的《工会经费收入专用收据》在企业所得税税前扣除。

微课视频：福利费与工资薪金界定、处理

（3）除国务院财政、税务主管部门另有规定外，企业发生的职工教育经费支出，不超过工资薪金总额8%的部分准予扣除，超过部分准予结转以后纳税年度扣除。

（四）社会保险费

（1）企业依照国务院有关主管部门或者省级人民政府规定的范围和标准为职工缴纳的"五险一金"，即基本养老保险费、基本医疗保险费、失业保险费、工伤保险费、生育保险费等基本社会保险费和住房公积金，准予扣除。

（2）企业为投资者或者职工支付的补充养老保险费、补充医疗保险费，在分别在不超过职工工资总额5%标准内的部分，准予扣除。企业依照国家有关规定为特殊工种职工支付的人身安全保险费和符合国务院财政、税务主管部门规定可以扣除的商业保险费准予扣除。

（3）企业参加财产保险，按照规定缴纳的保险费，准予扣除。企业为投资者或者职工支付的商业保险费，不得扣除。

（五）利息费用

企业在生产、经营活动中发生的利息费用，按下列规定扣除。

（1）企业向金融机构借款的利息支出、金融企业的各项存款利息支出和同业拆借利息支出、企业经批准发生债券的利息支出可据实扣除。

（2）企业向非金融机构借款的利息支出，不超过按照金融企业同期同类贷款利率计算的数额的部分可据实扣除，超过部分不许扣除。

1. 关于提供金融企业的同期同类贷款利率情况说明的问题

根据实施条例第三十八条规定，非金融企业向非金融企业借款的利息支出，不超过按照金融企业同期同类贷款利率计算的数额的部分，准予税前扣除。企业在按照合同要求首次支付利息并进行税前扣除时，应提供《金融企业的同期同类贷款利率情况说明》，以证明其利息支出的合理性。

微课视频：关联方之间借款合同管理

《金融企业的同期同类贷款利率情况说明》中,应包括在签订该借款合同当时,本省任何一家金融企业提供同期同类贷款利率情况。该金融企业应为经政府有关部门批准成立的可以从事贷款业务的企业,包括银行、财务公司、信托公司等金融机构。"同期同类贷款利率"是指在贷款期限、贷款金额、贷款担保以及企业信誉等条件基本相同下,金融企业提供贷款的利率。既可以是金融企业公布的同期同类平均利率,也可以是金融企业对某些企业提供的实际贷款利率。

微课视频:集团企业资金池涉税管理

2. 关于企业接受关联方债权性投资利息支出税前扣除的问题

在计算应纳税所得额时,企业实际支付给关联方的利息支出,不超过以下规定比例和税法及其实施条例有关规定计算的部分,准予扣除,超过的部分不得在发生当期和以后年度扣除。企业实际支付给关联方的利息支出,符合相关规定外,其接受关联方债权性投资与其权益性投资比例为:(1)金融企业,为5∶1;(2)其他企业,为2∶1。

微课视频:关联方之间借款债资比问题

企业如果能够按照税法及其实施条例的有关规定提供相关资料,并证明相关交易活动符合独立交易原则的;或者该企业的实际税负不高于境内关联方的,其实际支付给境内关联方的利息支出,在计算应纳税所得额时准予扣除。(摘自财税〔2008〕121号)

(六)借款费用

企业在生产经营活动中发生的合理的不需要资本化的借款费用,准予扣除。

企业为购置、建造固定资产、无形资产和经过12个月以上的建造才能达到预定可销售状态的存货发生的借款的,在有关资产购置、建造期间发生的合理的借款费用,应予以资本化,作为资本性支出计入有关资产的成本;有关资产交付使用后发生的借款利息,可在发生当期扣除。

企业通过发行债券、取得贷款、吸收保户储金等方式融资而发生的合理的费用支出,符合资本化条件的,应计入相关资产成本;不符合资本化条件的,应作为财务费用,准予在企业所得税前据实扣除。

微课视频:财务怎样进行贴现 来源:中财讯 | 微课视频:银行贴现的税务处理 来源:中财讯 | 微课视频:企业贴现的税务处理 来源:中财讯 | 微课视频:非金融贴现的税务处理 来源:中财讯 | 微课视频:票据贴现息承担主体的选择

（七）汇兑损失

企业在货币交易中，以及纳税年度终了时将人民币以外的货币性资产、负债按照期末即期人民币汇率中间价折算为人民币时产生的汇兑损失，除已经计入有关资产成本以及与向所有者进行利润分配相关的部分外，准予扣除。

（八）业务招待费

企业发生的与其生产、经营业务有关的业务招待费支出，按照发生额的60%扣除，但最高不得超过当年销售（营业）收入的5‰。

企业在筹建期间，发生的与筹办活动有关的业务招待费支出，可按实际发生额的60%计入企业筹办费，并按有关规定在税前扣除；发生的广告费和业务宣传费，可按实际发生额计入企业筹办费，并按有关规定在税前扣除。

对从事股权投资业务的企业（包括集团公司总部、创业投资企业等），其从被投资企业所分配的股息、红利以及股权转让收入，可以按规定的比例计算业务招待费扣除限额。

微课视频：各类餐费证据归集的问题

微课视频：企业能扣多少业务招待费
来源：中财讯

（九）广告费和业务宣传费

企业发生的符合条件的广告费和业务宣传费支出，除国务院财政、税务主管部门另有规定外，不超过当年销售（营业）收入15%的部分（注意：此处的"销售（营业）收入"＝主营业务收入＋其他业务收入＋视同销售收入），准予扣除；超过的部分，准予结转以后纳税年度扣除。

微课视频：业务招待费与业务宣传费的界定和处理

（十）环境保护专项资金

企业依照法律、行政法规有关规定提取的用于环境保护、生态恢复等方面的专项资金，准予扣除。上述专项资金提取后改变用途的，不得扣除。

（十一）保险费

关于企业发生的各类保险费支付，是否允许税前扣除，可依据下述规定进行归集。

允许税前扣除的保险费用支出如下。

（1）为职工缴纳的"五险一金"。

企业依照国务院有关主管部门或者省级人民政府规定的范围和标准为职工缴纳的基本养老保险费、基本医疗保险费、失业保险费、工伤保险费、生育保险费等基本社会保险费和住房公积金,准予扣除。

(2)补充养老保险和补充医疗保险。

企业为投资者或者职工支付的补充养老保险费、补充医疗保险费,在国务院财政、税务主管部门规定的范围和标准内,准予扣除。

自2008年1月1日起,企业根据国家有关政策规定,为在本企业任职或者受雇的全体员工支付的补充养老保险费、补充医疗保险费,分别在不超过职工工资总额5%标准内的部分,在计算应纳税所得额时准予扣除;超过的部分,不予扣除。

(3)企业财产保险。

企业参加财产保险,按照规定缴纳的保险费,准予扣除。

(4)为特殊工种职工支付的法定人身安全保险。

企业依照国家有关规定为特殊工种职工支付的人身安全保险费,可以扣除。

(5)商业保险。

国务院财政、税务主管部门可以根据实际情况的需要,决定企业为其投资者或者职工投保商业保险而发生的哪些商业保险费可以税前扣除。

(6)人身意外保险。

企业职工因公出差乘坐交通工具发生的人身意外保险费支出,准予企业在计算应纳税所得额时扣除。

(7)雇主责任保险

企业参加雇主责任险、公众责任险等责任保险,准予税前扣除。

(十二)租赁费

企业根据生产经营需要租入固定资产支付的租赁费,按照以下方法扣除:

(1)以经营租赁方式租入固定资产发生的租赁费支出,按照租赁期限均匀扣除。经营性租赁是指所有权不转移的租赁。

(2)以融资租赁方式租入固定资产发生的租赁费支出,按照规定构成融资租入固定资产价值的部分应当提取折旧费用,分期扣除。融资租赁是指在实质上转移与一项资产所有权有关的全部风险和报酬的一种租赁。

(十三)劳动保护费

企业发生的合理的劳动保护支出,准予扣除。

劳动保护支出包括:工作服、手套、洗衣粉等劳保用品,解毒剂等安全保护用品,清凉饮料等防暑降温用品,以及按照原劳动部等部门规定的范围对接触有毒物质、矽尘作业、放射线作业和潜水、沉箱作业、高温作业等五类工种所享受的由劳动保护费开支的保健食品待遇。企业以上支出计入劳动保护费，可以税前扣除。

企业根据其工作性质和特点，由企业统一制作并要求员工工作时统一着装所发生的工作服饰费用，根据《实施条例》第二十七条的规定，可以作为企业合理的支出给予税前扣除。（摘自国家税务总局公告，2011年第34号）

> **注意：**
> 劳动保护费支出必须给员工发放的是物品。如果直接发放的是现金，则不得通过劳动保护费列支。
>
> **思考：**
> 单位每年7、8、9三个月给员工发放的每月300元的防暑降温费，应通过什么项目列支？

（十四）公益性捐赠支出

公益性捐赠，是指企业通过公益性社会团体或者县级以上人民政府及其部门，用于公益事业的捐赠。

企业发生的公益性捐赠支出，不超过年度利润总额12%的部分，准予扣除。年度利润总额，是指企业依照国家统一会计制度的规定计算的年度会计利润。

企业慈善捐赠支出超过法律规定的准予在计算企业所得税应纳税所得额时当年扣除的部分，允许结转以后三年内在计算应纳税所得额时扣除。

> **注意：**
> 公益性捐赠必须通过政府相关部门"间接"转赠。直接捐给受益人或单位的不得扣除。

> **关于公益性捐赠支出企业所得税税前结转扣除的几点说明**
>
> ➢ 企业通过公益性社会组织或者县级（含县级）以上人民政府及其组成部门和直属机构，用于慈善活动、公益事业的捐赠支出，在年度利润总额12%以内的部分，准予在计算应纳税所得额时扣除；超过年度利润总额12%的部分，准予结转以后三年内在计算应纳税所得额时扣除。
>
> （1）本条所称的公益性社会组织，应当依法取得公益性捐赠税前扣除资格。

微课视频：公益捐赠的税前扣除问题
来源：中财讯

（2）本条所称年度利润总额，是指企业依照国家统一会计制度的规定计算的大于零的数额。

➤ 企业当年发生及以前年度结转的公益性捐赠支出，准予在当年税前扣除的部分，不能超过企业当年年度利润总额的12%。

➤ 企业发生的公益性捐赠支出未在当年税前扣除的部分，准予向以后年度结转扣除，但结转年限自捐赠发生年度的次年起计算最长不得超过三年。

➤ 企业在对公益性捐赠支出计算扣除时，应先扣除以前年度结转的捐赠支出，再扣除当年发生的捐赠支出。

（十五）手续费及佣金

企业发生与生产经营有关的手续费及佣金支出，不超过以下规定计算限额以内的部分，准予扣除；超过部分，不得扣除。

注意：

手续费支付的方式特别强调除个人外，必须通过银行转账，也就是说必须持有银行转账单作为扣除凭证。

（1）保险企业：财产保险企业按当年全部保费收入扣除退保金等后余额的15%（含本数，下同）计算限额；人身保险企业按当年全部保费收入扣除退保金等后余额的10%计算限额。

（2）其他企业：按与具有合法经营资格的中介服务机构或个人（不含交易双方及其雇员、代理人和代表人等）所签订服务协议或合同确认的收入金额的5%计算限额。

企业应与具有合法经营资格的中介服务企业或个人签订代办协议或合同，并按国家有关规定支付手续费及佣金。除委托个人代理外，企业以现金等非转账方式支付的手续费及佣金不得在税前扣除。企业为发行权益性证券支付给有关证券承销机构的手续费及佣金不得在税前扣除。

特别要注意的是，特殊行业的手续费、佣金的税前扣除问题。

（1）从事代理服务、主营业务收入为手续费、佣金的企业（如证券、期货、保险代理等企业），其为取得该类收入而实际发生的营业成本（包括手续费及佣金支出），准予在企业所得税前据实扣除。

（2）电信企业在发展客户、拓展业务等过程中（如委托销售电话入网卡、电话充值卡等），须向经纪人、代办商支付手续费及佣金的，其实际发生的相关手续费及佣金支出，不超过企业当年收入总额5%的部分，准予在企业所得税前据实扣除。

微课视频：佣金手续费的税前扣除
来源：中财讯

（十六）准备金

除财政部和国家税务总局核准计提金融、保险、期货以及证券行业准备金可以按规定比例税前扣除外，其他行业、企业计提的各项资产减值准备、风险准备等准备金均不得税前扣除。

微课视频：准备金能否税前扣除
来源：中财讯

（十七）有关资产的费用

企业转让各类固定资产发生的费用，允许扣除。企业按规定计算的固定资产折旧费、无形资产和递延资产的摊销费，准予扣除。

（十八）总机构分摊的费用

非居民企业在中国境内设立的机构、场所，就其中国境外总机构发生的与该机构、场所生产经营有关的费用，能够提供总机构出具的费用汇集范围、定额、分配依据和方法等证明文件，并合理分摊的，准予扣除。

（十九）母子公司费用支付

母公司为其子公司提供各种服务而发生的费用，应按照独立企业之间公平交易原则确定服务的价格，作为企业正常的劳务费用进行税务处理。

母子公司未按照独立企业之间的业务往来收取价款的，税务机关有权予以调整。

微课视频：母子公司之间利润转移处理

母公司向其子公司提供各项服务，双方应签订服务合同或协议，明确规定提供服务的内容、收费标准及金额等，凡按上述合同或协议规定所发生的服务费，母公司应作为营业收入申报纳税；子公司作为成本费用在税前扣除。

母公司向其多个子公司提供同类项服务，其收取的服务费可以采取分项签订合同或协议收取；也可以采取服务分摊协议的方式，即由母公司与各子公司签订服务费用分摊合同或协议，以母公司为其子公司提供服务所发生的实际费用并附加一定比例利润作为向子公司收取的总服务费，在各服务受益子公司（包括盈利企业、亏损企业和享受减免税企业）之间按税法规定合理分摊。

母公司以管理费形式向子公司提取费用，子公司因此支付给母公司的管理费，不得在税前扣除。

子公司申报税前扣除向母公司支付的服务费用，应向主管税务机关提供与母公司签订的服务合同或者协议等与税前扣除该项费用相关的材料。不能提供相关材料的，支付的服务费用不得税前扣除。

（二十）资产损失

企业当期发生的固定资产和流动资产盘亏、毁损净损失，由其提供清查盘存资料经主管税务机关审核后，准予扣除；企业因存货盘亏、毁损、报废等原因不得从销项税金中抵扣的进项税金，应视同企业财产损失，准予与存货损失一起在所得税前按规定扣除。

注意：

资产损失必须经过备案程序才能税前扣除。主要分清单申报和专项申报两种。

（二十一）依照有关法律、行政法规和国家有关税法规定准予扣除的其他项目

如会员费、合理的会议费、差旅费、违约金、诉讼费等，这些费用一般情况下允许税前扣除，但在实际操作过程中，企业必须提供相应的证据，以证明相应费用发生的合理性和相关性。

微课视频：企业发生的差旅费税收处理

三、不得扣除的项目

微课视频：《企业所得税税前扣除凭证管理办法》讲解

在计算应纳税所得额时，下列支出不得扣除：

（1）向投资者支付的股息、红利等权益性收益款项。

（2）企业所得税税款。

（3）税收滞纳金，指纳税人违反税收法规，被税务机关处以的滞纳金。

（4）罚金、罚款和被没收财物的损失，是指纳税人违反国家有关法律、法规规定，被有关部门处以的罚款，以及被司法机关处以的罚金和被没收财物。

（5）超过规定标准的捐赠支出。

（6）赞助支出，是指企业发生的与生产经营活动无关的各种非广告性质支出。

（7）未经核定的准备金支出，是指不符合国务院财政、税务主管部门规定的各项资产减值准备、风险准备等准备金支出。

（8）企业之间支付的管理费、企业内营业机构之间支付的租金和特许权使用费，以及非银行企业内营业机构之间支付的利息，不得扣除。

（9）与取得收入无关的其他支出。

一、亏损弥补

亏损是指企业依照企业所得税法和相关条例的规定,将每一纳税年度的收入总额减除不征税收入、免税收入和各项扣除后小于零的数额。税法规定,企业某一纳税年度发生的亏损可以用下一年度的所得弥补,下一年度的所得不足以弥补的,可以逐年延续弥补,但最长不得超过5年(高新技术企业和科技型中小企业发生亏损,均准予结转以后年度弥补,最长结转年限为10年。)。而且,企业在汇总计算缴纳企业所得税时,其境外营业机构的亏损不得抵减境内营业机构的盈利。关于亏损弥补,有下面两个问题,需要特别注意。

注意:

虽然企业在筹建期间很少有收入流入,却大量形成支出,但在税收上不能将筹建期作为亏损对待,不能通过亏损弥补来处理,而是通过"长期待摊费用"在经营期一次或分次扣除。

企业所得税的加计扣除部分并不是企业真实发生的支出,但是企业所得税法的原则是只要是按税法规定允许扣除的部分,即使没有真实发生,形成的应纳税所得额小于零,就算企业所得税的亏损,允许以后年度弥补。

二、关于资产损失的税前扣除问题

(一)资产损失分为实际资产损失与法定资产损失两类

实际资产损失,应当在其实际发生且会计上已作损失处理的年度申报扣除;法定资产损失,应当在企业向主管税务机关提供证据资料证明该项资产已符合法定资产损失确认条件,<u>且会计上已作损失处理的年度申报扣除。</u>

要注意:与企业的生产经营无关的资产、违法支出的资产、企业未按独立交易原则向关联企业转让的资产损失,不得税前扣除;房屋(建筑物)固定资产在未足额提取折旧前改扩建发生的资产损失不能直接税前扣除,而是计入改扩建后固定资产计税基础,以计提折旧的方式进行税前扣除。

（二）资产损失税前扣除统一采取申报制

企业发生的资产损失，应按规定程序和要求向主管税务机关申报后方能在税前扣除。未经申报的损失，不得在税前扣除。申报制下，企业发生的资产损失不需要税务机关的事前审核，但却相应增加了企业的涉税风险，如果多报、错报资产损失导致少缴税款的，可能被定性为偷逃税。为此，企业应当建立健全资产损失内部核销管理制度，及时收集、整理、编制、审核、申报、保存资产损失税前扣除证据材料，方便税务机关检查。

（三）以前年度损失处理

企业有以前年度发生的实际资产损失未能在当年税前扣除的，可以向税务机关说明并进行专项申报扣除。其中，属于实际资产损失，准予追补至该项损失发生年度扣除，其追补确认期限一般不得超过5年。对企业因以前年度实际资产损失未在税前扣除而多缴的企业所得税税款，只能抵扣（可递延）不能退税。

> 思考：
> 属于法定资产损失，应在申报年度扣除，为什么不能追补扣除？

如实际资产损失发生年度扣除追补确认的损失后出现亏损的，应先调整资产损失发生年度的亏损额，再按弥补亏损的原则计算以后年度多缴的企业所得税税款，并按多缴企业所得税的办法进行税务处理。属于法定资产损失，应在申报年度扣除，不能追补扣除。因以前年度实际资产损失未在税前扣除而多缴的企业所得税税款，可在追补确认年度企业所得税应纳税款中予以抵扣，不足抵扣的，向以后年度递延抵扣。

实操训练

苏州瑞德商贸有限公司损益表显示2018年度有关经营情况如下：

（1）1—12月取得商品销售收入8 500万元；企业内部设立的非独立核算的宾馆，全年分别取得餐饮收入600万元、歌厅收入400万元；

（2）12月外购原材料取得防伪税控系统开具的增值税专用发票，注明价款500万元、增值税80万元；接受某公司捐赠货物一批，取得防伪税控系统开具的增值税专用发票，注明价款50万元、增值税8万元，企业已按会计准则规定计入"营业外收入"；

（3）12月转让股票收益70万元；转让国库券收入30万元；

（4）全年应扣除的销售（经营）成本7 300万元，发生的与生产经营相关的业务招待费70万元、技术开发费60万元；经批准向本企业职工借款300万元用于生产经营，借用期限半年，支付了利息费用24万元（同期银行贷款利率为5%）；

（5）在"营业外支出"账户中，发生的通过民政局向灾区捐赠50万元，直接向某学校捐赠20万元，资助相关联的科研机构开发经费40万元；自然灾害损失30万元（取得保险公司赔款5万元）；

（6）从境外分支机构取得税后收益40万元，在境外已缴纳了20%的企业所得税。

公司会计小俞在2019年年初进行2018年所得税汇算清缴时面对上述会计资料不知道该如何汇算，特别是相关成本、费用的税前扣除，哪些能全扣除？哪些不能扣除？哪些部分扣除以及相应的扣除标准是多少？请帮助小俞进行分析与处理。

实操分析

上述任务主要涉及企业所得税的税前扣除的知识。会计所得税是按照会计制度进行核算，而企业应纳所得税额是根据税法的要求进行计算的，由于会计制度和企业所得税法之间存在差异。这样，就要求我们在纳税申报前要根据会计资料进行相关数据的调整，特别是相关成本、费用项目的调整分类比较细，要求很严格，正如小俞遇到的问题。因此，在明确了应税收入之后，系统了解所得税的税前扣除知识是进行所得税计算的关键。

1. 准备工作

首先应充分掌握瑞德公司相关成本、费用的类别，以及各自的税前扣除要求。并准确计算出各自扣除依据的数据。

2. 操作步骤注意点

（1）计算2018年所得税前应扣除的业务招待费：

业务招待费扣除限额＝（销售收入＋营业收入）×5‰

＝（8 500+600+400）×5‰

＝47.5（万元）

实际发生业务招待费的60%为42万元（70×60%），超过扣除限额，准予按照限额扣除。

（2）计算2018年所得税前应扣除的利息费用和技术开发费：

允许扣除的利息费用＝300×5%×50%＝7.5（万元）

允许扣除的技术开发费=60+60×75%=105（万元）

所得税前应扣除的利息费用和技术开发费=7.5+105=112.5（万元）

（3）计算2018年所得税前应扣除的营业外支出金额：

2018年会计利润=（8 500+600+400+40境外分回）−（7 300成本+70招待费+
60研发费+24利息+135营业外支出）
=1 951（万元）

公益捐赠扣除限额=会计利润×12%=1 951×12%=234.12（万元）

实际公益捐赠50万元，未超过限额，准予按实际发生额扣除。

直接捐赠、资助相关联的科研机构开发经费，均不得扣除。

允许扣除的营业外支出=50+30−5=75（万元）

思考与练习

1.【单选题】下列项目中,关于税前限额扣除的不正确说法是（　　）。

　　A. 职工教育经费不得超过工资总额的2.5%

　　B. 业务招待费不得超过销售（营业）收入的60%

　　C. 房地产企业的广告费,不超过当年销售收入的15%

　　D. 利息支出不得超过按银行同期同类利率计算的利息

2.【单选题】根据企业所得税的规定,在计算应纳税所得额时下列项目可以扣除的是（　　）。

　　A. 税收滞纳金

　　B. 企业不征税收入用于支出所形成的费用

　　C. 提取的环境保护基金用于扩大再生产

　　D. 子公司支付给母公司符合公平交易原则的劳务费用企业

3.【单选题】安置残疾人员的,在计算企业所得税时,在按照支付给残疾职工工资据实扣除的基础上,按照支付给上述人员工资的（　　）加计扣除。

　　A. 10%　　　　　　　　　　　　　　B. 20%

　　C. 50%　　　　　　　　　　　　　　D. 100%

4. 【单选题】某国有企业2015年度发生亏损,根据企业所得税法的规定,该亏损额可以用以后纳税年度的所得逐年弥补,但延续弥补的期限最长不得超过（　　）。

   A. 2017年　　　　　　　　　　B. 2018年

   C. 2019年　　　　　　　　　　D. 2020年

5. 【多选题】下列项目能够在企业所得税前扣除的有（　　）。

   A. 资源税　　　　　　　　　　B. 增值税

   C. 土地增值税　　　　　　　　D. 印花税

6. 【多选题】下列项目中不得在应纳税所得额中扣除的有（　　）。

   A. 销售折扣的折扣额

   B. 担保支出

   C. 折扣销售的折扣额（销售额与折扣额同在一张发票）

   D. 回扣支出

7. 【计算题】某机械制造企业2018年产品销售收入3 000万元,销售成本1 500万元,销售税金及附加12万元,销售费用200万元(含广告费100万元),管理费用500万元(含招待费20万元,办公室房租36万元,存货跌价准备2万元),投资收益25万元,营业外支出10.5万元,系违反购销合同被供货方处以的违约罚款。其他补充资料：(1)当年9月1日起租用办公室,支付2年房租36万元；(2)企业已预缴税款190万元。

   要求：

   (1) 计算该企业所得税前可扣除的销售费用；

   (2) 计算该企业所得税前可扣除的管理费用。

8. 【计算题】假定某企业为居民企业,2018年经营业务如下：

   (1) 取得销售收入2 500万元。

   (2) 销售成本1 100万元。

   (3) 发生销售费用670万元(其中广告费450万元)；管理费用480万元(其中业务招待费15万元)；财务费用60万元。

   (4) 销售税金160万元(含增值税120万元)。

   (5) 营业外收入70万元,营业外支出50万元(含通过公益性社会团体向贫困山区捐款30万元,支付税收滞纳金6万元)。

   (6) 计入成本、费用中的实发工资总额150万元、拨缴职工工会经费3万元、支出职工福利费和职工教育经费29万元。

   要求：计算该企业2018年度实际应纳的企业所得税。(要计算过程)

9.【计算题】某工业企业为居民企业,假定2018年经营业务如下:产品销售收入为560万元,产品销售成本400万元;其他业务收入80万元,其他业务成本66万元;固定资产出租收入6万元;非增值税销售税金及附加32.4万元;当期发生的管理费用86万元,其中新技术的研究开发费用为30万元;财务费用20万元;权益性投资收益34万元(已在投资方所在地按15%的税率缴纳了所得税);营业外收入10万元,营业外支出25万元(其中含公益捐赠18万元)。

要求:计算该企业2018年应纳的企业所得税。

项目四　企业相关资产的税务处理

知识点
◎ 固定资产、无形资产的税务处理
◎ 长期待摊费用、存货的税务处理

技能点
◎ 掌握企业相关资产税务处理的应用
◎ 掌握特殊行业法定资产加速折旧的税务处理

课前十分钟——税收文化普及:《包藏祸端》

知识掌握

资产是由于资本投资而形成的财产,对于资本性支出以及无形资产受让、开办、开发费用,不允许作为成本、费用从纳税人的收入总额中做一次性扣除,只能采取分次计提折旧或分次返销的方式予以扣除,即纳税人经营活动中使用的固定资产的折旧费用、无形资产和长期待摊费用的摊销费用可以扣除。税法规定,纳入税务处理范围的资产形式主要有固定资产、生物资产、无形资产、长期待摊费用、投资资产、存货等,均以历史成本为计税基础。

一、一般行业固定资产的税务处理

固定资产是指企业为生产产品、提供劳务、出租或者经营管理而持有的、使用期限超过12个月的非货币性资产,包括房屋、建筑物、机器、机械、运输工具,以及其他与生产经营活动有关的设备、器

注意:

固定资产折旧,税法上和会计上在折旧范围、折旧基础、折旧年限、折旧方法、残值率的确定以及折旧起始时间点上都有着很大的差异。应密切注意财税的差异。

具、工具等。

（一）固定资产计税基础

（1）外购的固定资产，以购买价款和支付的相关税费以及直接归属于使该资产达到预定用途发生的其他支出为计税基础。

（2）自行建造的固定资产，以竣工结算前发生的支出为计税基础。

（3）融资租入的固定资产，以租赁合同约定的付款总额和承租人在签订租赁合同过程中发生的相关费用为计税基础，租赁合同未约定付款总额的，以该资产的公允价值和承租人在签订租赁合同过程中发生的相关费用为计税基础。

（4）**盘盈的固定资产，以同类固定资产的重置完全价值为计税基础。**

（5）通过捐赠、投资、非货币性资产交换、债务重组等方式取得的固定资产，以该资产的公允价值和支付的相关费用为计税基础。

（6）改建的固定资产，除已足额提取折旧的固定资产和租入的固定资产以外的其他固定资产，以改建过程中发生的改建支出增加计税基础。

（二）固定资产折旧的范围

在计算应纳税所得额时，企业按照规定计算的固定资产折旧，准予扣除。下列固定资产不得计算折旧扣除：

（1）房屋、建筑物以外未投入使用的固定资产；

（2）以经营租赁方式租入的固定资产；

（3）以融资租赁方式租出的固定资产；

（4）已提足折旧继续使用的固定资产；

（5）与经营活动无关的固定资产；

（6）单独估价作为固定资产入账的土地；

（7）其他不得计提折旧扣除的固定资产。

（三）固定资产折旧的计提方法

（1）企业应当自固定资产投入使用月份的次月起计提折旧；停止使用的固定资产，应当从停止使用月份的次月起停止计提折旧。

（2）**企业应当根据固定资产的性质和使用情况，合理确定固定资产的预计净残值。固定资产的预计净残值一经确定，不得变更。**

（3）固定资产按照直线法计算的折旧，准予扣除。

（4）由于技术进步、产品更新换代较快的，常年处于强震动、高腐蚀状态的固定资产可以享受加速折旧。

（四）固定资产折旧的计提年限

除国务院财政、税务主管部门另有规定外，固定资产计算折旧的最低年限如下：

（1）房屋、建筑物，为20年。

（2）飞机、火车、轮船、机器、机械和其他生产设备，为10年。

（3）与生产经营活动有关的器具、工具、家具等，为5年。

（4）飞机、火车、轮船以外的运输工具，为4年。

（5）电子设备，为3年。

二、固定资产折旧特殊税务处理

企业在2018年1月1日至2020年12月31日期间新购进的设备、器具，**单位价值不超过500万元的**，允许一次性计入当期成本费用在计算应纳税所得额时扣除，不再分年度计算折旧。

> ➢ **所称设备、器具，是指除房屋、建筑物以外的固定资产**（以下简称固定资产）；所称购进，包括以货币形式购进或自行建造，其中以货币形式购进的固定资产包括购进的使用过的固定资产；以货币形式购进的固定资产，以购买价款和支付的相关税费以及直接归属于使该资产达到预定用途发生的其他支出确定单位价值，自行建造的固定资产，以竣工结算前发生的支出确定单位价值。
>
> ➢ **固定资产购进时点按以下原则确认**：以货币形式购进的固定资产，除采取分期付款或赊销方式购进外，按发票开具时间确认；以分期付款或赊销方式购进的固定资产，按固定资产到货时间确认；自行建造的固定资产，按竣工结算时间确认。

固定资产在投入使用月份的次月所属年度一次性税前扣除。

企业选择享受一次性税前扣除政策的，其资产的税务处理可与会计处理不一致。

企业根据自身生产经营核算需要，可自行选择享受一次性税前扣除政策。未选择享受一次性税前扣除政策的，以后年度不得再变更。

享受固定资产一次性税前扣除需要准备以下资料，留存备查：

微课视频：500万元以下固定资产税前一次扣除政策讲解

（1）有关固定资产购进时点的资料（如以货币形式购进固定资产的发票，以分期付款或赊销方式购进固定资产的到货时间说明，自行建造固定资产的竣工决算情况说明等）；

（2）固定资产记账凭证；

（3）核算有关资产税务处理与会计处理差异的台账。

单位价值超过500万元的固定资产，属于国家支持发展的十大行业，**新购进**的单位价值超过500万元的固定资产可以选择加速折旧或缩短折旧年限60%进行税务处理。

> 此次新政选择的十大行业包括生物药品制造业，专用设备制造业，铁路、船舶、航空航天和其他运输设备制造业，计算机、通信和其他电子设备制造业，仪器仪表制造业，信息传输、软件和信息技术服务业以及轻工、纺织、机械、汽车等行业。十大行业依据《国民经济行业分类（GB/T 4754-2011）》划分确定；享受加速折旧税收优惠政策的十大行业企业是指以上述行业业务为主营业务，其固定资产投入使用当年主营业务收入占企业收入总额50%（不含）以上的企业。

知识链接

500万元固定资产一次性税前扣除新政解读

1. 所有企业都可以适用"500万元以下一次性扣除"的优惠政策吗？

答：所有企业都适用。这里的"企业"，指企业所得税法中规定的所有企业。

2. "500万元以下一次性扣除"执行期限是如何规定的？

答：2018年1月1日至2020年12月31日。

3. 新购进的设备、器具中"新"如何理解？

答："新购进"中的"新"字，只是区别于原已购进的固定资产，不是规定非要购进全新的固定资产，使用过的旧的固定资产也可以。

4. 享受优惠的"设备、器具"指哪些固定资产？

答：本文第二条规定，"本通知所称设备、器具，是指除房屋、建筑物以外的固定资产。"简言之，就是除企业所得税法及其实施条例规定的"房屋、建筑物"不动产以外的动产固定资产。

参照实施条例第六十条规定,固定资产分为五大类:(一)房屋、建筑物;(二)飞机、火车、轮船、机器、机械和其他生产设备;(三)与生产经营活动有关的器具、工具、家具等;(四)飞机、火车、轮船以外的运输工具;(五)电子设备。

5. 单位价值不超过500万元如何来理解?

答:"单位价值"是一个、一台、一辆、一套等的价值,小于等于500万元。

6. 500万元是不含增值税价格,还是含增值税价格?

答:这个不能这么简单地理解购进的固定资产是含税还是不含税,具体看企业的实际情况,如果企业是一般纳税人,其取得的扣税凭证符合规定且该一般纳税人按规定进行了勾选认证抵扣了进项税额,那么,该固定资产的价格就是不含增值税的;如果其取得的是普通发票或取得了扣税凭证不符合规定或符合规定该纳税主动放弃抵扣的,则该固定资产的价格就是含增值税的。小规模纳税人购进固定资产不得抵扣,该固定资产的价格就是含增值税的。再或者,纳税人购进免税的固定资产,则该固定资产就是取得的发票票面价格。

7. A公司2018年1月份买了一辆小汽车,并取得当月开具的发票,价值100万元,增值税17万元(进项税已抵扣)是否允许一次性税前扣除?

答:可以一次性扣除,税法规定,在2018年1月1日至2020年12月31日期间新购进的设备、器具,单位价值不超过500万元的,允许一次性计入当期成本费用,在计算应纳税所得额时扣除。

8. B公司2017年12月购入机器设备,由于安装调试、验收等原因未取得发票,2018年5月取得了增值税发票,是否可以适用一次性扣除政策呢?

答:购进机械设备发票开具日期在2018年5月,可以适用一次性扣除政策。

固定资产取得方式不同,购买时点的确定也有所差别。在实际工作中,企业购置设备应以设备发票开具时间为准;采取分期付款或赊销方式取得设备,以设备到货时间为准;自行建造固定资产,原则上以建造工程竣工决算时间为准。

9. C公司2018年5月从二手设备市场购入价格200万元、税额32万元的设备一台,请问这台设备是否可以适用一次性扣除政策呢?

答:可以适用,只要是新购进的就可以,不一定是全新设备,也包括使用过的旧设备。

10. 购入设备的设备基础工程款、安装费、运输费等是否可以一次性扣除呢?

答:可以。实施条例第五十八条规定,固定资产按照以下方法确定计税基础:(一)外购的固定资产,以购买价款和支付的相关税费以及直接归属于使该资产达到预定用途发生的其他支出为计税基础;(二)自行建造的固定资产,以竣工结算前发生的支出为计税基础；

不能将设备单独一次性扣除，还要让附加的土建费、安装费、运输费等保留正常计提折旧处理。因此，是全部计入固定资产计税基础的都要适用一次性扣除政策。

11. 企业是否可以不选择一次性扣除优惠政策呢？

答：可以不选择，税法规定，允许一次性计入当期成本费用在计算应纳税所得额时扣除。用词是"允许"，不是"应当"。纳税人根据自身生产经营需要，可选择适用优惠政策，也可以选择放弃优惠政策。

12. 一次性税前扣除是否包括设备等的净残值一起扣除呢？

答：是的，包括净残值。

13. 企业预缴申报企业所得税时是否可以适用这个优惠政策？

答：可以，《国家税务总局关于发布修订后的〈企业所得税优惠政策事项办理办法〉的公告》（国家税务总局公告2018年第23号）规定，固定资产加速折旧或一次性扣除预缴享受。

14. 2018年汇算时一次性税前扣除优惠政策是否需要备案？

答：不需要。《国家税务总局关于发布修订后的〈企业所得税优惠政策事项办理办法〉的公告》（国家税务总局公告2018年第23号）规定，2017年度企业所得税汇算清缴及以后年度企业所得税优惠事项原备案资料全部作为留存备查资料，保留在企业，以备税务机关后续核查时根据需要提供。

15. 新购进符合税法规定一次性税前扣除的固定资产会计上可以直接计入费用吗？

答：不可以，固定资产的确认、计量等需要按照现行的会计制度、准则处理，需要通过固定资产科目处理，正常计提折旧。如果企业适用一次性税前扣除政策将一定产生"税会差异"，按照申报表通过填报的方式来调整。会计上按会计规定处理、税务上按税法规定处理，不能混淆。

三、无形资产的税务处理

无形资产是指企业长期使用、但没有实物形态的资产，包括专利权、商标权、著作权、土地使用权、非专利技术、商誉等。

（一）无形资产的计税基础

无形资产按照以下方法确定计税基础：

（1）外购的无形资产，以购买价款和支付的相关税费，以及直接归属于使该资产达到预定用途发生的其他支出为计税基础；

（2）自行开发的无形资产，以开发过程中该资产符合资本化条件后至达到预定用途前发生的支出为计税基础；

（3）通过捐赠、投资、非货币性资产交换、债务重组等方式取得的无形资产，以该资产的公允价值和支付的相关税费为计算基础。

微课视频：政策性
搬迁税务处理
来源：中财讯

（二）无形资产摊销的范围

在计算应纳税所得额时，企业按照规定计算的无形资产摊销费用，准予扣除。

下列无形资产不得计算摊销费用扣除：

（1）自行开发的支出已在计算应纳税所得额时扣除的无形资产；

（2）自创商誉；

（3）与经营活动无关的无形资产；

（4）其他不得计算摊销费用扣除的无形资产。

（三）无形资产的摊销方法及年限

无形资产的摊销采取直线法计算。无形资产的摊销年限不得低于10年。作为投资或者受让的无形资产，有关法律规定或者合同约定了使用年限的，可以按照规定或者约定的使用年限分期摊销。外购商誉的支出，在企业整体转让或者清算时准予扣除。

四、长期待摊费用的税务处理

长期待摊费用，是指企业发生的应在一个年度以上或几个年度进行摊销的费用。在计算应纳税所得额时，企业发生的下列支出作为长期待摊费用，按照规定摊销的，准予扣除：

（1）已足额提取折旧的固定资产的改建支出；

（2）租入固定资产的改建支出；

（3）固定资产的大修理支出；

（4）其他应当作为长期待摊费用的支出。

企业的固定资产修理支出可在发生当期直接扣除。企业的固定资产改良支出，如果有关固定资产尚未提足折旧，可增加固定资产价值；如有关固定资产已提足折旧，可作为长期待摊费用，

思考：

企业自建办公楼装修的费用该如何处理？如果办公楼是租赁来的，装修费用又该如何处理？

在规定的期间内平均摊销。

大修理支出,按照固定资产尚可使用年限分期摊销。企业所得税法所指固定资产的大修理支出,是指同时符合下列条件的支出:

(1) 修理支出达到取得固定资产时的计税基础50%以上;

(2) 修理后固定资产的使用年限延长2年以上。

其他应当作为长期待摊费用的支出,自支出发生月份的次月起,分期摊销,摊销年限不得低于3年。

五、存货的税务处理

存货,是指企业持有以备出售的产品或者商品、处在生产过程中的在产品、在生产或者提供劳务过程中耗用的材料和物料等。

(一) 存货的计税基础

存货按照以下方法确定成本:

(1) 通过支付现金方式取得的存货,以购买价款和支付的相关税费为成本;

(2) 通过支付现金以外的方式取得的存货,以该存货的公允价值和支付的相关税费为成本;

(3) 生产性生物资产收获的农产品,以产出或者采收过程中发生的材料费、人工费和分摊的间接费用等必要支出为成本。

(二) 存货的成本计算方法

企业使用或者销售的存货的成本计算方法,可以在先进先出法、加权平均法、个别计价法中选用一种。计价方法一经选用,不得随意变更。

企业转计以上资产,在计算企业应纳税所得额时,资产的净值允许扣除。其中,资产的净值是指有关资产、财产的计税基础减除已经按照规定扣除的折旧、折耗、摊销、准备金等后的余额。

> **注意:**
> 存货的成本计算方法(只有先进先出法、加权平均法、个别计价法三种)在税法上的选择与会计准则的差别?

除国务院财政、税务主管部门另有规定外,企业在重组过程中,应当在交易发生时确认有关资产的转让所得或者损失,相关资产应当按照交易价格重新确定计税基础。

一、生物资产的税务处理

生物资产是指有生命的动物和植物。生物资产分为消耗性生物资产、生产性生物资产和公益性生物资产。消耗性生物资产,是指为出售而持有的,或在将来收获为农产品的生物资产,包括生长中的农田作物、蔬菜、用材林以及存栏待售的牲畜等。生产性生物资产,是指为产出农产品、提供劳务或出租等目的而持有的生物资产,包括经济林、薪炭林、产畜和役畜等。公益性生物资产,是指以防护、环境保护为主要目的的生物资产,包括防风固沙林、水土保持林和水源涵养林等。

(一)生物资产的计税基础

生产性生物资产按照以下方法确定计税基础:

(1)外购的生产性生物资产,以购买价款和支付的相关税费为计税基础;

(2)通过捐赠、投资、非货币性资产交换、债务重组等方式取得的生产性生物资产,以该资产的公允价值和支付的相关税费为计税基础。

> **思考:**
> 中超足球俱乐部购买的球员,应计入俱乐部的什么资产?

(二)生物资产的折旧方法和折旧年限

生产性生物资产按照直线法计算的折旧,准予扣除。企业应当自生产性生物资产投入使用月份的次月起计算折旧;停止使用的生产性生物资产应当自停止使用月份的次月起停止计算折旧。

企业应当根据生产性生物资产的性质和使用情况,合理确定生产性生物资产的预计净残值。生产性生物资产的预计净残值一经确定,不得变更。

生产性生物资产计算折旧的最低年限:(1)林木类生产性生物资产,为10年;(2)畜类生产性生物资产,为3年。

二、投资资产的税务处理

投资资产,是指企业对外进行权益性投资和债权性投资而形成的资产。

（一）投资资产的成本

（1）通过支付现金方式取得的投资资产按照购买价款。

（2）通过支付现金以外的方式取得的投资资产依据公允价值以及支付的相关税费。

（二）投资资产成本的扣除方法

企业对外投资期间，投资资产的成本在计算应纳税所得额时不得扣除，企业在转让或者处置投资资产时，投资资产的成本准予扣除。

自2011年7月1日起，投资企业从被投资企业撤回或减少投资，其取得的资产中，相当于初始出资的部分，应确认为投资收回；相当于被投资企业累计未分配利润和累计盈余公积按减少实收资本比例计算的部分，应确认为股息所得；其余部分确认为投资资产转让所得。

微课视频：企业撤资注销怎么缴税
来源：中财讯

被投资企业发生的经营亏损，由被投资企业按规定结转弥补；投资企业不得调整减低其投资成本，也不得将其确认为投资损失。

实操训练

苏州瑞德酒业有限公司2019年年初对2018年的所得税汇算清缴时发现当年发生的相关资产的资料如下：

1. 2018年6月外购一生产白酒的设备150万元，使用年限为10年，采用加速折旧法，折旧费用已分别计入相关费用，在所得税预缴时并全部税前扣除。

2. 接受捐赠一台设备，账面价值40万元，已提折旧12万元。公允价值30万元并支付的接受捐赠的相关费用2.5万元。公司按资产净值计税。

3. 2016年4月自行研发的一专利技术（开发成本共50万元）已于2018年4月摊销完毕。

4. 2018年6月外购的一批原材料由于价格上涨，根据谨慎性原则采用后进先出法，相关成本分别计入相关科目，在所得税预缴时并全部税前扣除。

公司会计面对汇算清缴，该如何调整呢？

实操分析

通过任务描述,本任务主要涉及企业相关资产的所得税处理的知识,具体有固定资产、生物资产、无形资产、长期待摊费用、投资资产、存货等,税法对上述资产项目在税务处理上有着严格的规定,因此,我们要解决公司的问题,首先应详细了解相关的知识。

1. 税法规定,固定资产按照直线法计算的折旧,准予扣除。公司外购一生产白酒的设备采用了加速折旧法,折旧费用已分别计入相关费用,在所得税预缴时并全部税前扣除。由于其单位价值没有超过500万元,企业可以选择在汇算清缴时一次税前扣除,将在所得税预缴时多扣除的部分调增。

2. 接受捐赠的设备公司按资产净值28万元计税是错误的。税法规定,通过捐赠、投资、非货币性资产交换、债务重组等方式取得的固定资产,以该资产的公允价值和支付的相关费用为计税基础。所以,应按32.5万元计税。

3. 税法规定,无形资产的摊销采取直线法计算。无形资产的摊销年限不得低于10年。而公司2016年4月自行研发的一专利技术到2018年4月才2年就摊销完毕,显然不正确。

4. 税法规定,企业使用或者销售的存货的成本计算方法,可以在先进先出法、加权平均法、个别计价法中选用一种。2018年6月外购的一批原材料采用后进先出法,不符合规定。在汇算清缴时应按新的存货计算方法重新调整,将在所得税预缴时多扣除的部分调增。

思考与练习

1. 【单选题】根据企业所得税法的规定,以下关于资产税务处理的表述,说法正确的是(   )。

    A. 生物性资产计提折旧的起止时间与固定资产相同

    B. 企业使用或者销售的存货的成本计算方法,可以选用后进先出法

    C. 单独估价作为固定资产入账的土地,可以提取折旧

    D. 固定资产的残值率,统一为原价的5%

2. 【单选题】加速折旧属于税法规定的企业所得税税收优惠方式之一,其中采取缩短折旧年限方法的,最低折旧年限不得低于规定折旧年限的(   )。

    A. 60%   B. 40%   C. 50%   D. 70%

项目五　企业所得税税收优惠政策

知识点
◎ 企业所得税的税收优惠政策
◎ 小微企业企业所得税的税收优惠政策

技能点
◎ 掌握企业所得税的税收优惠政策的运用
◎ 掌握企业所得税中研发费加计扣除政策的运用

课前十分钟——税收文化普及：《按图索税》

 知识掌握

税收优惠，是指国家运用税收政策在税收法律、行政法规中规定对某一部分特定企业和课税对象给予减轻或免除税收负担的一种措施。税法规定的企业所得税的税收优惠方式包括免税、减税、加计扣除、加速折旧、减计收入、税额抵免等。

一、免征与减征优惠

企业的下列所得，可以免征、减征企业所得税。企业如果从事国家限制和禁止发展的项目，不得享受企业所得税优惠。

（一）企业的下列收入为免税收入

（1）国债利息收入；
（2）符合条件的居民企业之间的股息、红利等权益性投资收益；<u>不包括连续持有居</u>

民企业公开发行并上市流通的股票不足12个月取得的投资收益；

（3）在中国境内设立机构、场所的非居民企业从居民企业取得与该机构、场所有实际联系的股息、红利等权益性投资收益；

（4）符合条件的非营利组织的收入。

（二）从事农、林、牧、渔业项目的所得

企业从事农、林、牧、渔业项目的所得，包括免征和减征两部分。

（三）从事国家重点扶持的公共基础设施项目投资经营的所得

企业从事国家重点扶持的港口码头、机场、铁路、公路、电力、水利等公共基础设施项目的投资经营的所得，自项目取得第一笔生产经营收入所属纳税年度起，第一年至第三年免征企业所得税，第四年至第六年减半征收企业所得税。

微课视频：公共基础设施的三三优惠
来源：中财讯

（四）从事符合条件的环境保护、节能节水项目的所得

环境保护、节能节水项目的所得，自项目取得第一笔生产经营收入所属纳税年度起，第一年至第三年免征企业所得税，第四年至第六年减半征收企业所得税。

符合条件的环境保护、节能节水项目，包括公共污水处理、公共垃圾处理、沼气综合开发利用、节能减排技术改造、海水淡化等。

（五）符合条件的技术转让所得

企业所得税法所称符合条件的技术转让所得免征、减征企业所得税，是指一个纳税年度内，居民企业转让技术所有权所得不超过500万元的部分，免征企业所得税；超过500万元的部分，减半征收企业所得税。

注意：

符合条件的技术转让所得可以享受税收减免。请查阅资料，这里的"符合条件"应符合哪些条件？

二、高新技术企业优惠

国家需要重点扶持的高新技术企业减按15%的所得税税率征收企业所得税。

微课视频：高新技术企业税收优惠注意事项（上集）

微课视频：高新技术企业税收优惠注意事项（下集）

三、小型微利企业优惠

减低税率优惠： 符合条件的小型微利企业，减按20%的税率征收企业所得税。

减半征税优惠： 自2019年1月1日至2021年12月31日，对小型微利企业年应纳税所得额不超过100万元的部分，减按25%计入应纳税所得额，按20%的税率缴纳企业所得税（相当于减按5%的税率缴纳企业所得税）；对年应纳税所得额超过100万元但不超过300万元的部分，减按50%计入应纳税所得额，按20%的税率缴纳企业所得税（相当于减按10%的税率缴纳企业所得税）。

小型微利企业的条件如下：

小型微利企业是指从事国家非限制和禁止行业，且同时符合年度应纳税所得额不超过300万元、从业人数不超过300人、资产总额不超过5 000万元等三个条件的企业。

举例说明，一个年应纳税所得额为300万元的企业，此前不在小型微利企业范围之内，需要按25%的法定税率缴纳企业所得税75万元（300×25%=75万元），按照新出台的优惠政策，如果其从业人数和资产总额符合条件，其仅需缴纳企业所得税25万元（100×25%×20%+200×50%×20%=25万元），所得税负担大幅减轻。

四、加计扣除优惠

加计扣除优惠包括两项内容：研究开发费和企业安置残疾人员所支付的工资。

研究开发费，是指企业为开发新技术、新产品、新工艺发生的研究开发费用，未形成无形资产计入当期损益的，在按照规定据实扣除的基础上，按照研究开发费用的75%加计扣除；形成无形资产的，按照无形资产成本的175%摊销。

企业安置残疾人员所支付的工资，是指企业安置残疾人员的，在按照支付给残疾职工工资据实扣除的基础上，**按照支付给残疾职工工资的100%加计扣除**。

微课视频：研发费用加计扣除优惠政策（上集）

微课视频：研发费用加计扣除优惠政策（下集）

五、创投企业优惠

创投企业从事国家需要重点扶持和鼓励的创业投资，可以按投资额的一定比例抵扣应纳税所得额。

微课视频：创投企业税收优惠政策
来源：中财讯

创投企业优惠，是指创业投资企业采取股权投资方式投资于未上市的中小高新技术企业2年以上的，可以按照其投资额的70%在股权持有满2年的当年抵扣该创业投资企业的应纳税所得额，当期不足抵扣的，可以在以后纳税年度结转抵扣。

六、加速折旧优惠

除了国家鼓励发展的十个行业的固定资产可以加速折旧外，其他传统行业企业的固定资产由于技术进步等原因，确需加速折旧的，可以缩短折旧年限或者采取加速折旧的方法。可采用以上折旧方法的固定资产是指：（1）由于技术进步，产品更新换代较快的固定资产；（2）常年处于强震动、高腐蚀状态的固定资产。

采取缩短折旧年限方法的，最低折旧年限不得低于规定折旧年限的60%；采取加速折旧方法的，可以采取双倍余额递减法或者年数总和法。

七、减计收入优惠

减计收入优惠，是企业综合利用资源，生产符合国家产业政策规定的产品所取得的收入，可以在计算应纳税所得额时减按90%计入收入总额。

八、税额抵免优惠

税额抵免，是指企业购置并实际使用《环境保护专用设备企业所得税优惠目录》、《节能节水专用设备企业所得税优惠目录》和《安全生产专用设备企业所得税优惠目录》规定的环境保护、节能节水、安全生产等专用设备的，该专用设备的投资额的10%可以从企业当年的应纳税额中抵免；当年不足抵免的，可以在以后5个纳税年度结转抵免。

企业购置上述专用设备在5年内转让、出租的，应当停止享受企业所得税优惠，并补缴已经抵免的企业所得税税款。

九、民族自治地方的优惠

民族自治地方的自治机关对本民族自治地方的企业应缴纳的企业所得税中属于地方分享的部分，可以决定减征或者免征。自治州、自治县决定减征或者免征的，须报省、自治区、直辖市人民政府批准。

十、非居民企业优惠

非居民企业减按10%的所得税税率征收企业所得税。

十一、资源综合利用优惠

企业以《资源综合利用企业所得税优惠目录》（以下简称《目录》）中所列资源为主要原材料，生产《目录》内符合国家或行业相关标准的产品取得的收入，在计算应纳税所得额时，减按90%计入当年收入总额。

微课视频：资源综合利用税收优惠
来源：中财讯

十二、税收优惠的管理

企业所得税优惠，是指企业所得税法规定的优惠事项，以及税法授权国务院和民族自治地方制定的优惠事项，包括免税收入、减计收入、加计扣除、加速折旧、所得减免、抵扣应纳税所得额、减低税率、税额抵免、民族自治地方分享部分减免等。

企业享受优惠事项采取"自行判别、申报享受、相关资料留存备查"的办理方式。企业应当根据经营情况以及相关税收规定自行判断是否符合优惠事项规定的条件，符合条件的可以按照《目录》列示的时间自行计算减免税额，并通过填报《企业所得税纳税申报表》享受税收优惠。同时，按照相关规定归集和留存相关资料备查。

留存备查资料是指与企业享受优惠事项有关的合同、协议、凭证、证书、文件、账册、说明等资料。留存备查资料分为主要留存备查资料和其他留存备查资料两类。主要留存备查资料由企业按照《目录》列示的资料清单准备，其他留存备查资料由企业根据享受优惠事项情况自行补充准备。

微课视频：资产划转的企业所得是问题

企业享受优惠事项的，应当在完成年度汇算清缴后，将留存备查资料归集齐全并整理完成，以备税务机关核查。

企业同时享受多项优惠事项或者享受的优惠事项按照规定分项目进行核算的，应当按照优惠事项或者项目分别归集留存备查资料。

研发费加计扣除的税务处理

(一)研发费加计扣除相关政策

企业所得税法及其实施条例规定,企业开发新技术、新产品、新工艺发生的研究开发费用,可以在计算应纳税所得额时加计扣除。企业为开发新技术、新产品、新工艺发生的研究开发费用,未形成无形资产计入当期损益的,在按照规定据实扣除的基础上,按照研究开发费用的75%加计扣除;形成无形资产的,按照无形资产成本的175%摊销。

事项	关 键 点	
定义		研发活动,是指企业为获得科学与技术新知识,创造性运用科学技术新知识,或实质性改进技术、产品(服务)、工艺而持续进行的具有明确目标的系统性活动。 企业开展研发活动中实际发生的研发费用,未形成无形资产计入当期损益的,在按规定据实扣除的基础上,按照本年度实际发生额的75%,从本年度应纳税所得额中扣除;形成无形资产的,按照无形资产成本的175%在税前摊销。
允许加计扣除的研发费用	1.人员人工费用	直接从事研发活动人员的工资薪金、基本养老保险费、基本医疗保险费、失业保险费、工伤保险费、生育保险费和住房公积金,以及外聘研发人员的劳务费用。
	2.直接投入费用	(1)研发活动直接消耗的材料、燃料和动力费用。 (2)用于中间试验和产品试制的模具、工艺装备开发及制造费,不构成固定资产的样品、样机及一般测试手段购置费,试制产品的检验费。 (3)用于研发活动的仪器、设备的运行维护、调整、检验、维修等费用,以及通过经营租赁方式租入的用于研发活动的仪器、设备租赁费。 (4)以经营租赁方式租入的用于研发活动的仪器、设备,同时用于非研发活动的,企业应对其仪器设备使用情况做必要记录,并将其实际发生的租赁费按实际工时占比等合理方法在研发费用和生产经营费用间分配,未分配的不得加计扣除。 (5)企业研发活动直接形成产品或作为组成部分形成的产品对外销售的,研发费用中对应的材料费用不得加计扣除。产品销售与对应的材料费用发生在不同纳税年度且材料费用已计入研发费用的,可在销售当年以对应的材料费用发生额直接冲减当年的研发费用,不足冲减的,结转以后年度继续冲减。
	3.折旧费用	(1)用于研发活动的仪器、设备的折旧费。 (2)企业用于研发活动的仪器、设备,符合税法规定且选择加速折旧优惠政策的,在享受研发费用税前加计扣除政策时,就税前扣除的折旧部分计算加计扣除。

（续表）

事项	关 键 点	
允许加计扣除的研发费用	4. 无形资产摊销	（1）用于研发活动的软件、专利权、非专利技术（包括许可证、专有技术、设计和计算方法等）的摊销费用。 （2）用于研发活动的无形资产，符合税法规定且选择缩短摊销年限的，在享受研发费用税前加计扣除政策时，就税前扣除的摊销部分计算加计扣除。
	5. 新产品设计费、新工艺规程制定费、新药研制的临床试验费、勘探开发技术的现场试验费。	
	6. 其他相关费用	与研发活动直接相关的其他费用，如技术图书资料费、资料翻译费、专家咨询费、高新科技研发保险费，研发成果的检索、分析、评议、论证、鉴定、评审、评估、验收费用，知识产权的申请费、注册费、代理费，差旅费、会议费、职工福利费、补充养老保险费、补充医疗保险费。此项费用总额不得超过可加计扣除研发费用总额的10%。
	7. 财政部和国家税务总局规定的其他费用。	
不适用税前加计扣除	1. 企业产品（服务）的常规性升级。	
	2. 对某项科研成果的直接应用，如直接采用公开的新工艺、材料、装置、产品、服务或知识等。	
	3. 企业在商品化后为顾客提供的技术支持活动。	
	4. 对现存产品、服务、技术、材料或工艺流程进行的重复或简单改变。	
	5. 市场调查研究、效率调查或管理研究。	
	6. 作为工业（服务）流程环节或常规的质量控制、测试分析、维修维护。	
	7. 社会科学、艺术或人文学方面的研究。	
不适用税前加计扣除政策的行业	1. 烟草制造业。	行业以《国民经济行业分类（GB/T 4754-2011）》为准，并随之更新。
	2. 住宿和餐饮业。	
	3. 批发和零售业。	
	4. 房地产业。	
	5. 租赁和商务服务业。	
	6. 娱乐业。	
	7. 财政部和国家税务总局规定的其他行业。	
特别事项的处理	委托研发	企业委托外部机构或个人进行研发活动所发生的费用，按照费用实际发生额的80%计入委托方研发费用并计算加计扣除，受托方不得再进行加计扣除。委托外部研究开发费用实际发生额应按照独立交易原则确定。 委托方与受托方存在关联关系的，受托方应向委托方提供研发项目费用支出明细情况。委托境外进行研发活动所发生的费用，按照费用实际发生额的80%计入委托方的委托境外研发费用。委托境外研发费用不超过境内符合条件的研发费用三分之二的部分，可以按规定在企业所得税前加计扣除。

(续表)

事项		关　键　点
特别事项的处理	合作研发	企业共同合作开发的项目，由合作各方就自身实际承担的研发费用分别计算加计扣除。
	集团研发	企业集团根据生产经营和科技开发的实际情况，对技术要求高、投资数额大，需要集中研发的项目，其实际发生的研发费用，可以按照权利和义务相一致、费用支出和收益分享相配比的原则，合理确定研发费用的分摊方法，在受益成员企业间进行分摊，由相关成员企业分别计算加计扣除。
	创意设计活动	企业为获得创新性、创意性、突破性的产品进行创意设计活动而发生的相关费用，可按照相关规定进行税前加计扣除。创意设计活动是指多媒体软件、动漫游戏软件开发，数字动漫、游戏设计制作；房屋建筑工程设计（绿色建筑评价标准为三星）、风景园林工程专项设计；工业设计、多媒体设计、动漫及衍生产品设计、模型设计等。
会计核算要求		企业应按照国家财务会计制度要求，对研发支出进行会计处理；同时，对享受加计扣除的研发费用按研发项目设置辅助账，准确归集核算当年可加计扣除的各项研发费用实际发生额。企业在一个纳税年度内进行多项研发活动的，应按照不同研发项目分别归集可加计扣除的研发费用。
		企业应对研发费用和生产经营费用分别核算，准确、合理归集各项费用支出，对划分不清的，不得实行加计扣除。
管理事项及征管要求		1. 企业取得的政府补助，会计处理时采用直接冲减研发费用方法且税务处理时未将其确认为应税收入的，应按冲减后的余额计算加计扣除金额。 2. 企业取得研发过程中形成的下脚料、残次品、中间试制品等特殊收入，在计算确认收入当年的加计扣除研发费用时，应从已归集研发费用中扣减该特殊收入，不足扣减的，加计扣除研发费用按零计算。 3. 企业开展研发活动中实际发生的研发费用形成无形资产的，其资本化的时点与会计处理保持一致。 4. 失败的研发活动所发生的研发费用可享受税前加计扣除政策。 5. 国家税务总局公告2015年第97号第三条所称"研发活动发生费用"是指委托方实际支付给受托方的费用。无论委托方是否享受研发费用税前加计扣除政策，受托方均不得加计扣除。 6. 委托方委托关联方开展研发活动的，受托方需向委托方提供研发过程中实际发生的研发项目费用支出明细情况。

（二）加计扣除方式案例

【例1】某企业2018年度收入为200万元，纳税调整可扣除成本费用为120万元，其中符合条件的研发费用为40万元，当年应纳税所得额为80万元：

情形A：不加计

应纳税额=（200－120）×25%=20（万元）

情形B：可以加计

应纳税额=(200－120－40×75%)×25%=12.5（万元）

节省税额：加计扣除额×税率=30×25%=7.5（万元）

【例2】2018年某劳务派遣公司向A企业派遣5人，企业根据合同规定支付劳务费120万元（已取得相关发票），根据劳务派遣公司提供的《劳务派遣单位派遣员工工资薪金及费用明细表》，120万元劳务费中：工资薪金86万元、五险一金15万元（其中住房公积金3万元）、补充养老保险4万元（无补充医疗保险）、补充住房公积金2万元、职工福利费5万元、职工教育经费1万元、工会经费1万元，管理费6万元。若A企业将外聘5人全部作为研发人员参与甲项目的研发。则2017年甲项目可归集的外聘人员的人工费用103万元（86+15+2），甲项目可归入其他相关费用外聘人员费用9万元（4+5）。

若派遣人员中同时从事非研发活动的，企业应对其人员活动情况做必要记录，并将其实际发生的相关费用按实际工时占比等合理方法在研发费用和生产经营费用间分配，未分配的不得加计扣除。

【例3】2015年2月，C公司与客户甲公司签订合同生产某设备。该设备某项关键技术需要进行研发，C公司对该研发项目进行自主研发项目立项（X项目）。假设生产周期为3年。

2016年C公司发生研发支出100万元，其中X项目领用材料30万元。假设全部费用化，不考虑其他因素。2016年C公司可加计扣除的研发费用为100万元，当期实际加计扣除额50万元。

2017年C公司发生研发支出80万元，其中X项目领用材料20万元（研发成功并交付生产部门）。假设全部费用化，不考虑其他因素。2017年C公司可加计扣除研发费用为80万元，当期实际加计扣除额40万元。

2018年10月完工并按合同约定交付给甲公司，取得设备价款1 000万元。当年发生研发支出150万元。假设全部费用化，不考虑其他因素。2018年C公司可加计研发费用为100万元（150－30－20），当期实际加计扣除额50万元。

【例4】A公司2018年研发XX工艺技术，发生费用化的研发费用500万元（均符合加计扣除相关规定），当年处置以前年度研发过程中形成下脚料、残次品、中间试制品一批，取得收入100万元，则2018年度A公司可加计扣除的研发费用为400万元（500－100），加计扣除额为200万元。

【例5】甲汽车制造企业2017年12月购入并投入使用一专门用于研发活动的设备，单位价值1 200万元，会计处理按8年折旧，税法上规定的最低折旧年限为10年，不考虑残值。甲企业对该项设备选择缩短折旧年限的加速折旧方式，折旧年限缩短为6年（10×60%=6）。2018年企业会计处理计提折旧额150万元（1 200/8=150），税收上因享受加速折旧优惠可以扣除的折旧额是200万元（1 200/6=200），若该设备6年内用途未发生变化，每年均符合加计扣除政策规定，则企业在6年内每年直接就其税前扣除"仪器、设备折旧费"200万元进行加计扣除100万元（200×50%=100）。

【例6】甲企业执行《企业会计准则》，将政府补助作为相关成本费用扣减。2018年收到政府补助300万元，当年用于研究开发某项目，研究阶段发生支出500万元，并结转管理费用，扣减后研发支出200万元。

若甲企业在企业所得税年度纳税申报时将政府补助确认为应税收入，同时调增研发费用支出，则当年加计扣除的基数为500万元，加计扣除额为250万元。

若企业在企业所得税年度纳税申报时将收到的政府补助300万元作为不征税收入，则当年加计扣除的基数为200万元，加计扣除额为100万元。

实操训练

瑞德集团2018年5月初想在苏州工业园区投资注册一家高新技术企业，不知企业在投资方向、注册地点、企业规模、用工性质、科技研发等方面在新税法中有哪些优惠政策，于是便咨询了瑞德企业管理咨询有限公司的税务师张文。如果你是张文，该如何回答瑞德集团的咨询呢？

实操分析

企业所得税法已于2008年1月1日正式实施，统一了税收优惠政策，实行"产业优惠为主，区域优惠为辅"的新体系。新企业所得税法改变了原有单一的区域性税收优惠体制，转向实行更具效率的"以产业优惠为主，区域优惠为辅"的新体系，更加关注能够有效提高社会生产的技术水平、提升产业链和实现可持续发展目标的产业，并在很多方面为相关政府部门制定具体实施办法提供了较大的灵活性，从而显著提高税收优惠的激励作用。因此，我们只有充分了解新税法的优惠政策,才能对企业的发展有着更大的帮助。

　　由于是新设立的公司,因此我们可以更方便地利用所得税的优惠政策来指导新公司的规划。苏州工业园区是国家级高新技术开发区,这本身就是一个国家在税收上有倾向的区域,同时新公司也准备是注册为一家高新技术企业,在企业投资性质上国家也是鼓励和扶持的。另外,我们可以利用新公司在企业规模、用工性质、科技研发等方面的调整来享受国家的税收优惠。

思考与练习

1. 【单选题】下列项目中,可以免征企业所得税的有(　　)。
   A. 非营利组织从事营利性活动取得的收入
   B. 社会团体按照省级民政、财政部门规定收取的会费
   C. 学校与外单位联合创办企业的收入
   D. 非货币性资产抵债的收入

2. 【多选题】下列关于企业所得税的优惠政策中,说法错误的有(　　)。
   A. 企业购置并实际使用规定的环境保护、节能节水、安全生产等专用设备的,该专用设备的投资额的40%可以从企业当年的应纳税额中抵免
   B. 创投企业从事国家需要重点扶持和鼓励的创业投资,可以按投资额的70%在投资当年抵扣应纳税所得额
   C. 企业综合利用资源,生产符合国家产业政策规定的产品所取得的收入,可以在计算应纳税所得额时减计收入10%
   D. 企业安置残疾人员所支付的工资,按支付给残疾职工工资的50%加计扣除

3. 【多选题】企业的下列各项所得中,可以免征或减征企业所得税的有(　　)。
   A. 从事农、林、牧、渔业项目的所得
   B. 从事国家重点扶持的公共基础设施项目投资经营的所得
   C. 从事符合条件的环境保护、节能节水项目的所得
   D. 资产转让所得

4. 【多选题】下列各项中,在计算应纳税所得额时可以加计扣除的有(　　)。
   A. 企业开发新技术、新产品、新工艺发生的研究开发费用

B. 创业投资企业从事国家需要重点扶持和鼓励的创业投资项目

C. 企业综合利润资源,生产符合国家产生政策规定的产品

D. 企业安置残疾人员及国家鼓励的其他就业人员所支付的工资

5.【多选题】根据企业所得税的规定,以下关于税收优惠的说法中,正确的有(　　)。

A. 企业从事国家重点扶持的公共基础设施项目的投资经营的所得,自项目取得第一笔生产经营收入所属年度起,享受三年免税、三年减半的优惠政策

B. 企业从事环境保护、节能节水项目的所得,自获利年度起,享受三年免税、三年减半的优惠政策

C. 企业综合利润资源,生产符合国家产业政策规定的产品所取得的收入,可以在计算应纳税所得额时减按90%计入收入总额

D. 小型微利企业减按15%的税率征收企业所得税

6.【计算题】企业为增值税一般纳税人,员工30人,注册资本50万元。主营办公用品。2018年有关经营情况和纳税情况如下:

(1) 销售办公用品开具专用发票150万元,开具普通发票58.5万元,以物换货取得原材料一批,换出资产公允价值20万元(不含税),企业已经确认收入,出租商铺,取得租金收入10万元;

(2) 销售成本120万元,增值税26.84万元,税金及附加2.96万元;

(3) 销售费用60万元,其中业务宣传费5万元,自制凭证支付给单位销售员佣金2万元;

(4) 管理费用20万元,其中业务招待费5.5万元;

(5) "财务费用"账户列支20万元,其中:2018年6月1日向非金融企业借入资金200万元用于厂房扩建,借款期限7个月,当年支付利息12万元,该厂房于9月底竣工结算并交付使用,同期银行贷款年利率为6%。

不考虑其他税费,该企业已经按规定取得所得税优惠审批,根据以下问题分别计算:

(1) 该企业所得税前可以扣除的销售费用(　　)万元。

　　A. 27.18　　　B. 29.98　　　C. 58　　　D. 60

(2) 该企业所得税前可以扣除的管理费用(　　)万元。

　　A. 7.48　　　B. 15.65　　　C. 20.56　　　D. 21.15

(3) 该企业税前可以扣除的财务费用(　　)万元。

　　A. 11　　　B. 27　　　C. 28　　　D. 31

(4) 该企业应纳所得税税额(　　)万元。

　　A. 4.48　　　B. 1.12　　　C. 2.24　　　D. 16

项目六 税款的申报缴纳

知识点
◎ 纳税地点
◎ 纳税期限

技能点
◎ 掌握纳税申报表的填写
◎ 掌握纳税申报的工作流程

课前十分钟——税收文化普及:《一币之力》

 知识掌握

一、纳税地点

除税收法律、行政法规另有规定外,居民企业以企业登记注册地为纳税地点;登记注册地在境外的,以实际管理机构所在地为纳税地点。

居民企业在中国境内设立不具有法人资格的营业机构的,应当汇总计算并缴纳企业所得税。企业汇总计算并缴纳企业所得税时,应当统一核算应纳税所得额,具体办法由国务院财政、税务主管部门另行制定。

非居民企业在中国境内设立机构、场所的,应当就其所设机构、场所取得的来源于中国境内的所得,以及发生在中国境外但与其所设机构、场所有实际联系的所得,以机构、场所所在地为纳税地点。非居民企业在中国境内设立两个或者两个以上机构、场所的,经税务机关审核批准,可以选择由其主要机构、场所汇总缴纳企业所得税。

非居民企业在中国境内未设立机构、场所的,或者虽设立机构、场所但取得的所得与其所设机构、场所没有实际联系的所得,以扣缴义务人所在地为纳税地点。

除国务院另有规定外,企业之间不得合并缴纳企业所得税。

二、纳税期限

企业所得税按年计征,分月或者分季预缴,年终汇算清缴,多退少补。

企业所得税的纳税年度,自公历每年1月1日起至12月31日止。企业在一个纳税年度的中间开业,或者由于合并、关闭等原因终止经营活动,使该纳税年度的实际经营期不足12个月的,应当以其实际经营期为一个纳税年度。企业清算时,应当以清算期间作为一个纳税年度。

自年度终了之日起5个月内,向税务机关报送《中华人民共和国企业所得税年度纳税申报表》,并汇算清缴,结清应缴应退税款。

企业在年度中间终止经营活动的,应当自实际经营终止之日起60日内,向税务机关办理当期企业所得税汇算清缴。

三、纳税申报

按月或按季预缴的,应当自月份或者季度终了之日起15日内,向税务机关报送《中华人民共和国企业所得税月(季)度预缴纳税申报表》,预缴税款。

企业应当在办理注销登记前,就清算所得向税务机关申报并依法缴纳企业所得税。

依照企业所得税法缴纳的企业所得税,以人民币计算。所得以人民币以外的货币计算的,应当折合成人民币算并缴纳税款。

企业在纳税年度内无论盈利或者亏损,都应当依照企业所得税法规定期限,向税务机关报送《中华人民共和国企业所得税月(季)度预缴纳税申报表》、《中华人民共和国企业所得税年度纳税申报表》、财务会计报告和税务机关规定应当报送的其他有关资料。

 实操训练

苏州瑞德百货有限公司2018年10月在苏州工业园区时代广场租赁一间2 000平方米的门面,设立苏州瑞德百货有限公司工业园区分公司,当年第四季度实现盈利1 200万元,而苏州瑞德百货有限公司总部第四季度却亏损400万元。苏州瑞德百货有限公司新聘用的税务会计小徐认为:分公司盈利了就应该依法纳税,由于公司是按季度预缴,于是小徐就准备好相关的报表,准备在2019年1月20日到工业园区国税局申报预缴分公司第四季度的税款。总公司亏损了显然不需要纳税,也就没有必要再去苏州市沧浪区税务局了。请你评价小徐的想法正确吗?

> 本任务主要涉及企业所得税的纳税期限和纳税地点的相关知识,我们只要把握相关知识,也就能够合理分析小徐的观点。
>
> 税法规定,居民企业在中国境内设立不具有法人资格的营业机构的,应当汇总计算并缴纳企业所得税。由于园区的瑞德百货是不具有法人资格的分公司,无须在工业园区国税局预缴,应该与总公司汇总到总公司注册地主管税务机关——苏州市沧浪区国家税务局申报纳税。
>
> 税法规定,企业在纳税年度内无论盈利或者亏损,都应当依照企业所得税法规定期限,向税务机关报送预缴企业所得税纳税申报表、年度企业所得税纳税申报表、财务会计报告和税务机关规定应当报送的其他有关资料。即使总公司不与分公司汇总纳税,亏损的企业也应该申报预缴。
>
> 税法规定,按月或按季预缴的,应当自月份或者季度终了之日起15日内,向税务机关报送预缴企业所得税纳税申报表,预缴税款。由于瑞德百货是按季预缴,2018年第四季度的所得税款应该在2019年1月15日前申报,而不是小徐准备的1月20日。
>
> 经汇总,瑞德百货第四季度实现利润为:1 200+(-400)=800万元。小徐应在2019年1月15日前到苏州市沧浪区国税局申报预缴税款。

思考与练习

1.【多选题】以下关于企业所得税征收管理的规定正确的有(　　　)。

   A. 非居民企业在中国境内设立机构、场所取得的所得,以机构、场所所在地为纳税地点

   B. 居民企业在中国境内设立不具有法人资格的营业机构的,应当汇总计算并缴纳企业所得税

   C. 非居民企业在中国境内设立两个或者两个以上机构、场所的,经税务机关审核批准,可以选择由其主要机构、场所汇总缴纳企业所得税

D. 除国务院另有规定外,企业之间不得合并缴纳企业所得税

2. 【多选题】下列关于居民纳税人缴纳企业所得税纳税地点的表述中,说法正确的有( )。

A. 企业一般在实际经营管理地纳税

B. 企业一般在登记注册地纳税

C. 登记注册地在境外的,在登记注册地纳税

D. 登记注册地在境外的,在实际管理机构所在地纳税

模块五

个人所得税涉税业务

个人所得税是对个人(自然人)取得的各项应税所得征收的一种税。它最早于1799年在英国首创,目前世界上已有140多个国家开征了这一税种。我国的《中华人民共和国个人所得税法》(以下简称个人所得税法)诞生于1980年。1980年9月10日第五届全国人民代表大会第三次会议审议通过了个人所得税法,并同时公布实施。为了规范和完善对个人所得课税的制度,适应建立社会主义市场经济体制的要求,1993年10月31日第八届全国人民代表大会常务委员会第四次会议通过了《关于修改〈中华人民共和国个人所得税法〉的决定》,同时公布了修改后的《个人所得税法》,自1994年1月1日起施行。2000年9月,财政部、国家税务总局发布《国务院关于个人独资企业和合伙企业征收所得税问题的通知》有关"对个人独资企业和合伙企业停征企业所得税,只对其投资者的经营所得征收个人所得税"的规定。该规定明确从2000年1月1日起,个人独资企业和合伙企业投资者将依法缴纳个人所得税。2018年8月31日,第十三届全国人民代表大会常务委员会第五次会议通过《关于修改〈中华人民共和国个人所得税法〉的决定》第七次修正。

项目一　个人所得税纳税义务人身份确认

> **知识点**
> ◎ 居民纳税义务人的界定
> ◎ 非居民纳税义务人的界定
>
> **技能点**
> ◎ 掌握两种纳税义务人涉税业务的处理
> ◎ 掌握扣缴义务人涉税业务的处理

课前十分钟——税收文化普及:《万历万利》

 知识掌握

一、纳税人

在中国境内有住所,或者无住所而一个纳税年度内在中国境内居住累计满183天的个人,并从中国境内和境外取得所得的个人;在中国境内无住所又不居住,或者无住所而一个纳税年度内在中国境内居住累计不满183天的个人,但从中国境内取得所得的个人。

（1）个人所得税以所得人为纳税人,以支付所得的单位或个人为扣缴义务人。

（2）个人所得税的纳税人包括中国公民、个体工商户、外籍个人、香港、澳门、台湾同胞等。

提示：个人独资企业和合伙企业不缴纳企业所得税,其投资者为个人所得税的纳税人。

> ➤ 中国境内有住所,是指因户籍、家庭、经济利益关系而在中国境内习惯性居住;
> ➤ 从中国境内和中国境外取得的所得,分别是指来源于中国境内的所得和来源于中国境外的所得。
> ➤ 在中国境内居住的时间按照在中国境内停留的时间计算。

（3）**我国按照住所和居住时间两个标准,将个人所得税纳税人划分为居民个人和非居民个人**。居民个人承担无限纳税义务,非居民个人承担有限纳税义务。具体划分见下表。

纳税人类别	承担的纳税义务	判定标准
居民个人	负有无限纳税义务。其所取得的应纳税所得,无论是来源于中国境内还是中国境外任何地方,都要在中国境内缴纳个人所得税	在中国境内有住所,或者无住所而一个纳税年度内在中国境内居住累计满183天的个人
非居民个人	承担有限纳税义务,只就其来源于中国境内的所得,向中国缴纳个人所得税	在中国境内无住所又不居住,或者无住所而一个纳税年度内在中国境内居住累计不满183天的个人

自2000年1月1日起,个人独资企业和合伙企业投资者也为个人所得税的纳税义务人。

> **下列所得,不论支付地点是否在中国境内,均为来源于中国境内的所得:**
> （1）因任职、受雇、履约等而在中国境内提供劳务取得的所得;
> （2）在中国境内开展经营活动而取得与经营活动相关的所得;
> （3）将财产出租给承租人在中国境内使用而取得的所得;
> （4）许可各种特许权在中国境内使用而取得的所得;
> （5）转让中国境内的不动产、土地使用权取得的所得;转让对中国境内企事业单位和其他经济组织投资形成的权益性资产取得的所得;在中国境内转让动产以及其他财产取得的所得;
> （6）由中国境内企事业单位和其他经济组织以及居民个人支付或负担的稿酬所得、偶然所得;
> （7）从中国境内企事业单位和其他经济组织或者居民个人取得的利息、股息、红利所得。

在中国境内无住所的居民个人,在境内居住累计满183天的年度连续不满5年的,或满5年但其间有单次离境超过30天情形的,其来源于中国境外的所得,经向主管税务机关备案,可以只就由中国境内企事业单位和其他经济组织或者居民个人支付的部分缴纳个人所得税;在境内居住累计满183天的年度连续满5年的纳税人,且在5年内未发生单次离境超过30天情形的,从第六年起,在中国境内居住累计满183天的,应当就其来源于中国境外的全部所得缴纳个人所得税。

在中国境内无住所,且在一个纳税年度中在中国境内连续或者累计居住不超过90天的个人,其来源于中国境内的所得,由境外雇主支付并且不由该雇主在中国境内的机构、场所负担的部分,免予缴纳个人所得税。

居住时间	纳税人性质	境内所得		境外所得	
		境内支付	境外支付	境内支付	境外支付
T<90日	非居民	√	免税	×	×
90日≤T<183日	非居民	√	√	×	×
183日≤T<5年或满5年但其间有单次离境超过30天	居民	√	√	√	免税
T≥5年且在5年内未发生单次离境超过30天的	居民	√	√	√	√

注:"√"代表征税,"×"代表不征税。在中国境内无住所,但在中国境内居住超过5年的个人,从第六年起的以后年度中,中国境内居住累计满183天的,其来源于中国境外的全部所得缴纳个人所得税。

二、个人所得税的征税范围

下列各项个人所得,应当缴纳个人所得税:

(1)工资、薪金所得,是指个人因任职或者受雇取得的工资、薪金、奖金、年终加薪、劳动分红、津贴、补贴以及与任职或者受雇有关的其他所得;

(2)劳务报酬所得,指个人从事劳务取得的所得,包括从事设计、装潢、安装、制图、化验、测试、医疗、法律、会计、咨询、讲学、新闻、广播、翻译、审稿、书画、雕刻、影视、录音、录像、演出、表演、广告、展览、技术服务、介绍服务、经纪服务、代办服务以及其他劳务取得的所得;

(3)稿酬所得,是指个人因其作品以图书、报刊形式出版、发表而取得的所得;

(4)特许权使用费所得,是指个人提供专利权、商标权、著作权、非专利技术以及其他特许权的使用权取得的所得,提供著作权的使用权取得的所得,不包括稿酬所得;

（5）经营所得，是指：

① 个人通过在中国境内注册登记的个体工商户、个人独资企业、合伙企业从事生产、经营活动取得的所得；

② 个人依法取得执照，从事办学、医疗、咨询以及其他有偿服务活动取得的所得；

③ 个人承包、承租、转包、转租取得的所得；

④ 个人从事其他生产、经营活动取得的所得；

（6）利息、股息、红利所得，是指个人拥有债权、股权等而取得的利息、股息、红利性质的所得；

（7）财产租赁所得，是指个人出租不动产、土地使用权、机器设备、车船以及其他财产而取得的所得；

（8）财产转让所得，是指个人转让有价证券、股权、合伙企业中的财产份额、不动产、土地使用权、机器设备、车船以及其他财产取得的所得；

（9）偶然所得，是指个人得奖、中奖、中彩以及其他偶然性质的所得。

个人取得的所得，难以界定应纳税所得项目的，由主管税务机关确定。

居民个人取得前款第一项至第四项所得（以下称综合所得），按纳税年度合并计算个人所得税；非居民个人取得前款第一项至第四项所得，按月或者按次分项计算个人所得税。纳税人取得前款第（5）项至第（9）项所得，依照相关规定分别计算个人所得税。

> **个人所得的形式，包括现金、实物、有价证券和其他形式的经济利益。**
> ➤ 所得为实物的，应当按照取得的凭证上所注明的价格计算应纳税所得额；无凭证的实物或者凭证上所注明的价格明显偏低的，参照市场价格核定应纳税所得额。
> ➤ 所得为有价证券的，根据票面价格和市场价格核定应纳税所得额。所得为其他形式的经济利益的，参照市场价格核定应纳税所得额。

三、个人所得税的税率

综合所得，适用3%—45%的超额累进税率；

经营所得，适用5%—35%的超额累进税率；

利息、股息、红利所得，财产租赁所得，财产转让所得和偶然所得，适用比例税率，税率为20%。

个人所得税税率表
（综合征收非累计预扣法）

级数	应纳税所得额（含税）	税率(%)	速算扣除数
1	不超过3 000元的部分	3	0
2	超过3 000元至12 000元的部分	10	210
3	超过12 000元至25 000元的部分	20	1 410
4	超过25 000元至35 000元的部分	25	2 660
5	超过35 000元至55 000元的部分	30	4 410
6	超过55 000元至80 000元的部分	35	7 160
7	超过80 000元的部分	45	15 160

注1：本表所称全年应纳税所得额是以居民个人取得综合所得以每一纳税年度收入额减除费用六万元以及专项扣除、专项附加扣除和依法确定的其他扣除后的余额。

注2：非居民个人取得工资、薪金所得，劳务报酬所得，稿酬所得和特许权使用费所得，依照本表按月换算后计算应纳税额。

个人所得税税率表
（经营所得适用）

级数	全年应纳税所得额	税率(%)	速算扣除数
1	不超过30 000元的	5	0
2	超过30 000至90 000元的部分	10	1 500
3	超过90 000元至300 000元的部分	20	10 500
4	超过300 000元至500 000元的部分	30	40 500
5	超过500 000元的部分	35	65 500

注：本表所称全年应纳税所得额是以每一纳税年度的收入总额减除成本、费用以及损失后的余额。

案例点析

【案例】根据个人所得税法的规定，在中国境内无住所但取得所得的下列外籍个人中，属于居民个人的是(　　)。

A. M国甲，2019年在华连续工作5个月

B. N国乙，2019年1月10日入境，2019年10月10日离境（期间没有离境记录）

C. X国丙，2019年5月1日入境，2019年12月31日离境，其间临时离境28天

D. Y国丁，2019年8月1日入境，2020年5月1日离境，其间没有离境记录。

答案:B、C

解析:本题考核居民纳税人。在一个纳税年度内在中国境内居住满183天的个人,属于我国的居民个人。A选项没有在境内居住满183天,不属于居民个人;B选项在境内居住满183天,属于居民个人;C选项虽然有离境记录,但是在一个纳税年度内在境内居住也满183天,属于居民个人;D选项虽然连续居住满183天,但是为两个纳税年度完成额的,2019年和2020年每个纳税年度均未满183天,不属于居民个人。

四、扣缴义务人

个人所得税采取代扣代缴办法,扣缴义务人在向纳税人支付各项应税所得时,必须履行代扣代缴义务。

税法规定,凡支付应纳税所得的单位或个人,都是个人所得税的扣缴义务人。扣缴义务人在向纳税人支付各项应纳税所得(个体工商户的生产、经营所得除外)时,必须履行代扣代缴税款的义务。国务院税务主管部门可以指定掌握所得信息并且对所得取得过程有控制权的单位为扣缴义务人。

《个人所得税代扣代缴暂行办法》(国税发〔1995〕65号)规定:"对扣缴义务人按照所扣缴的税款,付给2%的手续费。"

手续费收入对于单位来说,主要涉及增值税和企业所得税。增值税方面,该项收入实际上是企业提供了一定的劳务而取得的收入,因此代扣代缴个人所得税的手续费返还应按照"商务辅助服务——代理经纪服务",按6%的税率交纳增值税;所得税方面,该手续费不仅在会计上应作为收入核算,在税法上,也应并入企业应纳税所得额,缴纳企业所得税。

个人所得税以所得人为纳税人,以支付所得的单位或者个人为扣缴义务人。

纳税人有中国居民身份证号码的,以中国居民身份证号码为纳税人识别号;纳税人没有中国居民身份证号码的,由税务机关赋予其纳税人识别号。扣缴义务人扣缴税款时,纳税人应当向扣缴义务人提供纳税人识别号。

实操训练

苏州瑞德酒业有限公司从美国聘请一专家约翰先生来公司进行技术指导。约翰2019年2月1日入境进入公司,2020年4月底完成工作离境,其中,2019年6月回国15天,2020年按合同规定,每季度约翰有15天回国休假的时间。期间公司每月支付8 000美元的工资报酬。

公司会计小刘在申报约翰的个人所得税时认为，约翰在华工作一年有余，应按照居民纳税人的身份进行申报。请问小刘的做法正确吗？

实操分析

通过任务分析，主要涉及个人所得税中对纳税义务人纳税身份的判定。个人所得税法规定，将纳税人分为居民和非居民纳税人，有着不同的纳税义务和范围。因此，正确区分约翰先生的纳税人身份对其本人有着关键的意义。我们首先学习税法对这两类纳税人是如何界定的。

约翰先生在境内工作期间每月从公司取得8 000美元的工资报酬，应该承担纳税义务。主要判定他的纳税人身份。约翰2019年2月1入境进入公司，其中，2019年6月份回国15天，因此即使2019年扣除离境的15天时间，约翰在2019年在境内居住时间超过了183天，属于居民个人；约翰2020年4月底完成工作离境，同时2020年按合同规定每季度约翰有15天回国休假的时间，因此，2020年约翰离境累计30天，但是约翰2020年在境内时间共4个月，一个纳税年度内未满183天，因此约翰2020年属于非居民个人。

思考与练习

1. 【单选题】下列人员属于个人所得税的居民纳税义务人的是（　　）。

    A. 在中国境内居住满1年，不足5年的无住所的外籍人

    B. 自2016年2月4日至2017年2月4日，一直在中国境内居住的无住所的外籍个人

    C. 在中国境内无住所也不在中国境内居住的侨居海外的华侨

    D. 在中国境内无住所也不在中国境内居住的港、澳、台同胞

2. 【多选题】一般说来，居民纳税人应就其来源于中国境内、境外的所得缴纳个人所得税；非居民纳税人仅就来源于中国境内的所得缴纳个人所得税。下列收入中属于中国境内所得的是（　　）。

    A. 在中国境内任职、受雇而由境外公司支付的工资、薪金所得

    B. 因任职、受雇、履约等而在中国境外提供各种劳务取得的劳务报酬所得

    C. 将财产出租给承租人在中国境外使用而取得的所得

    D. 转让中国境内的建筑物、土地使用权等财产给某外国个人而取得的所得

项目二 综合所得的税务处理

知识点
◎ 工资、薪金所得计税范围的确认
◎ 工资、薪金所得税税率的确认

技能点
◎ 掌握工资、薪金所得个人所得税应纳税额的计算
◎ 掌握雇主为雇员承担个人所得税的纳税处理

课前十分钟——税收文化普及：《无税不国》

 知识掌握

个人所得税法将工资、薪金所得、劳务报酬所得、稿酬所得和特许权使用费所得执行综合所得纳税，居民个人按纳税年度合并计算个人所得税。居民个人的综合所得，以每一纳税年度的收入额减除费用6万元以及专项扣除、专项附加扣除和依法确定的其他扣除后的余额，为应纳税所得额。

依法确定的其他扣除，包括个人缴付符合国家规定的企业年金、职业年金，个人购买符合国家规定的商业健康保险、税收递延型商业养老保险的支出，以及国务院规定可以扣除的其他项目。

非居民个人取得前款四项所得，按月或者按次分项计算个人所得税。

个人所得税四项综合所得实行预扣预缴和汇算清缴相结合的税收征管制度。纳税人在取得各单项所得时，支付单位履行预扣预缴制度，按各项收入的应纳税所得额适用综合税率表预扣预缴。

一、综合所得的预扣预缴

(一) 居民个人工资薪金的预扣预缴

扣缴义务人向居民个人支付工资、薪金所得时,应当按照累计预扣法计算预扣税款,并按月办理扣缴申报。

累计预扣法,是指扣缴义务人在一个纳税年度内预扣预缴税款时,以纳税人在本单位截至当前月份工资、薪金所得累计收入减除累计免税收入、累计减除费用、累计专项扣除、累计专项附加扣除和累计依法确定的其他扣除后的余额为累计预扣预缴应纳税所得额,适用个人所得税预扣率表一,计算累计应预扣预缴税额,再减除累计减免税额和累计已预扣预缴税额,其余额为本期应预扣预缴税额。余额为负值时,暂不退税。纳税年度终了后余额仍为负值时,由纳税人办理综合所得年度汇算清缴,税款多退少补。

个人所得税预扣率表一
(居民个人工资、薪金所得预扣预缴适用)

级数	累计预扣预缴应纳税所得额	预扣率(%)	速算扣除数
1	不超过36 000元	3	0
2	超过36 000元至144 000元的部分	10	2 520
3	超过144 000元至300 000元的部分	20	16 920
4	超过300 000元至420 000元的部分	25	31 920
5	超过420 000元至660 000元的部分	30	52 920
6	超过660 000元至960 000元的部分	35	85 920
7	超过960 000元的部分	45	181 920

具体计算公式如下:

本期应预扣预缴税额=(累计预扣预缴应纳税所得额 × 预扣率-速算扣除数)-累计减免税额-累计已预扣预缴税额

累计预扣预缴应纳税所得额=累计收入-累计免税收入-累计减除费用-累计专项扣除-累计专项附加扣除-累计依法确定的其他扣除

其中:累计减除费用,按照5 000元/月乘以纳税人当年截至本月在本单位的任职受雇月份数计算。

(二) 居民个人劳务报酬所得、稿酬所得、特许权使用费的预扣预缴

扣缴义务人向居民个人支付劳务报酬所得、稿酬所得、特许权使用费所得时,应当

按照以下方法按次或者按月预扣预缴税款：

劳务报酬所得、稿酬所得、特许权使用费所得以收入减除费用后的余额为收入额；其中，稿酬所得的收入额减按70%计算。

减除费用：预扣预缴税款时，劳务报酬所得、稿酬所得、特许权使用费所得每次收入不超过4 000元的，减除费用按800元计算；每次收入4 000元以上的，减除费用按收入的20%计算。

应纳税所得额：劳务报酬所得、稿酬所得、特许权使用费所得，以每次收入额为预扣预缴应纳税所得额，计算应预扣预缴税额。劳务报酬所得适用个人所得税预扣率表二，稿酬所得、特许权使用费所得适用20%的比例预扣率。

个人所得税预扣率表二
（居民个人劳务报酬所得预扣预缴适用）

级数	预扣预缴应纳税所得额	预扣率(%)	速算扣除数
1	不超过20 000元	20	0
2	超过20 000元至50 000元的部分	30	2 000
3	超过50 000元的部分	40	7 000

居民个人办理年度综合所得汇算清缴时，应当依法计算劳务报酬所得、稿酬所得、特许权使用费所得的收入额，并入年度综合所得计算应纳税款，税款多退少补。

（三）非居民个人工资、薪金所得、劳务报酬所得、稿酬所得、特许权使用费的预扣预缴

扣缴义务人向非居民个人支付工资、薪金所得，劳务报酬所得，稿酬所得和特许权使用费所得时，应当按照以下方法按月或者按次代扣代缴税款：

非居民个人的工资、薪金所得，以每月收入额减除费用5 000元后的余额为应纳税所得额；劳务报酬所得、稿酬所得、特许权使用费所得，以每次收入额为应纳税所得额，适用个人所得税税率表三计算应纳税额。劳务报酬所得、稿酬所得、特许权使用费所得以收入减除20%的费用后的余额为收入额；其中，稿酬所得的收入额减按70%计算。

非居民个人在一个纳税年度内税款扣缴方法保持不变，达到居民个人条件时，应当告知扣缴义务人基础信息变化情况，年度终了后按照居民个人有关规定办理汇算清缴。

个人所得税税率表三
（非居民个人工资、薪金所得，劳务报酬所得，稿酬所得，特许权使用费所得适用）

级数	应纳税所得额	税率（%）	速算扣除数
1	不超过3 000元	3	0
2	超过3 000元至12 000元的部分	10	210
3	超过12 000元至25 000元的部分	20	1 410
4	超过25 000元至35 000元的部分	25	2 660
5	超过35 000元至55 000元的部分	30	4 410
6	超过55 000元至80 000元的部分	35	7 160
7	超过80 000元的部分	45	15 160

二、工资薪金所得个人所得税预扣预缴

（一）工资、薪金所得的范围

工资、薪金所得，是指个人因任职或者受雇而取得的工资、薪金、奖金、年终加薪、劳动分红、津贴、补贴以及任职或者受雇有关的其他所得。

除工资、薪金以外的奖金、年终加薪、劳动分红、津贴、补贴也被确定为工资、薪金范畴。其中，年终加薪、劳动分红不分种类和取得情况，一律按工资、薪金所得课税。津贴、补贴等则有例外，根据我国目前个人收入的构成情况规定，对于一些不属于工资、薪金性质的补贴、津贴或者不属于纳税人本人工资、薪金所得项目的收入，不予征税。这些项目包括：

（1）独生子女补贴；

（2）执行公务员工资制度未纳入基本工资总额的补贴、津贴差额和家属成员的副食品补贴；

（3）托儿补助费；

4.差旅费津贴、误餐补助。

注意：职工的差旅费津贴不征收个人所得税是有条件的，也就是参照国家机关事业单位的标准发放的差旅费津贴才不征收个人所得税，目前的标准是每日180元。超过的部分需要计入当月工资征收个人所得税。

（二）工资、薪金所得的税率

工资、薪金所得，适用七级超额累进税率，税率为3%—45%。

(三)费用减除标准

工资、薪金所得,以每月收入额减除费用5 000元后的余额,为应纳税所得额。

(四)工资、薪金单项所得应纳税额的计算

1. 日常每月工资如何计算?

工资、薪金所得应纳税额的计算公式为:

$$应纳税额 = 应纳税所得额 \times 适用税率 - 速算扣除数$$

$$= (每月收入额 - 5000元) \times 适用税率 - 速算扣除数$$

【例1】假定某纳税人2019年5月工资8 200元(不考虑其他扣除项)。计算其当月应纳个人所得税税额。(非累计预扣法)

(1)应纳税所得额=8 200-5 000=3 200(元)

(2)应纳税额=3 200×10%-210=110(元)

2. 不满一个月的工资、薪金所得应纳个人所得税怎么计算?

在中国境内无住所的个人,凡在中国境内不满一个月,并仅就不满一个月期间的工资、薪金所得申报纳税的,均应以全月工资、薪金所得为依据计算实际应纳税额。

其计算公式为:

$$应纳税额 = (当月工资、薪金应纳税所得额 \times 适用税率 - 速算扣除数) \times 当月实际在中国境内的天数 \div 当月天数$$

如果属于上述情况的个人取得的是日工资、薪金,应以日工资、薪金乘以当月天数换成月工资、薪金后,再按上述公式计算应纳税额。

3. 雇员在某月取得阶段性奖金,如半年奖、季度奖、加班奖等应纳个人所得税怎么计算?

雇员取得除全年一次性奖金以外的其他各种名目奖金,如半年奖、季度奖、加班奖、先进奖、考勤奖等,一律与当月工资、薪金收入合并,按税法规定缴纳个人所得税。

【例2】王先生2019年7月工资、薪金为8 000元,每季度奖2 000元,上半年奖金6 000元。由于每次发放季度奖和半年奖时,都必须与其当月的工资收入合并缴税,王先生应缴纳个人所得税为800元。

计算过程为:

应纳税所得额为(8 000+2 000+6 000)-5 000=11 000元,适用税率为10%,速算扣

除数为210。

应纳税额为11 000×10%−210=800（元）

4. 全年一次性奖金如何计算个人所得税？

居民个人取得全年一次性奖金，在2021年12月31日前，不并入当年综合所得，以全年一次性奖金收入除以12个月得到的数额，按月换算后的综合所得税率表，确定适用税率和速算扣除数，单独计算纳税。计算公式为：

$$应纳税额 = 全年一次性奖金收入 \times 适用税率 - 速算扣除数$$

居民个人取得全年一次性奖金，也可以选择并入当年综合所得计算纳税。

自2022年1月1日起，居民个人取得全年一次性奖金，应并入当年综合所得计算缴纳个人所得税。

 知识链接

一、解除劳动合同取得经济补偿金的计税方法

企业依照国家有关法律规定宣告破产，企业职工从该破产企业取得的一次性安置费收入，免征个人所得税。

个人因与用人单位解除劳动关系而取得的一次性补偿收入（包括用人单位发放的经济补偿金、生活补助费和其他补助费），其收入在当地上年职工平均工资3倍数额以内的部分，免征个人所得税。

微课视频：辞退员工补偿的税务处理
来源：中财讯

超过3倍数额部分的一次性补偿收入，可视为一次取得数月的工资、薪金收入，允许在一定期限内平均计算：以超过3倍数额部分的一次性补偿收入，除以个人在本企业的工作年限数（超过12年的按12计算），以其商数作为个人的月工资、薪金收入，按照税法规定计算缴纳个人所得税。但是不并入当年综合所得，单独适用综合所得税率表，计算纳税。

个人在解除劳动关系合同后再次任职、受雇的，已纳税的一次性补偿收入不再与再次任职、受雇的工资薪金所得合并计算补缴个人所得税。

个人领取一次性补偿收入时按照国家和地方政府规定的比例实际缴纳的住房公积金、医疗保险费、基本养老保险费、失业保险费，可以在计征其一次性补偿收入的个人所得税时予以扣除。

【例3】某公司2019年7月辞退甲、乙、丙三名员工：

甲员工已经工作3年，月收入10 000元，辞退时公司给予一次性补偿30 000元；

乙员工已经工作10年，月收入15 000元，辞退时公司给予一次性补偿150 000元；

丙员工已经工作18年，月收入20 000元，辞退时公司给予一次性补偿300 000元；

该公司所在地上年社会平均工资为4万元/年。

上年平均工资的三倍=40 000×3=120 000（元）

（1）甲因与公司解除劳动合同获得的一次性补偿收入为30 000元，小于公司所在地上年社会平均工资的三倍，因此甲获得的一次性补偿收入不用缴纳个人所得税。

（2）乙超过上年平均工资三倍以上的部分=150 000−120 000=30 000（元）；折合月工资收入30 000÷10=3 000（元）；由于乙的折合月工资收入小于费用扣除标准5 000元，因此乙也不用缴纳个人所得税。

（3）丙超过上年平均工资三倍以上的部分=300 000−120 000=180 000（元）；折合月工资收入180 000÷12=15 000（元）；公司应代扣代缴丙的个人所得税=［（15 000−5 000）×10%−210］×12=9 480（元）。

二、两处以上取得工资薪金所得如何纳税

某人从A单位取得8 000元，从B单位取得10 000元，那么这两个单位应该如何对其代扣代缴个人所得税，该纳税人又该如何申报纳税呢？

目前，对于个人取得两处或两处以上工资、薪金所得个人所得税的处理，主要有如下文件的规定。

微课视频：两处以上工资的个人所得税处理
来源：中财讯

（1）《个人所得税法》第八条规定："个人所得税，以所得人为纳税义务人，以支付所得的单位或者个人为扣缴义务人。个人所得超过国务院规定数额的，在两处以上取得工资、薪金所得或者没有扣缴义务人的，以及具有国务院规定的其他情形的，纳税义务人应当按照国家规定办理纳税申报。扣缴义务人应当按照国家规定办理全员全额扣缴申报。"第三十九条规定："在中国境内两处或者两处以上取得所得的，同项所得合并计算纳税。"

（2）《个人所得税自行纳税申报办法》（国税发［2006］162号）规定："从中国境内两处或者两处以上取得工资、薪金所得的，应当按照本办法的规定办理纳税申报。"同时规定："从两处或者两处以上取得工资、薪金所得的，选择并固定向其中一处单位所在地主管税务机关申报。"

【例4】某人从A单位取得8 000元，从B单位取得10 000元，那么，这两个单位应该如何对其代扣代缴个人所得税？

假如从A单位取得8 000元（选择其为扣除费用方及所在地主管税务机关为申报汇缴机关），从B单位取得10 000元。

那么，A单位扣缴个人所得税为（8 000－5 000）×3%=90（元）；

B单位扣缴个人所得税：（10 000－5 000）×10%－210=290（元）。

如果该个人选择到A单位所在地主管税务机关申报汇总纳税，申报税款为（8 000+10 000－5 000）×20%－1 410=1 190（元）。

应补个人所得税：1 190－90－290=810（元）。

能力提升

关于职业年金的那些事

2013年12月6日，财政部、人力资源和社会保障部、国家税务总局发布了《关于企业年金、职业年金个人所得税有关问题的通知》（财税〔2013〕103号），明确规定2014年1月1日起，对于符合规定的年金在年金缴费环节和年金基金投资收益环节暂不征收个人所得税，将纳税义务递延到个人实际领取年金的环节。

（一）企业（职业）年金缴费环节

1. 计入个人账户的符合国家政策的年金单位缴费部分暂不纳税。

《关于企业年金、职业年金个人所得税有关问题的通知》（财税〔2013〕103号）规定："企业和事业单位（以下统称单位）根据国家有关政策规定的办法和标准，为在本单位任职或者受雇的全体职工缴付的企业年金或职业年金单位缴费部分，在计入个人账户时，个人暂不缴纳个人所得税。"

注意：

职业年金个人缴存部分只要在本人缴费工资计税基数的4%标准内的，这部分是不需要缴纳个人所得税的。

2. 计入个人账户的符合国家政策的年金个人缴费部分暂不纳税。

个人根据国家有关政策规定缴付的年金个人缴费部分，在不超过本人缴费工资计税基数的4%标准内的部分，暂从个人当期的应纳税所得额中扣除。

模块五 个人所得税涉税业务

（二）企业（职业）年金基金投资收益环节

年金基金投资运营收益分配计入个人账户时，个人暂不缴纳个人所得税。

（三）企业（职业）年金个人领取环节

个人达到国家规定的退休年龄之后按月领取的年金，全额按照"工资、薪金所得"项目适用的税率，计征个人所得税；在本通知实施之后按年或按季领取的年金，平均分摊计入各月，每月领取额全额按照"工资、薪金所得"项目适用的税率，计征个人所得税。

实操训练

苏州瑞德酒业有限公司会计小王对公司市场部经理何某扣缴2018年12月份的个人所得税时，遇到了困难，因为何经理12月份有很多收入，她不知道该如何准确计算个人所得税。下列是何经理的收入表。

苏州瑞德酒业有限公司2018年12月职工工资收入表

单位：元

姓名	供职部门	基础工资	本月奖金	职务津贴	交通补贴	通信补贴	伙食补贴	其他		应发总额
								差旅费津贴	2018年独生子女补贴	
何红	市场部	6 500	2 500	1 000	200	300	500	400	120	11 520
失业保险	养老保险	住房公积	医疗保险	应扣总额	实发总额			备注：公司代扣各类保险金比例均为国家规定的法定比例。差旅费津贴符合国家发放补贴标准。		
100	800	1 400	60	2 360	9 160					

请帮助小刘一下，准确计算出公司市场部经理何某2018年6月份应缴纳的个人所得税。

实操分析

1. 准备工作

根据何某的工资表，发现有12月的工资奖金，还有在12月发放的其他收入以及12月的代扣的保险费用，因此，首先对12月的收入做好分类，依据不同收入的税收要求计算个人所得税。经过分析,差旅费津贴和2018年独生子女补贴是属于免税收入;另外,公司代扣各类保险金比例均为国家规定的法定比例,所以,由何某自己承担的保险金2 360元的部分,也不需要纳税。看见,12月份当月应税收入为:6 500+2 500+1 000+200+300+500−100−800−1 400−60=8 460元。

2. 操作步骤注意点

12月当月应税收入应纳个人所得税=(8 640−5 000)×10%−210=154(元)。

三、劳务单项所得个人所得税预扣预缴处理

(一)劳务报酬所得的范围

劳务报酬所得,指个人独立从事各种非雇佣的各种劳务所取得的所得。内容主要有设计、装潢、安装、制图、化验、测试、医疗、法律、会计、咨询、讲学、新闻、广播、翻译、审稿、书画、雕刻、影视、录音、录像、演出、表演、广告、展览、技术服务、介绍服务、经纪服务、代办服务及其他劳务。

拓展:

自2004年1月20日起,对商品营销活动中,企业和单位对其营销业绩突出的非雇员以培训班、研讨会、工作考察等名义组织旅游活动,通过免收差旅费、旅游费对个人实行的营销业绩奖励(包括实物、有价证券等),应根据所发生费用的全额作为该营销人员当期的劳务收入,按照"劳务报酬所得"项目征收个人所得税,并由提供上述费用的企业和单位代扣代缴。

(二)劳务报酬所得的预缴税率

劳务报酬所得,适用"表二"。

(三)费用减除标准

劳务报酬所得以收入减除20%的费用后的余额为应纳税所得额。(每次收入不超过4 000元,减除费用按800元计算)

假如,高级工程师赵某2019年3月为泰华公司进行一项工程设计,按照合同规定,公司应支付赵某的劳务报酬48 000元,与其报酬相关的个人所得税由公司预扣预缴。

不考虑其他税收的情况下,计算公司应代付的个人所得税税额。

个人所得税的应纳税所得额=48 000×(1–20%)×30%–4410

=7 110(元)

注意:工程师赵某本次缴纳的劳务个人所得税为预扣预缴,赵某应于2020年3月1日至6月30日将劳务收入与其获得的工资薪金收入、特许权使用费收入和稿酬收入一起进行个人所得税的汇算清缴,多退少补!

(四)每次收入的确定

劳务报酬所得以每次收入额为应纳税所得额,根据不同劳务项目的特点,分别规定如下。

(1)只有一次性收入的,以取得该项收入为一次。

例如,从事设计、安装、装潢、制图、化验、测试等劳务,往往是接受客户的委托,按照客户的要求,完成一次劳务后取得收入。因此,是属于只有一次性的收入,应以每次提供劳务取得的收入为一次。

(2)属于同一事项连续取得收入的,以1个月内取得的收入为一次。

例如,某歌手与一卡拉OK厅签约,在2019年每天到卡拉OK厅演唱一次,每次演出后付酬500元。在计算其劳务报酬所得时,应视为同一事项的连续性收入,以其1个月内取得的收入为一次计征个人所得税,而不能以每天取得的收入为一次。

 知识链接

劳务报酬所得的特别项目

1.个人担任董事职务所取得的董事费收入

按照董事与公司的关系来划分,可分为内部董事和外部董事。

(1)内部董事,担任公司董事的同时在公司任职、受雇,其因任职受雇而取得的报酬是"工资、薪金"所得。

(2)外部董事,指不在本公司任职、受雇的董事,其取得的董事费所得,属于劳务报酬所得。

2.在校学生因参与勤工俭学活动(包括参与学校组织的勤工俭学活动)而取得属于《个人所得税法》规定的应税所得项目所得,应依法缴纳个人所得税。

3. 个人兼职取得的收入，应按照"劳务报酬所得"项目缴纳个人所得税。

4. 演员参加非任职单位组织的演出取得的报酬，应按"劳务报酬所得"项目，按次计算纳税；演员参加任职单位组织的演出取得的报酬，应按"工资、薪金所得"项目，按月计算纳税。演员取得的报酬中，要规定上交给单位和文化行政部门的管理费及收入分成，经主管税务机关确认后，可以在计算应纳税所得额时扣除。

劳务报酬所得与工薪所得的区别

雇佣与非雇佣。工薪所得是指个人因任职或者受雇而取得的工资、薪金、奖金、年终加薪、劳动分红、津贴、补贴以及任职或者受雇有关的其他所得。

劳务报酬是指个人独立从事劳务取得的所得（即个人与被服务单位发生直接劳务关系），提供劳务的个人与被服务单位没有稳定的、连续的劳动人事关系，也没有任何劳动合同关系，其所得也不是以工资薪金形式领取的。

微课视频：职工返聘的税收处理

四、稿酬单项收入个人所得税预扣预缴

（一）稿酬所得的范围

稿酬所得，是指个人因其作品以图书、报刊形式出版、发表而取得的所得。将稿酬所得独立划归一个征税项目，而对不以图书、报刊形式出版、发表的翻译、审稿、书画所得归为劳务报酬所得，主要是考虑了出版、发表作品的特殊性。第一，它是一种依靠较高智力创作的精神产品；第二，它具有普遍性；第三，它与社会主义精神文明和物质文明密切相关；第四，它的报酬相对偏低。因此，稿酬所得应当与一般劳务报酬相对区别，并给予适当优惠照顾。

思考1：

将英文资料翻译成中文而取得的报酬是否属于稿酬所得？

（二）稿酬所得税预缴率

稿酬所得，适用20%预缴税率。

（三）稿酬所得的费用减除标准

每次稿酬收入减除20%的费用为预扣预缴应纳税所得额。

思考2：

王先生将其创作的一副油画作品出售，获取20 000元，是否属于稿酬所得？

(四)每次收入的确定

稿酬所得,以每次收入额为应纳税所得额。以每次出版、发表取得的收入为一次。具体又可细分为:

(1)同一作品再版取得的所得,应视作另一次稿酬所得计征个人所得税。

(2)同一作品先在报刊上连载,然后再出版,或先出版。再在报刊上连载的,应视为两次稿酬所得征税,即连载作为一次,出版作为另一次。

(3)同一作品在报刊上连载取得收入的,以连载完成后取得的所有收入合并为一次,计征个人所得税。

(4)同一作品在出版和发表时,以预付稿酬或分次支付稿酬等形式取得的稿酬收入,应合并计算为一次。

(5)同一作品出版、发表后,因添加印数而追加稿酬的,应与以前出版、发表时取得的稿酬合并计算为一次,计征个人所得税。

(6)共同写作一部著作而取得稿酬所得,可以对每个人分得的收入分别减除费用,并计算各自应纳税款。

(五)稿酬所得应纳税额的计算

在稿酬所得预扣预缴时,稿酬所得允许用每次稿酬所得扣除20%的费用,按20%的预扣率预缴个人所得税。

假如,某作家取得一次未扣除个人所得税的稿酬收入20 000元。请计算其应预缴的个人所得税税额。

$$应纳税额=应纳税所得额 \times 适用预扣税率$$
$$=20\,000 \times (1-20\%) \times 20\% = 3200(元)$$

五、特许权使用费单项收入的税务处理

(一)特许权使用费所得的范围

特许权使用费所得,是指个人提供专利权、商标权、著作权、非专利技术以及其他特许权的使用权取得的所得。提供著作权的使用权取得的所得,不包括稿酬所得。

特许权使用费所得,以某项使用权的一次转让所取得的收入为一次。一个纳税义务人,可能不仅拥有一项特许权利,每项特许权的使用权也可能不止一次地向他人提供。因此,对特许权使用费所得的"次"的界定,明确为每一项使用权的每次转让所得的收入为一次。如果该次转让取得的收入是分笔支付的,则应将各笔收入相加为一

次的收入,计征个人所得税。

（二）特许权使用费所得税率

特许权使用费所得,适用20%的预缴率。

（三）特许权使用费所得的费用减除标准

特许权使用费所得按次纳税,每次特许权使用费所得收入减除20%的费用。

（四）特许权使用费所得应纳税额的计算

特许权使用费所得应纳税额的计算公式为：

$$应纳税额 = 应纳税所得额 \times 适用税率 = 每次收入额 \times (1-20\%) \times 适用预缴税率$$

假如,魏先生2019年6月取得两项专利,其中一项专利许可给甲公司使用,获得特许权使用费30 000元,另外一项专利许可给乙公司使用,获得特许权使用费80 000元。魏先生上述两项所得应预缴多少个人所得税。

魏先生获得的第一笔特许权使用费所得为30 000元,应纳税额为：30 000×(1-20%)×20%=4 800(元)。魏先生获得的第二笔特许权使用费所得为80 000元,应纳税额为：80 000×(1-20%)×20%=12 800(元)。所以,魏先生上述两项所得共应缴纳的个人所得税为：4 800+12 800=17 600(元)。

思考与练习

1. 【多选题】下列各项中,应当按照"工资、薪金所得"项目征收个人所得税的有(　　)。
   A. 劳动分红　　　　　　　　　　B. 独生子女补贴
   C. 差旅费津贴　　　　　　　　　D. 超过规定标准的误餐费

2. 【单选题】下列项目中,属于劳务报酬所得的是(　　)。
   A. 发表论文取得的报酬
   B. 提供著作的版权而取得的报酬
   C. 将国外的作品翻译出版取得的报酬
   D. 高校教师受出版社委托进行审稿取得的报酬

模块五 个人所得税涉税业务

3. 【单选题】建筑设计院某工程师为一工程项目制图,3个月完工交付了图纸。对方第1个月支付劳务费8 000元,第2个月支付劳务费12 000元,第3个月支付劳务费15 000元。该工程师应纳个人所得税(　　)元。

　　A. 2 610　　　　　　B. 2 170　　　　　　C. 4 340　　　　　　D. 5 600

4. 【单选题】下列所得属于劳动报酬所得的是(　　)。

　　A. 在校学生因参与勤工俭学活动而取得的所得

　　B. 个人提供专有技术获得的报酬

　　C. 个人发表书画作品取得的收入

　　D. 个人出租财产取得的收入

5. 【多选题】下列属于应计入所得税的工资、薪金所得包括(　　)。

　　A. 年终加薪　　　B. 一般性奖金　　　C. 职务工资　　　D. 饭费补贴

6. 【多选题】下列按工资薪金征税的项目有(　　)。

　　A. 办理内退手续后至法定退休年龄之间从原单位取得的收入

　　B. 挂靠出租车管理单位的拥有出租车所有权个人从事客货营取得的收入

　　C. 对企业经营成果不拥有所有权的承租承包人的所得

　　D. 单位因雇员销售业务突出组织的旅游支出

7. 【多选题】某学校四位老师共写一本书,共得稿费35 000元,其中1人得主编费5 000元,其余稿费四人平分,其个人所得税预缴情况为(　　)。

　　A. 此笔稿酬共纳税5 600元　　　　　B. 四人各自纳税1 200元

　　C. 主编一人纳税2 000元　　　　　　D. 除主编以外的三人各纳税1 200元

8. 【多选题】某演员一次取得演出收入30 000元,其应纳个人所得税处理正确的有(　　)。

　　A. 扣减费用5 000元　　　　　　　　B. 扣减费用20%

　　C. 适用减征30%　　　　　　　　　　D. 应纳税额5 200元

9. 【计算题】中国公民郑某2019年1—12月每月工资8 000元。郑某2019年应缴纳个人所得税多少元?

10. 【计算题】某企业雇员王某2019年12月29日与企业解除劳动合同关系,王某在本企业工作年限9年,领取经济补偿金87 500元,领取12月工资3 500元。假定当地上年度职工年平均工资为10 000元,王某12月份应缴纳的个人所得税为多少元?

11. 【计算题】某教师为一企业作讲座两个月,每星期日讲一次,每次讲课费10 000元,按月发放讲课酬金。第一月讲4次,第二月讲5次,该教师应预缴个人所得税为多少元?

项目三　财产运作性所得的税务处理

知识点
◎ 财产运作性所得范围和税率的确认
◎ 财产运作性所得费用减除标准和每次收入的确认

技能点
◎ 掌握财产运作性所得应纳税额的计算
◎ 掌握股权转让个人所得税纳税处理

课前十分钟——税收文化普及：《地丁合一》

 知识掌握

财产运作性所得一般包括特许权使用费所得、利息、股息、红利所得、财产租赁所得以及财产转让所得等。购买彩票获得的偶然所得也属于财产运作性所得。

一、财产运作性所得的范围

（一）利息、股息、红利所得

利息、股息、红利所得，是指个人拥有债权、股权而取得的利息、股息、红利所得。

除个人独资企业、合伙企业以外的其他企业的个人投资者，以企业资金为本人、家庭成员及其相关人员支付与企业生产经营无关的消费性支出及购买汽车、住房等财产性支出，视为企业对个人投资者的红利分配，依照"利息、股息、红利所得"项目计征个人所得税。企业的上述支出不允许在所得税前扣除。

纳税年度内个人投资者从其投资企业（个人独资企业、合伙企业除外）借款，在该纳税年度终了后既不归还又未用于企业生产经营的，其未归还的借款可视为企业对个人投资者的红利分配,依照"利息、股息、红利所得"项目计征个人所得税。

个人从公开发行和转让市场取得的上市公司股票,持股期限超过1年的,股息红利所得暂免征收个人所得税。

个人从公开发行和转让市场取得的上市公司股票,持股期限在1个月以内(含1个月)的,其股息红利所得全额计入应纳税所得额;持股期限在1个月以上至1年(含1年)的,暂减按50%计入应纳税所得额;上述所得统一适用20%的税率计征个人所得税。

税收视频:持股超一年减免股息红利个人所得税
来源:央视网

上市公司派发股息红利时,对个人持股1年以内(含1年)的,上市公司暂不扣缴个人所得税;待个人转让股票时,证券登记结算公司根据其持股期限计算应纳税额,由证券公司等股份托管机构从个人资金账户中扣收并划付证券登记结算公司,证券登记结算公司应于次月5个工作日内划付上市公司,上市公司在收到税款当月的法定申报期内向主管税务机关申报缴纳。

从2009年10月9日起,对储蓄存款利息所得暂免征收个税。

(二)财产租赁所得

财产租赁所得,是指个人出租建筑物、土地使用权、机器设备、车船以及其他财产取得的所得。个人取得的财产转租收入属于"财产租赁所得"的征税范围,由财产转租人缴纳个人所得税。

(三)财产转让所得

财产转让所得,是指个人转让有价证券、股权、建筑物、土地使用权、机器设备、车船以及其他财产取得的所得。

> ➤ **财产原值**,按照下列方法计算:
> (1)有价证券,为买入价以及买入时按照规定交纳的有关费用;
> (2)不动产,为建造费或者购进价格以及其他有关费用;
> (3)土地使用权,为取得土地使用权所支付的金额、开发土地的费用以及其他有关费用;
> (4)机器设备、车船,为购进价格、运输费、安装费以及其他有关费用。
> 其他财产,参照前款规定的方法确定财产原值。

> 纳税人未提供完整、准确的财产原值凭证，不能正确计算财产原值的，由主管税务机关核定其财产原值。
>
> ➤ **合理费用**，是指卖出财产时按照规定支付的有关税费。

在现实生活中，个人进行的财产转让主要是个人财产所有权的转让。对个人取得的各项财产转让所得，除股票转让所得外，都要征收个人所得税。

1. 股票转让所得

《财政部、国家税务总局关于个人转让股票所得继续暂免征收个人所得税的通知》（财税字〔1998〕61号）规定，为了配合企业改制，促进股票市场的稳健发展，经报国务院批准，从1997年1月1日起，对个人转让上市公司股票取得的所得继续暂免征收个人所得税。

2. 个人出售自有住房

（1）根据《个人所得税法》的规定，个人出售自有住房取得的所得应按照"财产转让所得"项目征收个人所得税。

（2）个人出售自有住房的应纳税所得税额，按下列原则确定：

① 个人出售除已购公有住房以外的其他自有住房，其应纳税所得额按照个人所得税法的有关规定确定。

② 个人出售已购公有住房，其应纳税所得额为个人出售已购公有住房的销售价，减除住房面积标准的经济适用房价款、原支付超过住房面积标准的房价款、向财政或原产权单位缴纳的所得收益以及税法规定的合理费用后的余额。

已购公有住房是指城镇职工根据国家和县级（含县级）以上人民政府有关城镇住房制度改革政策规定，按照成本价（或标准价）购买的公有住房。

经济适用住房价格按县级（含县级）以上地方人民政府规定的标准确定。

③ 职工以成本价（或标准价）出资的集资合作建房、安居工程住房、经济适用住房以及拆迁安置住房，比照已购公有住房确定应纳税所得额。

（3）为鼓励个人换购住房，对出售自有住房并拟在现住房出售后1年内按市场价重新购房的纳税人，其出售现住房所应缴纳的个人所得税，视其重新购房的价值可全部或部分予以免税。

（4）对个人转让自用5年以上并且是家庭唯一生活用房取得的所得，继续免征个人所得税。

（5）个人现自有住房房产证登记的产权人为1人，在出售后1年内又以产权人配偶名义或产权人夫妻双方名义按市场价重新购房的,产权人出售住房所得应缴纳的个人所得税,可全部或部分予以免税;以其他人名义按市场价重新购房的,产权人出售住房所得应缴纳的个人所得税,不予免税。

能力提升

股权转让所得的个人所得税处理

一、哪些行为属于股权转让行为

七类情形为股权转让行为:(1)出售股权;(2)公司回购股权;(3)发行人首次公开发行新股时,被投资企业股东将其持有的股份以公开发行方式一并向投资者发售;(4)股权被司法或行政机关强制过户;(5)以股权对外投资或进行其他非货币性交易;(6)以股权抵偿债务;(7)其他股权转移行为。

以上情形下,股权已经发生了实质上的转移,而且转让方也相应获取了报酬或免除了责任,因此都应当属于股权转让行为,个人取得所得应按规定缴纳个人所得税。

二、纳税人、扣缴义务人个人股权转让所得

个人所得税,以股权转让方为纳税人,以受让方为扣缴义务人。受让方无论是企业还是个人,均应按个人所得税法规定认真履行扣缴税款义务。

三、股权转让所得税的计算

个人转让股权,以股权转让收入减除股权原值和合理费用后的余额为应纳税所得额,按"财产转让所得"缴纳个人所得税。合理费用是指股权转让时按照规定支付的有关税费。即:

$$应纳税额 = 应纳税所得额 \times 税率 = (收入总额 - 财产原值 - 合理费用) \times 20\%$$

所以,计算股权转让所得税的关键是确定股权转让收入和股权原值。

（一）收入的界定

1.股权转让收入是指转让方因股权转让而获得的现金、实物、有价证券和其他形式的经济利益。

2.转让方取得与股权转让相关的各种款项，包括违约金、补偿金以及其他名目的款项、资产、权益等，均应当并入股权转让收入。

3.**纳税人按照合同约定，在满足约定条件后取得的后续收入，应当作为股权转让收入。**

4.股权转让收入应当按照公平交易原则确定。

5.符合下列情形之一的，主管税务机关可以核定股权转让收入：

（1）申报的股权转让收入明显偏低且无正当理由的；

（2）未按照规定期限办理纳税申报，经税务机关责令限期申报，逾期仍不申报的；

（3）转让方无法提供或拒不提供股权转让收入的有关资料；

（4）其他应核定股权转让收入的情形。

6.符合下列情形之一，视为股权转让收入明显偏低：

（1）申报的股权转让收入低于股权对应的净资产份额的，其中，被投资企业拥有土地使用权、房屋、房地产企业未销售房产、知识产权、探矿权、采矿权、股权等资产的，申报的股权转让收入低于股权对应的净资产公允价值份额的；

（2）申报的股权转让收入低于初始投资成本或低于取得该股权所支付的价款及相关税费的；

（3）申报的股权转让收入低于相同或类似条件下同一企业同一股东或其他股东股权转让收入的；

（4）申报的股权转让收入低于相同或类似条件下同类行业的企业股权转让收入的；

微课视频：个人股东转让股权定价问题

（5）不具合理性的无偿让渡股权或股份；

（6）主管税务机关认定的其他情形。

7.符合下列条件之一的股权转让收入明显偏低，视为有正当理由：

（1）能出具有效文件，证明被投资企业因国家政策调整，生产经营受到重大影响，导致低价转让股权；

（2）继承或将股权转让给其能提供具有法律效力身份关系证明的配偶、父母、子女、祖父母、外祖父母、孙子女、外孙子女、兄弟姐妹以及对转让人承担直接抚养或者赡养义务的抚养人或者赡养人；

（3）相关法律、政府文件或企业章程规定，并有相关资料充分证明转让价格合理且真实的本企业员工持有的不能对外转让股权的内部转让；

（4）股权转让双方能够提供有效证据证明其合理性的其他合理情形。

8.对自然人多次取得同一被投资企业股权的，转让部分股权时，采用"加权平均法"确定其股权原值。

（二）纳税申报股权转让所得

纳税人需要在被投资企业所在地办理纳税申报。

具有下列情形之一的，扣缴义务人、纳税人应当依法在次月15日内向主管税务机关申报纳税：

（1）受让方已支付或部分支付股权转让价款的；

（2）股权转让协议已签订生效的；

（3）受让方已经实际履行股东职责或者享受股东权益的；

（4）国家有关部门判决、登记或公告生效的；

（5）税务机关认定的其他有证据表明股权已发生转移的情形。

微课视频：认缴制下股权转让原值问题

二、财产运作性所得税率

特许权使用费所得，利息、股息、红利所得，财产租赁所得，财产转让所得，偶然所得和其他所得，适用比例税率，税率为20%。出租居民住用房适用10%的税率。

三、财产运作性所得费用减除标准

财产租赁所得，每次收入不超过4 000元的，减除费用800元；4 000元以上的，减除20%的费用，其余额为应纳税所得额。

财产转让所得，以转让财产的收入额减除财产原值和合理费用后的余额，为应纳税所得额。

利息、股息、红利所得和偶然所得，以每次收入额为应纳税所得额。

四、财产运作性所得每次收入的确定

财产租赁所得，以1个月内取得的收入为一次。

利息、股息、红利所得，以支付利息、股息、红利时取得的收入为一次。

五、财产运作性所得应纳税额的计算

（一）利息、股息、红利所得应纳税额的计算

1. 应纳税额的计算

（1）应纳税所得额的确定。

① 一般规定：利息、股息、红利所得的基本规定是按收入全额计税。

② 特殊规定：个人从公开发行和转让市场取得的上市公司股票，持股期限在1个月以内（含1个月）的，其股息红利所得全额计入应纳税所得额（税负为20%）；持股期限在1个月以上至1年（含1年）的，暂减按50%计入应纳税所得额（税负为10%）；持股期限超过1年的，暂减按25%计入应纳税所得额（税负为5%）。

（2）关于"次"的规定。

以支付利息、股息、红利时取得的收入为一次。

2. 适用税率

利息、股息、红利所得适用20%的比例税率。

储蓄存款在2008年10月9日后（含10月9日）孳生的利息，暂免征收个人所得税。

3. 应纳税额计算公式

$$应纳税额 = 应纳税所得额 \times 适用税率 = 每次收入额 \times 20\%$$

4. 几个特殊规定

（1）除个人独资企业、合伙企业以外的其他企业的个人投资者，以企业资金为本人、家庭成员及其相关人员支付与企业经营无关的消费性支出及购买汽车、住房等财产性支出，视为企业对个人投资者的红利分配，依照"利息、股息、红利所得"项目计征个人所得税。

（2）一个纳税年度内个人投资者从其投资企业（个人独资企业、合伙企业除外）借款，在该纳税年度终了后仍不归还，又未用于企业生产经营的，其未归还的借款可视为企业对个人投资者的红利分配，依照"利息、股息、红利所得"项目计征个人所得税。

（二）财产租赁所得应纳税额的计算

1. 应纳税所得额

财产租赁所得一般以个人每次取得的收入定额或定率减除规定费用后的余额为应纳税所得额。每次收入不超过4 000元，定额减除费用800元；每次收入在4 000元以上，定率减除20%的费用。财产租赁所得以1个月内取得的收入为一次。

在确定财产租赁的应纳税所得额时,纳税人在出租财产过程中缴纳的税金和教育费附加,可持完税(缴款)凭证,从其财产租赁收入中扣除。准予扣除的项目除了规定费用和有关税、费外,还准予扣除能够提供有效、准确凭证,证明由纳税人负担的该出租财产实际开支的修缮费用。允许扣除的修缮费用,以每次800元为限。一次扣除不完的,准予在下一次继续扣除,直到扣完为止。

特别注意:

个人出租财产个人所得税的计税基础应扣除缴纳的增值税,也就是以增值税的不含税价为个人所得税的计税基础。

应纳税所得额的计算公式为:

(1) 每次(月)收入不超过4 000元的:

应纳税所得额=每次(月)收入额-准予扣除项目-修缮费用(800元为限)-800元

(2) 每次(月)收入超过4 000元的:

应纳税所得额=[每次(月)收入额-准予扣除项目-修缮费用(800元为限)]×(1-20%)

2. 应纳税额的计算方法

财产租赁所得适用20%的比例税率。但对个人按市场价格出租的居民住房取得的所得,自2001年1月1日起暂减按10%的税率征收个人所得税。其应纳税额的计算公式为:

应纳税额=应纳税所得额×适用税率

【例1】假如刘某于2016年1月将其自有的4间面积为150平方米的房屋出租给张某作经营场所,租期1年。刘某每月取得的租金收入2 500元,全年租金收入30 000元。计算刘某全年租金收入应缴纳的个人所得税。

财产租赁收入以每月内取得的收入为一次,因此刘某每月及全年应纳税额为:

(1) 每月应纳税额=(2 500-800)×20%=340(元)

(2) 全年应纳税额=340×12=4 080(元)

在本例计算个人所得税时未考虑其他税、费,如果对租金收入计征增值税、城市维护建设税、房产税和教育费附加等,还应将其从税前的收入中先扣除后才计算应缴纳的个人所得税。

【例2】假定上例中,2016年2月因下水道堵塞找人修理,发生修理费用500元,有维修部门的正式收据,则2月和全年的应纳税额为:

(1) 2月份应纳税额=(2 500−500−800)×20%=240(元)

(2) 全年应纳税额=340×11+240=3 980(元)

(三) 财产转让所得应纳税额的计算

1. 一般情况下财产转让所得应纳税额的计算

财产转让所得应纳税额的计算公式为:

$$应纳税额 = 应纳税所得额 \times 适用税率$$
$$= (收入总额 - 财产原值 - 合理税费) \times 20\%$$

【例3】假如某人建房一幢,造价36 000元,支付费用2 000元。该人转让房屋,售价60 000元,在卖房过程中按规定支付交易费等有关费用2 500元,其应纳个人所得税税额的计算过程为:

(1) 应纳税所得额=财产转让收入−财产原值−合理费用
=60 000−(36 000+2 000)−2 500=19 500(元)

(2) 应纳税额=19 500×20%=3 900(元)

2. 个人住房转让所得应纳税额的计算

对个人转让住房征收个人所得税中,出现了需要进一步明确的问题。为完善征收管理制度,加强征管,根据《个人所得税法》和《税收征收管理法》的有关规定精神,国税发〔2006〕108号文件进一步明确了个人住房转让的征收管理规定。自2006年8月1日起,个人转让住房所得应纳个人所得税的计算具体规定如下:

(1) 以实际成交价格为转让收入。纳税人申报的住房成交价格明显低于市场价格且无正当理由的,征收机关依法有权根据有关信息核定其转让收入,但必须保证各税种计税价格一致。

(2) 纳税人可凭原购房合同、发票等有效凭证,经税务机关审核后,允许从其转让收入中减除房屋原值、转让住房过程中缴纳的税金及有关合理费用。

① 转让住房过程中缴纳的税金是指纳税人在转让住房时实际缴纳的增值税、城市维护建设税、教育费附加、土地增值税、印花税等税金。

② 合理费用是指纳税人按照规定实际支付的住房装修费用、住房贷款利息、手续费、公证费等费用。

个人发生非货币性资产交换，以及将财产用于捐赠、偿债、赞助、投资等用途的，应当视同转让财产并缴纳个人所得税，但国务院财政、税务主管部门另有规定的除外。

能力提升

个人非货币性资产投资的那些事

（一）什么是非货币性资产？

非货币性资产，是指现金、银行存款等货币性资产以外的资产，包括股权、不动产、技术发明成果以及其他形式的非货币性资产。

（二）什么是非货币性资产投资？

非货币性资产投资，就是以这些非货币性资产出资设立新的企业，或者以非货币性资产出资参与企业增资扩股、定向增发股票、重组改制以及其他类似的投资（包括股权换股权）。

（三）非货币性资产投资分期缴税优惠政策的核心内容是什么？

此次分期缴税优惠政策的核心内容是：个人以非货币性资产投资应缴纳的个人所得税，如果一次性缴税有困难的，可合理确定分期缴税计划并报主管税务机关备案后，在不超过5个公历年度内(含)分期缴纳。分期缴税政策自2015年4月1日起施行。这样做，也与企业以非货币性资产对外投资的所得税处理原则一致。

思考：

这里的"分期"是不是一定指"平均分期"呢，可不可以随意在5个公历年度缴纳完毕就行呢？

税收大礼包——技术入股可递延纳税

企业或个人以技术成果投资入股到境内居民企业，被投资企业支付的对价全部为股票(权)的，企业或个人可选择继续按现行有关税收政策执行，也可选择适用递延纳税优惠政策。

选择技术成果投资入股递延纳税政策的,经向主管税务机关备案,投资入股当期可暂不纳税,允许递延至转让股权时,按股权转让收入减去技术成果原值和合理税费后的差额计算缴纳所得税。

——关于完善股权激励和技术入股有关所得税政策的通知
财税〔2016〕101号

职务科技成果转化奖励可减征

依法批准设立的非营利性研究开发机构和高等学校根据《中华人民共和国促进科技成果转化法》规定,从职务科技成果转化收入中给予科技人员的现金奖励,可减按50%计入科技人员当月"工资、薪金所得",依法缴纳个人所得税。

——财政部、税务总局、科技部关于科技人员取得职务科技成果转化现金奖励有关个人所得税政策的通知财税〔2018〕58号

天使投资可抵免

天使投资个人采取股权投资方式直接投资于初创科技型企业满2年的,可以按照投资额的70%抵扣转让该初创科技型企业股权取得的应纳税所得额;当期不足抵扣的,可以在以后取得转让该初创科技型企业股权的应纳税所得额时结转抵扣。

天使投资个人投资多个初创科技型企业的,对其中办理注销清算的初创科技型企业,天使投资个人对其投资额的70%尚未抵扣完的,可自注销清算之日起36个月内抵扣天使投资个人转让其他初创科技型企业股权取得的应纳税所得额。

——财政部、税务总局关于创业投资企业和天使投资个人有关税收政策的通知财税〔2018〕55号

微课视频:天使投资个人的税收问题
来源:中财讯

商业健康险税前扣除优惠

对个人购买符合规定的商业健康保险产品的支出,允许在当年(月)计算应纳税所得额时予以税前扣除,扣除限额为2 400元/年(200元/月)。单位统一为员工购买符合规定的商业健康保险产品的支出,应分别计入员工个人工资薪金,视同个人购买,按上述限额予以扣除。2 400元/年(200元/月)的限额扣除为个人所

微课视频:商业健康险税前扣除的问题
来源:中财讯

得税法规定减除费用标准之外的扣除。符合规定的人群购买符合条件的商业健康保险,必须取得税优识别码,才能享受税收优惠。

——《国家税务总局关于推广实施商业健康保险个人所得税政策有关征管问题的公告》(税务总局公告2017年17号)

(四)非货币性资产投资为什么要缴纳个人所得税?

非货币性资产投资,实质为个人"转让非货币性资产"和"对外投资"两笔经济业务同时发生。个人通过转移非货币性资产权属,投资换得被投资企业的股权(或股票,以下统称股权),实现了对非货币性资产的转让性处置。根据《中华人民共和国公司法》规定,以非货币性资产投资应对资产评估作价,对资产评估价值高出个人初始取得该资产时实际发生的支出(即资产原值)的部分,个人虽然没有现金流入,但取得了另一家企业的股权,符合《中华人民共和国个人所得税法》关于"个人所得的形式包括现金、实物、有价证券和其他形式的经济利益"的规定,应按"财产转让所得"项目缴纳个人所得税。反之,如果评估后的公允价值没有超过原值,个人则没有所得,也就不需要缴纳个人所得税。

(五)怎样计算非货币性资产投资个人所得税的应纳税所得额、应纳税额?

根据《公司法》《企业会计准则》《个人所得税法》的规定,以非货币性资产出资,应对非货币性资产评估作价,并据此入账,经评估后的公允价值,即为非货币性资产的转让收入。

应纳税所得额=非货币性资产转让收入-资产原值-转让时按规定支付的合理税费

应纳税额=应纳税所得额×20%

【例1】2019年刘先生以1 000万元购得一块土地。后其以此土地经评估作价2 000万元入股B公司。过户时发生评估费、中介费等相关税费100万元。刘先生以土地入股B公司时,应缴纳个人所得税180万元(2 000-1 000-100)×20%。

【例2】王先生、李先生最初各出资300万元成立A公司。为促进企业发展壮大,王、李两位与B公司达成重组协议,B公司以发行股份并支付现金补价方式购买王先生、李先生持有的A公司股权。其中,分别向两位发行价值3 000万元的股份、支付300万元的现金,在此过程中两人各自发生评估费、中介费等相关税费100万元。那么,王先生、李先生应分别缴纳个人所得税（3 000+300－300－100）×20%=580（万元）。

（六）如何分期缴纳非货币性资产投资个人所得税？

个人发生非货币性资产投资行为，需要分期缴纳个人所得税的，可综合考虑自身资金状况、被投资企业发展前景、投资回报预期等因素，自行合理制定分期缴税计划，并于取得被投资企业股权之日的次月15日内到主管税务机关办理相关备案手续，按计划分期缴纳税款。

（七）非货币性资产投资过程中取得现金补价的，还能分期缴纳税款吗？

个人以非货币性资产投资交易过程中取得现金补价的，现金部分应优先用于缴税；现金不足以缴纳的部分，可分期缴纳。也就是说，个人以非货币性资产投资取得现金补价，现金部分足以缴税的，税款应一次结清；现金不足以全部缴清税款的，不足部分可以分期缴纳。上述现金补价，是指个人在以非货币性资产投资过程中，除了取得被投资企业的股权外，还可能取得一定数量的现金，对这部分现金，会计上一般称为补价。

【例3】在前例中，王先生、李先生因非货币性资产投资，分别应缴纳个人所得税580万元。两人在此次交易过程中各自取得的300万元现金补价，应优先用于缴税。剩余的280万元，可分期缴纳。

（八）分期缴税期间，个人转让以非货币性资产投资取得的股权的，尚未缴纳的税款需要一次性缴纳吗？

按照《通知》规定，个人在分期缴税期间转让其以非货币资产性投资取得的全部或部分股权并取得现金收入的，该现金收入应优先用于缴纳尚未缴清的税款。对部分转让股权且取得的现金不足以一次结清税款的，剩余部分可以继续分期缴纳。

【例4】以前例中王先生为例。王先生在办理280万元分期缴税手续后的第3年，仍有200万元税款尚未缴纳。此时他转让了部分以非货币性资产投资换取的股权，如果取得的税后转让收入超过200万元，那么他应一次结清税款；如果取得的税后转让收入不超过200万元，假设为160万元，那么，剩余的40万元可以继续分期缴纳。

（九）非货币性资产投资的纳税地点如何确定？

非货币性资产投资的纳税地点区分具体情形确定：

（1）以房产、土地等不动产投资的，应在不动产所在地地税机关办理申报、备案及纳税等事宜；

（2）以持有的企业股权对外投资的，应在该企业所在地地税机关办理申报、备案及纳税等事宜；

（3）纳税人以不动产和股权以外的其他非货币性资产投资的，应在非货币性资产进行投资的被投资企业所在地地税机关办理申报、备案及纳税等事宜。

六、偶然所得应纳税额的计算

偶然所得，是指个人得奖、中奖、中彩以及其他偶然性质的所得。得奖是指参加各种有奖竞赛活动，取得名次得到的奖金；中奖、中彩是指参加各种有奖活动，如有奖销售、有奖储蓄，或者购买彩票，经过规定程序，抽中、摇中号码而取得的奖金。偶然所得，以每次收入为一次。偶然所得应缴纳的个人所得税税款，一律由发奖单位或机构代扣代缴。

微课视频：赠送礼品给个人是否代缴个人所得税

购买体育彩票、福利彩票获得1万元以下的暂免征收个人所得税，超过1万元的，应全额按照"偶然所得"项目征收个人所得税。

【例1】郑某2019年3月在某公司举行的有奖销售活动中获得奖金12 000元，领奖时发生交通费600元、食宿费400元（均由郑某承担）。在颁奖现场郑某直接向某大学图书馆捐款3 000元。已知偶然所得适用的个人所得税税率为20%。请计算郑某中奖收入应缴纳的个人所得税税额。

解析：偶然所得按收入全额计征个人所得税，不扣除任何费用，应纳税额=12 000×20%=2 400（元）。

 知识链接

个人收入用于捐赠的规定

（1）个人将其所得通过中国境内的社会团体、国家机关向教育和其他社会公益事业以及遭受严重自然灾害地区、贫困地区捐赠，捐赠额未超过纳税义务人申报的应纳税所得额30%的部分，可以从其应纳税所得额中扣除。

对符合下列捐赠方式（通过非营利性的社会团体和国家机关）的个人捐赠，可以在缴纳个人所得税前全额扣除：向老年活动机构、教育事业的捐赠、向红十字事业的捐赠、向公益性青少年活动场所的捐赠、中华慈善总会、中国法律援助基金会、中华见义勇为基金会、宋庆龄基金会、中国福利会、中国残疾人福利基金会、中国扶贫基金会等。

（2）个人的所得（不含偶然所得）用于资助非关联的科研机构和高等学校研究开发新产品、新技术、新工艺所发生的研究开发经费，经主管税务机关确定，可以全额在下月（工资、薪金所得）或下次（按次计征的所得）或当年（按年计征的所得）计征个人所得税时，从应纳税所得额中扣除，不足抵扣的，不得结转抵扣。

（3）个人取得的应纳税所得，包括现金、实物和有价证券。所得为实物的，应当按照取得的凭证上所注明的价格计算应纳税所得额；无凭证的实物或者凭证上所注明的价格明显偏低的，由主管税务机关参照当地的市场价格核定应纳税所得额。所得为有价证券的，由主管税务机关根据票面价格和市场价格核定应纳税所得额。

实操训练

苏州瑞德酒业有限公司工程技术部的陈龙擅长投资，在2018年的"熊市"中也能突出重围，狂赚十几万元，人称"诸葛亮"，但他也有难处，就是每次赚钱时该缴纳多少税款不清楚，毕竟人家是搞工程技术的，对税法也没有多少研究，每次都要找瑞德企业管理公司的好友小赵帮忙。2019年春节刚过，"诸葛亮"拿着他2019年1月的相关收入来找小赵了。可小赵因家里有事请假了，而作为瑞德企业管理公司2018年新招聘的工作人员的你接待了他，作为第一次在公司的咨询服务，你该怎样帮助"诸葛亮"呢？下表是陈龙2019年1月的相关收入情况。

收 入 来 源	金额（元）	相 关 说 明
1. 转让3只股票收入	50 000	
2. 出租市区格林花园的商品房收入	3 500	应房客要求在2019年春节期间对房屋的渗水进行维修，费用1 800元，另外相关增值税、房产税等280元
3. 银行活期存款利息收入	2 500	
4. 转让2009年购买的美之苑的商品房一套收入	600 000	2009年购买时为25万元，相关的转让税金2.4万元以及合理费用12万元
5. 购买福利"双色球"彩票中奖收入	3 000	
6. 将自己的一项专利技术供公司使用收入	20 000	通过民政部门向西部贫困地区捐赠10 000元
7. 取得因持有某上市公司股票而分得的2018年红利	16 000	

实操分析

通过任务分析，主要涉及个人所得税中有关财产运作性收入的个人所得税的知识。财产运作性所得主要是指将纳税人拥有的有形资产和无形资产进行运作经营而获得的所得。个人所得税法对其有着严格的规定，例如，劳务的范围、税率、收入的确定等内容的税收处理。陈龙的2019年1月的收入几乎涵盖了财产运作性收入的大部分种类，只有充分了解和掌握相关的知识，我们才能够准确计算陈龙收入应缴纳的税款。

我们了解了陈龙的2019年1月的收入构成，主要有股票的转让和分红收入、不动产的转让和租赁收入、银行储蓄存款利息收入、特许权使用费收入以及福利彩票中奖的收入。另外，陈龙也从特许权使用费收入中捐赠了10 000元，可结合相关知识，做如下计算：

收入来源	金额（元）	相关说明	计算过程	法律依据
1. 转让3只股票收入	50 000		免税	鉴于我国证券市场发育还不成熟，对股票转让所得暂不征收个人所得税
2. 出租市区格林花园的商品房收入	3 500	应房客要求在2019年春节期间对房屋的渗水进行维修，费用1 800元，另外相关增值税、房产税等280元	（3 500-800-800-280）×10%=162（元）	纳税人负担的该出租财产实际开支的修缮费用。允许扣除的修缮费用，以每次800元为限
3. 银行存款利息收入	2 500		免税	从2008年10月9日起，对储蓄存款利息所得暂免征收个税
4. 转让2009年购买的美之苑的商品房一套收入	600 000	2009年购买时25万元，相关的转让税金2.4万元以及合理费用12万元	（600 000-250 000-120 000-24 000）×20%=41 200（元）	对个人转让自用5年以上并且是家庭唯一生活用房取得的所得，免征个人所得税。（陈龙有两处以上房产，所售房屋不具备唯一性，故不免）
5. 购买福利"双色球"彩票中奖收入	3 000		免税	购买体育彩票、福利彩票获得1万元以下的暂免征收个人所得税

（续表）

收入来源	金额(元)	相关说明	计算过程	法律依据
6.将自己的一项专利技术供公司使用收入	20 000	通过民政部门向西部贫困地区捐赠10 000元	可以从其应纳税所得额中扣除的金额=20 000×(1−20%)×30%=4 800(元) 应纳税额=20 000×(1−20%)−4 800×20%=2 240(元)	个人将其所得通过中国境内的社会团体、国家机关向贫困地区捐赠,捐赠额未超过纳税义务人申报的应纳税所得额30%的部分,可以从其应纳税所得额中扣除
7.取得因持有某上市公司股票而分得的2018年红利	16 000		16 000×50%×20%=1 600(元)	对个人投资者从上市公司取得的股息、红利所得,暂减按50%计入个人应纳税所得额
陈龙2019年1月应纳个人所得税			162+41 200+2 240+1 600=45 202(元)	

 思考与练习

1.【单选题】下列各项中,不应当征收个人所得税的是(　　)。

　　A. 股息红利所得　　　　　　　　B. 中奖、中彩所得

　　C. 金融债券利息　　　　　　　　D. 股票转让所得

2.【单选题】李阳将自有房屋出租给某公司使用,每月取得租赁收入2 000元,则其每月应缴个人所得税(　　)。

　　A. 120元　　　　B. 240元　　　　C. 320元　　　　D. 400元

3.【单选题】王某将一项发明的使用权转让给乙企业,取得收入8 000元,则其应纳个人所得税(　　)元。

　　A. 1 280　　　　B. 1 440　　　　C. 1 600　　　　D. 1 900

4.【多选题】在下列各项所得中,可以暂免征收个人所得税的是(　　)。

　　A. 个人办理代扣缴税款手续,按规定取得的扣缴手续费

　　B. 外籍个人从外商投资企业取得的股息、红利所得

　　C. 个人转让自用达5年以上的住房取得的所得

　　D. 单张有奖发票奖金1 000元

5.【多选题】下列各项所得,在计算个人所得税时,不得扣除费用的是( )。

　　A. 股息红利所得　　　　　　　　B. 偶然所得

　　C. 特许权使用费收入　　　　　　D. 财产租赁所得

6.【计算题】张某于2019年2月将其自有的房屋出租给他人居住,租期2年,年租金18 000元,增值税率5%(个人住房出租按照5%的"征收率"减按1.5%计算交纳增值;税城建税、教育费附加不考虑),2月张某因房屋陈旧进行了简单维修,发生维修费用1 200元(取得合法有效凭证)。请计算张某2019年2月应缴纳个人所得税额?

7.【计算题】王华为大学教授,2018年12月取得收入情况如下:

　　(1) 取得工资、薪金5 000元;

　　(2) 出版专业书一本,取得稿酬20 000元;

　　(3) 为其他单位授课一次,取得收入5 000元;

　　(4) 当月闲置房屋租赁取得收入2 000元,税费共计支付120元;

　　(5) 取得银行存款利息收入200元。

　　请你为该教授计算当月应纳个人所得税税额。(采用非累计预扣法计算)

8.【计算题】中国公民李某在国内某单位任职,2018年12月取得如下收入:

　　(1) 工资收入5 000元,当月奖金1 000元,季度奖2 400元;

　　(2) 接受某公司邀请担任技术顾问,一次性取得收入35 000元;

　　(3) 将一套住房出租,月租金4500元,当月支付房屋修缮费1 000元;

　　(4) 因汽车失窃,获得保险公司赔偿8万元;

　　(5) 取得购买国债利息500元。

　　要求:计算李某当月应纳的个人所得税。(采用非累计预扣法计算)

项目四　个体经营性所得的处理

知识点
◎ 个体经营性所得计税范围的确认
◎ 个体经营性所得税率的确认

技能点
◎ 掌握个体经营性所得应纳税额的计算
◎ 掌握个体独资企业和合伙企业应纳个人所得税的税务处理

课前十分钟——税收文化普及:《以税养廉》

知识掌握

个体经营性所得主要包括个体工商户的生产、经营所得和对企事业单位的承包经营、承租经营所得两类。我们首先了解一下个体工商户的生产、经营所得的税收处理。

个体工商户的生产、经营所得的税收处理

（一）个体工商户的生产、经营所得的范围

个体工商户的生产、经营所得,包含内容如下。

（1）个体工商户从事工业、手工业、建筑业、交通运输业、商业、饮食业、服务业、修理业及其他行业取得的所得。

（2）个人经政府有关部门批准,取得执照,从事办学、医疗、咨询以及其他有偿服务活动取得的所得。

（3）上述个体工商户和个人取得的与生产、经营有关的各项应税所得。

(4) 个人因从事彩票代销业务而取得所得,应按照"个体工商户的生产、经营所得"项目计征个人所得税。

(5) 其他个人从事个体工商业生产、经营取得的所得。

从事个体出租车运营的出租车驾驶员取得的收入,按个体工商户的生产、经营所得项目缴纳个人所得税。

个体工商户和从事生产、经营的个人,取得与生产、经营活动无关的其他各项应税所得,应分别按照其他应税项目的有关规定,计算征收个人所得税。

个人独资企业、合伙企业的个人投资者以企业资金为本人、家庭成员及其相关人员支付与企业生产经营无关的消费性支出及购买汽车、住房等财产性支出,视为企业对个人投资者利润分配,并入投资者个人的生产经营所得,依照"个体工商户的生产经营所得"项目计征个人所得税。

(二) 个体工商户的生产、经营所得的税率

个体工商户的生产、经营所得和对企事业单位的承包经营、承租经营所得,适用5%-35%的超额累进税率(见下表)。

个人所得税税率表

级数	全年应纳税所得额	税率(%)	速算扣除数
1	不超过30 000元的	5	0
2	超过30 000元到90 000元的部分	10	1 500
3	超过90 000元至300 000元的部分	20	10 500
4	超过300 000元至500 000元的部分	30	40 500
5	超过500 000元的部分	35	65 500

注:本表所称全年应纳税所得额是指依照个人所得税法第六条的规定,以每一纳税年度的收入总额减除成本费用以及损失后的余额。

个人独资企业和合伙企业的生产经营所得,也适用5%—35%的五级超额累进税率。

(三) 个体工商户的生产、经营所得的扣除费用

个体工商户的生产、经营所得,以每一纳税年度的收入总额,减除成本、费用以及损失后的余额,为应纳税所得额。成本、费用,是指纳税义务人从事生产、经营所发生的各项直接支出和分配计入成本的间接费用以及销售费用、管理费用、财务费用。所说的损

失,是指纳税义务人在生产、经营过程中发生的各项营业外支出。

从事生产、经营的纳税义务人未提供完整、准确的纳税资料,不能正确计算应纳税所得额的,由主管税务机关核定其应纳税所得额。

个人独资企业的投资者以全部生产经营所得为应纳税所得额;合伙企业的投资者按照合伙企业的全部生产经营所得和合伙协议约定的分配比例,确定应纳税所得额,合伙协议没有约定分配比例的,以全部生产经营所得和合伙人数量平均计算每个投资者的应纳税所得额。

上述所称生产经营所得,包括企业分配给投资者个人的所得和企业当年留存的所得(利润)。

(四)个体工商户的生产、经营所得的应纳税额计算

个体工商户、个人独资企业和合伙企业因在纳税年度中间开业、合并、注销及其他原因,导致该纳税年度的实际经营期不足1年的,对个体工商户业主、个人独资企业投资者和合伙企业自然人合伙人的生产经营所得计算个人所得税时,以其实际经营期为1个纳税年度。投资者本人的费用扣除标准,应按照其实际经营月份数,以每月5 000元的减除标准确定。计算公式如下:

应纳税所得额=该年度收入总额-成本、费用及损失-当年投资者本人的费用扣除额

当年投资者本人的费用扣除额=月减除费用(5 000元/月)×当年实际经营月份数

应纳税额=应纳税所得额×税率-速算扣除数

> 个体工商户业主、个人独资企业投资者、合伙企业个人合伙人以及从事其他生产、经营活动的个人,以其每一纳税年度来源于个体工商户、个人独资企业、合伙企业以及其他生产、经营活动的所得,减除费用6万元、专项扣除以及依法确定的其他扣除后的余额,为应纳税所得额。

注意事项:

(1)个体工商户生产经营过程中从业人员的工资扣除标准,由各省、自治区、直辖市地方税务机关根据当地实际情况确定,并报国家税务总局备案。

(2)个体工商户在生产、经营期间借款利息支出,凡有合法证明的,不高于按金融机构同类、同期贷款利率计算的数额的部分,准予扣除。

知识链接

个人独资企业和合伙企业个人所得税的税务处理

对个人独资企业和合伙企业生产经营所得,其个人所得税应纳税额的计算有以下两种办法:查账征税和核定征收。

(一)查账征税

个人独资企业和合伙企业投资者的生产经营所得依法计征个人所得税时,个人独资企业和合伙企业投资者本人的费用扣除标准统一确定为60 000元/年,即5 000元/月。投资者的工资不得在税前扣除。

企业从业人员的工资支出按标准在税前扣除,具体标准由各省、自治区、直辖市地方税务局参照企业所得税计税工资标准确定。

投资者及其家庭发生的生活费用不允许在税前扣除。投资者及其家庭发生的生活费用与企业生产经营费用混合在一起,并且难以划分的,全部视为投资者个人及其家庭发生的生活费用,不允许在税前扣除。

企业生产经营和投资者及其家庭生活共用的固定资产,难以划分的,由主管税务机关根据企业的生产经营类型、规模等具体情况,核定准予在税前扣除的折旧费用的数额或比例。

企业实际发生的职工工会经费、职工福利费、职工教育经费分别在其计税工资总额的2%、14%、1.5%的标准内据实扣除。

企业每一纳税年度发生的广告和业务宣传费用不超过当年销售(营业)收入2%的部分,可据实扣除;超过部分可无限期向以后的纳税年度结转。

企业每一纳税年度发生的与其生产经营业务直接相关的业务招待费,在以下规定比例范围内,可据实扣除:全年销售(营业)收入净额在1 500万元及其以下的,不超过全年销售(营业)收入净额的5‰;全年销售(营业)收入净额超过1 500万元的,不超过该部分的3‰。

企业计提的各种准备金不得扣除。

(二)核定征收

核定征收方式包括定额征收、核定应税所得率征收,以及其他合理的征收方式。

实行核定应税所得率征收方式的,应纳所得税额的计算公式如下:

(1) 应纳所得税额=应纳税所得额×适用税率

(2) 应纳税所得额=收入总额×应税所得率

　　或　　　　　　=成本费用支出额÷(1－应税所得率)×应税所得率

应税所得率应按下表规定的标准执行。

个人所得税应税所得率表

行　　业	应税所得率(%)
工业、交通运输业、商业	5—20
建筑业、房地产开发业	7—20
饮食服务业	7—25
娱乐业	20—40
其他行业	10—30

企业经营多业的,无论其经营项目是否单独核算,均应根据其主营项目确定其适用的应税所得率。

实行核定征税的投资者,不能享受个人所得税的优惠政策。

实行查账征税方式的个人独资企业和合伙企业改为核定征税方式后,在查账征税方式下认定的年度经营亏损未弥补完的部分,不得再继续弥补。

实操训练

苏州瑞德企业管理咨询有限公司小马2019年1月初接待了一个人独资企业老板的咨询,该个人独资企业2018年全年销售收入为10 000 000元,销售成本和期间费用7 600 000元,其中业务招待费100 000元、广告费150 000元、业务宣传费80 000元、投资者工资24 000元,增值税以外的各种税费1 500 000元,没有其他涉税调整事项,公司是查账征税。个人独资企业老板询问他公司是缴纳企业所得税还是个人所得税,该缴纳多少?另外,该老板还询问,他2018年11月从公司账户借款30万元购买一高档轿车,是以个人名义上的牌照,至今款项未还给公司账户,如果不还,有没有关系?如果你是小马,你该如何向该老板回答?

实操分析

通过任务分析，主要涉及个人独资企业收入的个人所得税的知识。个人独资企业虽然是企业，但其企业所得也是个人所得，这些是属于个体经营性所得，因此，其和合伙制企业一样缴纳个人所得税。另外，个体经营性所得还包括个体工商户的生产、经营所得和对企事业单位的承包经营、承租经营所得，这些内容是个人所得税中的一个难点，只有充分了解和掌握相关的知识，我们才能够准确回答个人独资企业老板的咨询。

税法规定，个人独资企业和合伙企业的生产经营所得应参照个体工商户缴纳个人所得税，适用5%—35%的五级超额累进税率。

根据税法规定，个人独资企业发生的业务招待费用，年销售（营业）收入净总额在1 500万元以下的，不得超过收入总额的5‰的部分可以据实扣除；发生的广告费和业务宣传费用不超过当年销售收入的2%的部分，可据实扣除，超过部分可无限期向以后纳税年度结转。业务招待费扣除限额=10 000 000×5‰=50 000（元），实际发生100 000元，税前准予扣除50 000元；广告费和业务宣传费用扣除限额=10 000 000×2%=200 000（元），实际发生150 000+80 000=230 000（元），税前扣除准予扣除200 000元。另外，老板借用公司的资金为自己购买汽车，在该纳税年度内未归还资金，视为企业对个人投资者利润分配，并入投资者个人的生产经营所得，依照"个体工商户的生产经营所得"项目计征个人所得税。所以，那30万元的借款只能视为企业对个人投资者利润分配缴纳税款，现在还已经晚了。

该个人独资企业应缴纳个人所得税=(300 000+10 000 000−7 600 000−1 500 000+100 000−50 000+150 000+80 000−200 000+24 000−5 000×12)×30%−40 500=90 120（元）

思考与练习

1. 【单选题】合伙企业的投资者李某以企业资金为其本人购买汽车和住房，该财产购置支出应按（　　）计征个人所得税。
   - A. 工资薪金所得
   - B. 承包转包所得
   - C. 个体工商户的生产经营所得
   - D. 利息股息红利所得

2. 【单选题】在对个体工商户的生产经营所得查账征收个人所得税时，准予在个人所得税前扣除的项目是（　　）。

   A. 各种赞助支出
   B. 个体户业主的工资支出
   C. 与生产经营有关的修理费用
   D. 缴纳的个人所得税

3. 【多选题】下列关于个人所得税有关规定的表述中，以下说法不正确的有（　　）。

   A. 个人合伙企业支付给从业人员的工资按企业所得税中的计税工资处理
   B. 个人独资企业的投资者发生的生活费用允许在个人所得税前扣除
   C. 个体工商户从联营企业分回的利润应并入其经营所得一并交纳个人所得税
   D. 个人独资企业的投资者买卖股票的所得免征个人所得税

4. 【计算题】某个人独资企业，2018年全年销售收入为1 000万元；销售成本和期间费用760万元，其中业务招待费10万元、广告费15万元、业务宣传费8万元、投资者工资3万元；增值税以外的各种税费150万元，没有其他涉税调整事项。该独资企业2018年应缴纳的个人所得税为多少元？

项目五　个人所得税的税收优惠政策

知识点
◎ 个人所得税的税收优惠政策
◎ 非居民个人所得税的税收优惠政策

技能点
◎ 掌握个人所得税税收优惠政策的运用
◎ 掌握境外所得个人所得税抵免政策的运用

课前十分钟——税收文化普及：《商税关关》

知识掌握

《个人所得税法》及其实施条例以及财政部、国家税务总局的若干规定等，都对个人所得项目给予了减税免税的优惠。

一、免征个人所得税的优惠

（1）省级人民政府、国务院部委和中国人民解放军军以上单位，以及外国组织颁发的科学、教育、技术、文化、卫生、体育、环境保护等方面的奖金。

（2）国债和国家发行的金融债券利息。

（3）按照国家统一规定发给的补贴、津贴。

（4）福利费、抚恤金、救济金。

（5）保险赔款。

（6）军人的转业费、复员费。

《央视财经评论》
视频：税收改革
来源：央视网

（7）按照国家统一规定发给干部、职工的安家费、退职费、退休工资、离休工资、离休生活补助费。

（8）依照我国有关法律规定应予免税的各国驻华使馆、领事馆的外交代表、领事官员和其他人员的所得。

（9）中国政府参加的国际公约以及签订的协议中规定免税的所得。

（10）关于发给见义勇为者的奖金问题。对乡、镇（含乡、镇）以上人民政府或经县（含县）以上人民政府主管部门批准成立的有机构、有章程的见义勇为基金或者类似性质组织，奖励见义勇为者的奖金或奖品，经主管税务机关核准，免征个人所得税。

（11）企业和个人按照省级以上人民政府规定的比例提取并缴付的住房公积金、医疗保险金、基本养老保险金、失业保险金，不计入个人当期的工资、薪金收入，免予征收个人所得税。超过规定的比例缴付的部分计征个人所得税。

个人领取原提存的住房公积金、医疗保险金、基本养老保险金时，免予征收个人所得税。

（12）对个人取得的教育储蓄存款利息所得以及国务院财政部门确定的其他专项储蓄存款或者储蓄性专项基金存款的利息所得，免征个人所得税。

（13）储蓄机构内从事代扣代缴工作的办税人员取得的扣缴利息税手续费所得，免征个人所得税。

（14）经国务院财政部门批准免税的所得。

二、减征个人所得税的优惠

（1）残疾、孤老人员和烈属的所得。

（2）因严重自然灾害造成重大损失的。

（3）其他经国务院财政部门批准减税的。

三、暂免征收个人所得税的优惠

（1）外籍个人以非现金形式或实报实销形式取得的住房补贴、伙食补贴、搬迁费、洗衣费。

（2）外籍个人按合理标准取得的境内、外出差补贴。

（3）外籍个人取得的探亲费、语言训练费、子女教育费等，经当地税务机关审核批准为合理的部分。可以享受免征个人所得税优惠的探亲费，仅限于外籍个人在我国的受雇地与其家庭所在地(包括配偶或父母居住地)之间搭乘交通工具,且每年不超过两次的费用。

(4)个人举报、协查各种违法、犯罪行为而获得的奖金。

(5)个人办理代扣代缴税款手续,按规定取得的扣缴手续费。

(6)个人转让自用达5年以上并且是唯一的家庭居住用房取得的所得。

(7)对达到离休、退休年龄,但确因工作需要,适当延长离休、退休年龄的高级专家(指享受国家发放的政府特殊津贴的专家、学者),其在延长离休、退休期间的工资、薪金所得,视同退休工资、离休工资免征个人所得税。

(8)外籍个人从外商投资企业取得的股息、红利所得。

(9)凡符合条件的外籍专家取得的工资、薪金所得可免征个人所得税。

(10)对被拆迁人按照国家有关规定的标准取得的拆迁补偿款,免征个人所得税。

知识链接

境外所得的税额扣除

税法规定,纳税义务人从中国境外取得的所得,准予其在应纳税额中扣除已在境外缴纳的个人所得税税额。但扣除额不得超过该纳税义务人境外所得依照我国税法规定计算的应纳税额。

> ▶ 个人所得税法所称已在境外缴纳的个人所得税税额,是指居民个人来源于中国境外的所得,依照该所得来源国家或者地区的法律应当缴纳并且实际已经缴纳的所得税税额。
>
> ▶ 个人所得税法所称依照个人所得税法规定计算的应纳税额,是居民个人境外所得已缴境外个人所得税的抵免限额。

除国务院财政、税务主管部门另有规定外,来源于一国(地区)抵免限额为来源于该国的综合所得抵免限额、经营所得抵免限额、其他所得项目抵免限额之和,其中:

(1)来源于一国(地区)综合所得的抵免限额=中国境内、境外综合所得依照个人所得税法和本条例的规定计算的综合所得应纳税总额×来源于该国(地区)的综合所得收入额÷中国境内、境外综合所得收入总额；

例如，张某中国年工资收入12万元，美国国外劳务收入8万元人民币，在美国国外已经缴纳个人所得税2万元。（不考虑扣除项）

抵免限额＝[（120 000+80 000−60 000）×10%−2 520]×80 000÷
　　　　　（80 000+120 000）
　　　　＝11 480×0.4=4 592（元）

（2）来源于一国（地区）经营所得抵免限额=中国境内、境外经营所得依照个人所得税法和本条例的规定计算的经营所得应纳税总额 × 来源于该国（地区）的经营所得的应纳税所得额÷中国境内、境外经营所得的应纳税所得额；

（3）来源于一国（地区）的其他所得项目抵免限额，为来源于该国（地区）的其他所得项目依照个人所得税法和本条例的规定计算的应纳税额。

纳税义务人在中国境外一个国家或者地区实际已经缴纳的个人所得税税额，低于依照上述规定计算出的该国家或者地区扣除限额的，应当在中国缴纳差额部分的税款；超过该国家或者地区扣除限额的。其超过部分不得在本纳税年度的应纳税额中扣除，但是可以在以后纳税年度的该国家或者地区扣除限额的余额中补扣，补扣期限最长不得超过5年。

实操训练

苏州瑞德酒业有限公司职员小林看中了苏州世贸运河城的一套商品房，考虑到他的住房公积金账户已有5万多元，加上这几年的工作积蓄，20%的首付应该没有问题。但是，他不知道职工提取的住房公积金收入要不要缴纳个人所得税，如果要缴纳的话，恐怕首付就应该有问题。为弄清楚，小林特来找财务部小王询问，如果你是小王，该如何回答？

实操分析

通过任务分析，本任务主要涉及个人所得税优惠政策的知识。为减轻纳税人负担，个人所得税规定了许多的优惠措施，掌握这些政策和措施，对于我们日常生活，特别是涉及个人所得税时会有很大的帮助。

企业和个人按照省级以上人民政府规定的比例提取并缴付的住房公积金不

计入个人当期的工资、薪金收入,免予征收个人所得税。超过规定的比例缴付的部分计征个人所得税。个人领取原提存的住房公积金、医疗保险金、基本养老保险金时,免予征收个人所得税。不光住房公积金,而且医疗保险金、基本养老保险金、失业保险金的收入也免予征收个人所得税。因此,小林的购房计划可以执行了。

思考与练习

1. 【单选题】下列项目中,按照规定不可以免征个人所得税的是( )。

   A. 储蓄存款利息5 000元

   B. 个人取得的体育彩票中奖收入5 000元

   C. 在校学生因参与勤工俭学活动而取得的劳务收入1 000元

   D. 企业改制支付给解聘职工相当于上年4个月工资的一次性补偿收入5 000元

2. 【计算题】某高级工程师2019年7月从A国取得特许权使用费收入20 000元,该收入在A国已纳个人所得税3 000元;同时从A国取得利息收入1 400元,该收入在A国已纳个人所得税300元。该月从B国取得发表论文的所得3 000元,已纳个人所得税280元。该工程师当月应在我国补缴个人所得税多少元?

项目六　征收管理

知识点	技能点
◎ 纳税形式	◎ 掌握纳税申报表的填写
◎ 纳税期限和地点	◎ 掌握自行申报纳税和代扣代缴的操作

课前十分钟——税收文化普及:《关税风云》

 知识掌握

个人所得税的纳税办法,有自行申报纳税和代扣代缴两种。

一、居民个人的综合所得个人所得税处理

居民个人的综合所得,以每一纳税年度的收入额减除费用6万元以及专项扣除、专项附加扣除和依法确定的其他扣除后的余额,为应纳税所得额。

(1)专项扣除,包括居民个人按照国家规定的范围和标准缴纳的基本养老保险、基本医疗保险、失业保险等社会保险费和住房公积金等。

(2)专项附加扣除,包括子女教育、继续教育、大病医疗、住房贷款利息或者住房租金、赡养老人等支出。

(3)依法确定的其他扣除,包括补充养老保险和补充医疗保险。

公安、人民银行、金融监督管理等相关部门应当协助税务机关确认纳税人的身份、金融账户信息。教育、卫生、医疗保障、民政、人力资源社会保障、住房城乡建设、公安、人民银行、金融监督管理等相关部门应当向税务机关提供纳税人子女教育、继续教育、

大病医疗、住房贷款利息、住房租金、赡养老人等专项附加扣除信息。

居民个人取得综合所得,按年计算个人所得税;有扣缴义务人的,由扣缴义务人按月或者按次预扣预缴税款;需要办理汇算清缴的,应当在取得所得的次年3月1日至6月30日内办理汇算清缴。预扣预缴办法由国务院税务主管部门制定。纳税人办理汇算清缴退税或者扣缴义务人为纳税人办理汇算清缴退税的,税务机关审核后,按照国库管理的有关规定办理退税。

居民个人向扣缴义务人提供专项附加扣除信息的,扣缴义务人按月预扣预缴税款时应当按照规定予以扣除,不得拒绝。

非居民个人取得工资、薪金所得,劳务报酬所得,稿酬所得和特许权使用费所得,有扣缴义务人的,由扣缴义务人按月或者按次代扣代缴税款,不办理汇算清缴。

> 居民个人从境内和境外取得的综合所得或者经营所得,应当分别合并计算应纳税额;从境内和境外取得的其他所得应当分别单独计算应纳税额。

纳税人所得为人民币以外货币的,按照办理纳税申报或扣缴申报的上一月最后一日人民币汇率中间价,折合成人民币计算应纳税所得额。年度终了后办理汇算清缴的,对已经按月、按季或者按次预缴税款的人民币以外货币所得,不再重新折算;对应当补缴税款的所得部分,按照上一纳税年度最后一日人民币汇率中间价,折合成人民币计算应纳税所得额。

二、专项附加扣除

个人所得税专项附加扣除,是指个人所得税法规定的子女教育、继续教育、大病医疗、住房贷款利息、住房租金和赡养老人等6项专项附加扣除。个人所得税专项附加扣除在纳税人本年度综合所得应纳税所得额中扣除,**本年度扣除不完的,不得结转以后年度扣除**。

微课视频:附加扣除基本原则

根据教育、住房、医疗等民生支出变化情况,适时调整专项附加扣除范围和标准。

(一)子女教育专项附加扣除

纳税人的子女接受全日制学历教育的相关支出,按照每个子女每年12 000元(每月

1 000元）的标准定额扣除。

学历教育包括义务教育（小学和初中教育）、高中阶段教育（普通高中、中等职业、技工教育）、高等教育（大学专科、大学本科、硕士研究生、博士研究生教育）。

年满3岁至小学入学前教育处于学前教育阶段的子女，参照学历教育执行。

受教育子女的父母分别按扣除标准的50%扣除；经父母约定，也可以选择由其中一方按扣除标准的100%扣除。具体扣除方式在一个纳税年度内不得变更。

纳税人子女在中国境外接受教育的，纳税人应当留存境外学校录取通知书、留学签证等相关教育的证明资料备查。

微课视频：子女教育专项附加扣除

（二）继续教育专项附加扣除

纳税人接受学历（学位）继续教育的支出，在学历（学位）教育期间按照每年4 800元（每月400元）定额扣除。同一学历（学位）教育的扣除期限不得超过48个月。纳税人接受技能人员职业资格继续教育、专业技术人员职业资格继续教育支出，在取得相关证书的年度，按照3 600元定额扣除。

个人接受本科及以下学历（学位）继续教育，该项教育支出可以由其父母按照子女教育支出扣除，也可以由本人按照继续教育支出扣除，但不得同时扣除。

纳税人接受技能人员职业资格继续教育、专业技术人员职业资格继续教育的，应当留存相关证书等资料备查。

微课视频：继续教育专项附加扣除

（三）大病医疗专项附加扣除

一个纳税年度内，在社会医疗保险管理信息系统记录的（包括医保目录范围内的自付部分和医保目录范围外的自费部分）由个人负担超过15 000元的医药费用支出部分，为大病医疗支出，可以按照每年80 000元标准限额据实扣除。大病医疗专项附加扣除由纳税人办理汇算清缴时扣除。

纳税人发生的大病医疗支出可以选择由纳税人本人扣除获取配偶扣除。未成年子女发生的医药费用支出可以选择由其父母一方扣除。

纳税人应当留存医疗服务收费相关票据原件（或复印件）。

微课视频：大病医疗专项附加扣除

（四）住房贷款利息专项附加扣除

纳税人本人或配偶使用商业银行或住房公积金个人住房贷款为本人或其配偶购买住房，发生的首套住房贷款利息支出，在实际发生贷款利息的年度，按照每月1 000元的标准定额扣除，扣除期限最长不超过240个月。非首套住房贷款利息支出，纳税人不得扣除。纳税人只能享受一套首套住房贷款利息扣除。首套住房贷款是指购买住房享受首套住房贷款利息的住房贷款。

微课视频：住房贷款专项附加扣除

经夫妻双方约定，可以选择由其中一方扣除，具体扣除方式在一个纳税年度内不得变更。

夫妻双方婚前分别购买住房发生的首套住房贷款，其贷款利息支出，婚后可以选择其中一套购买的住房，由购买方按扣除标准的100%扣除，也可以由夫妻双方对各自购买的住房分别按扣除标准的50%扣除。具体扣除办法在一个纳税年度内不能更改。

纳税人应当留存住房贷款合同、贷款还款支出凭证。

（五）住房租金专项附加扣除

纳税人本人及配偶在纳税人的主要工作城市没有住房，而在主要工作城市租赁住房发生的租金支出，可以按照以下标准定额扣除：

（1）承租的住房位于直辖市、省会城市、计划单列市以及国务院确定的其他城市，扣除标准为每月1 500元。

（2）承租的住房位于其他城市的，市辖区户籍人口超过100万元的，扣除标准为每每月1 100元。

（3）承租的住房位于其他城市的，市辖区户籍人口不超过100万元（含）的，扣除标准为每月800元。

纳税人的配偶在纳税人的主要工作城市有自有住房的，视同纳税人在主要工作城市有自有住房。

主要工作城市是指纳税人任职受雇所在城市，无任职受雇单位的，为受理其综合所得汇算清缴的税务机关所在城市。城市范围包括直辖市、计划单列市、副省级城市、地级市（地区、州、盟）全部行政区域范围。

夫妻双方主要工作城市相同的，只能由一方扣除住房租金支出。夫妻双方主要工作城市不相同的，且各自在其主要工作城市都没有住房的，可以分别扣除住房租金支出。

住房租金支出由签订租赁住房合同的承租人扣除。

纳税人及其配偶在一个纳税年度内不得同时分别享受住房贷款利息专项附加扣除和住房租金专项附加扣除。

纳税人应当留存住房租赁合同、协议等有关资料留存备查。

（六）赡养老人专项附加扣除

纳税人赡养60岁（含）以上父母以及其他法定赡养人的赡养支出，可以按照以下标准定额扣除：

（1）纳税人为独生子女的，按照每年每月2 000元的标准定额扣除。

（2）纳税人为非独生子女的，应当与其兄弟姐妹分摊每年每月2 000元的扣除额度，分摊方式包括平均分摊、被赡养人指定分摊或者赡养人约定分摊，具体分摊方式在一个纳税年度内不得变更。采取指定分摊或约定分摊方式的，每一纳税人分摊的扣除额最高不得超过每月1 000元，并签订书面分摊协议。指定分摊与约定分摊不一致的，以指定分摊为准。纳税人赡养2个及以上老人的，不按老人人数加倍扣除。

微课视频：赡养老人专项附加扣除

其他法定赡养人是指祖父母、外祖父母的子女已经去世，实际承担对祖父母、外祖父母赡养义务的孙子女、外孙子女。

微课视频：附加扣除案例解析

（七）征收管理

纳税人向收款单位索取发票、财政票据、支出凭证，收款单位不得拒绝提供。

纳税人首次享受专项附加扣除，应当将相关信息提交扣缴义务人或者税务机关，扣缴义务人应尽快将相关信息报送税务机关，纳税人对所提交信息的真实性负责。专项附加扣除信息发生变化的，应当及时向扣缴义务人或者税务机关提供相关信息。

扣缴义务人应当按照纳税人提供的信息计算办理扣缴申报，不得擅自更改纳税人提供的相关信息。

扣缴义务人发现纳税人申报虚假信息的，应当提醒纳税人更正；纳税人拒不改正的，扣缴义务人应当告知税务机关。

税务机关核查专项附加扣除情况时，有关部门、企事业单位和个人应当协助核查。

核查时首次发现纳税人拒不提供或者提供虚假资料凭据的，应通报纳税人和扣缴义务人，五年内再次发现上述情形的，记入纳税人信用记录，会同有关部门实施联合惩戒。

外籍个人如果符合子女教育、继续教育、住房贷款利息或住房租

微课视频：专项附加扣除征收管理

金专项附加扣除条件,可选择按上述项目扣除,也可以选择继续享受现行有关子女教育费、语言训练费、住房补贴的免税优惠,但同一类支出事项不得同时享受。

(八)累计预扣法

扣缴义务人在一个纳税年度内,以截至当前月份累计支付的工资薪金所得收入额减除累计基本减除费用、累计专项扣除、累计专项附加扣除和依法确定的累计其他扣除后的余额为预缴应纳税所得额,对照综合所得税率表,计算出累计应预扣预缴税额,减除已预扣预缴税额后的余额,作为本期应预扣预缴税额。

$$本期应预扣预缴税额 = (累计预缴应纳税所得额 \times 税率 - 速算扣除数) - 已累计预扣预缴税额$$

$$累计预缴应纳税所得额 = 累计收入 - 累计免税收入 - 累计基本减除费用 - 累计专项扣除 - 累计专项附加扣除 - 累计依法确定的其他扣除$$

每月的累计基本减除费用,按 5 000 元/月乘以当前月份数计算。

【例1】2019年1月8日,瑞德生物科技有限公司应向杨女士支付工资13 500元,杨女士在该月除由任职单位扣缴"三险一金"2 560元外,还通过单位缴付企业年金540元,自行支付税优商业健康保险费200元。杨女士专项附加扣除信息如下:

➤ 杨女士已于2018年9月份支付了女儿学前教育的2018年下学期(2018年9月至2019年1月)学费7 000元,大儿子正在上小学,现已与丈夫约定由杨女士按子女教育专项附加扣除标准的100%扣除;

➤ 杨女士本人是在职博士研究生在读;

➤ 杨女士去年使用商业银行个人住房贷款(或住房公积金贷款)购买了首套住房,现处于偿还贷款期间,每月需支付贷款利息1 300元,已与丈夫约定由杨女士进行住房贷款利息专项附加扣除;

➤ 因杨女士所购住房距离小孩上学的学校很远,以每月租金1 200元在(本市)孩子学校附近租住了一套房屋;

➤ 杨女士的父母均已满60岁(每月均领取养老保险金),杨女士与姐姐和弟弟签订书面分摊协议,约定由杨女士分摊赡养老人专项附加扣除800元。

一、计算杨女士2019年1月个人所得税时可扣除:

1. 基本扣除费用5 000元;
2. 专项扣除"三险一金"2 560元;

3. 专项附加扣除4 200元：

(1) 子女教育专项附加扣除2 000元（女儿和儿子各1 000元）；

(2) 继续教育专项附加扣除400元；

(3) 住房贷款利息专项附加扣除1 000元；

(4) 赡养老人专项附加扣除800元。

4. 依法确定的其他扣除740元（企业年金540元，支付税优商业健康保险费200元）。

二、杨女士2019年1月应纳税所得额

=13 500−5 000−2 560−4 200−740=1 000（元）

三、应在1月预扣预缴杨女士个人所得税

=1 000×3%=30（元）

【例2】2019年2月2日，瑞德生物科技有限公司应支付杨女士工资13 500元，同时发放春节的过节福利费4 500元，合计18 000元。单位扣缴"三险一金"，杨女士缴付企业年金、支付税优商业健康保险费等金额均与2019年1月相同；杨女士可享受的各类专项附加扣除也均与1月份相同。

一、计算杨女士2019年2月个人所得税时可扣除：

1. 基本扣除费用5 000元；

2. 专项扣除"三险一金"2 560元；

3. 专项附加扣除4 200元：

(1) 子女教育专项附加扣除2 000元（女儿和儿子各1 000元）；

(2) 继续教育专项附加扣除400元；

(3) 住房贷款利息专项附加扣除1 000元；

(4) 赡养老人专项附加扣除800元。

4. 依法确定的其他扣除740元（企业年金540元，支付税优商业健康保险费200元）。

二、试用两种方式计算2019年2月应扣缴的杨女士个人所得税：

（一）与2018年相同的按月扣缴税款方式

1. 杨女士2019年2月应纳税所得额

=18 000−5 000−2 560−4 200−740

=5 500（元）

2. 应在2月预扣预缴杨女士个人所得税

=5 500×10%−210=340（元）

（适用税率级次：套用年税率表按12个月换算后的月应纳税所得额和对应税率）

（二）按"累计预扣法"方式预扣预缴税款

在1月份已预扣预缴杨女士个人所得税30元。

1. 杨女士2月份累计应税收入

   =13 500+13 500+4 500=31 500（元）

2. 杨女士2月份累计扣除额

   =5 000×2+2 560×2+4 200×2+740×2

   =25 000（元）

3. 杨女士2月份累计预扣预缴应纳税所得额

   =31 500−25 000=6 500（元）

4. 2月份累计应预扣预缴杨女士个人所得税

   =6 500×3%=195（元）

（适用税率级次：将当月累计预缴时的应纳税所得额视为全年应纳税所得额，适用对应税率）

5. 2月份当月应预扣预缴杨女士个人所得税=195−30=165（元）

提示：单位每月支付工资、薪金时预扣的个人所得税，依法应当在次月的法定申报期内申报解缴（如2019年2月份发放工薪时预扣的个人所得税应在3月份的法定申报期内申报解缴）。

三、税务机关的纳税调整

有下列情形之一的，税务机关有权按照合理方法进行纳税调整：

第一，个人与其关联方之间的业务往来不符合独立交易原则而减少本人或者其关联方应纳税额，且无正当理由；

> 关联方，是指与个人有下列关联关系之一的个人、企业或者其他经济组织：
>
> （一）夫妻、直系血亲、兄弟姐妹，以及其他抚养、赡养、扶养关系；
>
> （二）资金、经营、购销等方面的直接或者间接控制关系；
>
> （三）其他经济利益关系。
>
> 独立交易原则，是指没有关联关系的交易各方，按照公平成交价格和营业常规进行业务往来遵循的原则。

第二,居民个人控制的,或者居民个人和居民企业共同控制的设立在实际税负明显偏低的国家(地区)的企业,无合理经营需要,对应当归属于居民个人的利润不作分配或者减少分配;

> 所称控制,是指:
> (一)居民个人、居民企业直接或者间接单一持有外国企业10%以上有表决权股份,且由其共同持有该外国企业50%以上股份;
> (二)居民个人、居民企业持股比例未达到第一项规定的标准,但在股份、资金、经营、购销等方面对该外国企业构成实质控制。
> 所称实际税负明显偏低,是指实际税负低于《中华人民共和国企业所得税法》规定的税率的50%。
> 居民个人或者居民企业能够提供资料证明其控制的企业满足国务院财政、税务主管部门规定的条件的,可免予纳税调整。

第三,个人实施其他不具有合理商业目的的安排而获取不当税收利益。

税务机关依照前款规定作出纳税调整,需要补征税款的,应当补征税款,并依法加收利息。

应当按照税款所属纳税年度最后一日中国人民银行公布的同期人民币贷款基准利率加5个百分点计算,自税款纳税申报期满次日起至补缴税款期限届满之日止按日加收。纳税人在补缴税款期限届满前补缴税款的,加收利息至补缴税款之日。

个人如实向税务机关提供有关资料,配合税务机关补征税款的,利息可以按照前款规定的人民币贷款基准利率计算。

四、纳税人纳税申报的办理

有下列情形之一的,纳税人应当依法办理纳税申报:
(1)取得综合所得需要办理汇算清缴;
(2)取得应税所得没有扣缴义务人;
(3)取得应税所得,扣缴义务人未扣缴税款;
(4)取得境外所得;
(5)因移居境外注销中国户籍;

（6）非居民个人在中国境内从两处以上取得工资、薪金所得；

（7）国务院规定的其他情形。

扣缴义务人应当按照国家规定办理全员全额扣缴申报，并向纳税人提供其个人所得和已扣缴税款等信息。

个人应当凭纳税人识别号实名办税。个人首次取得应税所得或者首次办理纳税申报时，应当向扣缴义务人或者税务机关如实提供纳税人识别号及与纳税有关的信息。个人上述信息发生变化的，应当报告扣缴义务人或者税务机关。

没有中国居民身份证号码的个人，应当在首次发生纳税义务时，按照税务机关规定报送与纳税有关的信息，由税务机关赋予其纳税人识别号。

国务院税务主管部门可以指定掌握所得信息并对所得取得过程有控制权的单位为扣缴义务人。

五、纳税人综合所得的汇算清缴

（一）纳税人取得综合所得需要办理汇算清缴，包括下列情形

（1）在两处或者两处以上取得综合所得，且综合所得年收入额减去专项扣除的余额超过六万元；

（2）取得劳务报酬所得、稿酬所得、特许权使用费所得中一项或者多项所得，且综合所得年收入额减去专项扣除的余额超过6万元；

（3）纳税年度内预缴税额低于应纳税额的。

纳税人需要退税的，应当办理汇算清缴，申报退税。申报退税应当提供本人在中国境内开设的银行账户。

> **纳税人有下列情形之一的，税务机关可以不予办理退税：**
>
> （一）纳税申报或者提供的汇算清缴信息，经税务机关核实为虚假信息，并拒不改正的；
>
> （二）法定汇算清缴期结束后申报退税的。
>
> 对不予办理退税的，税务机关应当及时告知纳税人。
>
> 纳税人申报退税，税务机关未收到税款，但经税务机关核实纳税人无过失的，税务机关应当为纳税人办理退税。具体办法由国务院财政、税务主管部门另行规定。

(二)居民个人因移居境外注销中国户籍,应当向税务机关申报下列事项

(1)注销户籍当年的综合所得、经营所得汇算清缴的情况;
(2)注销户籍当年的其他所得的完税情况;
(3)以前年度欠税的情况。

暂不能确定纳税人为居民个人或者非居民个人的,应当按照非居民个人缴纳税款,年度终了确定纳税人为居民个人的,按照规定办理汇算清缴。

居民个人取得工资、薪金所得时,可以向扣缴义务人提供专项附加扣除有关信息,由扣缴义务人扣缴税款时办理专项附加扣除。纳税人同时从两处以上取得工资、薪金所得,并由扣缴义务人办理专项附加扣除的,对同一专项附加扣除项目,纳税人只能选择从其中一处扣除。

居民个人取得劳务报酬所得、稿酬所得、特许权使用费所得,应当在汇算清缴时向税务机关提供有关信息,办理专项附加扣除。

纳税人可以委托扣缴义务人或者其他单位和个人办理汇算清缴。

纳税人、扣缴义务人应当按照国务院税务主管部门规定的期限,留存与纳税有关的资料备查。

> 税务机关可以按照一定比例对纳税人提供的专项附加扣除信息进行抽查。在汇算清缴期结束前发现纳税人报送信息不实的,税务机关责令纳税人予以纠正,并通知扣缴义务人;在当年汇算清缴期结束前再次发现上述问题的,依法对纳税人予以处罚,并根据情形纳入有关信用信息系统,按照国家有关规定实施联合惩戒。

六、纳税申报的办理时限

1.纳税人取得经营所得,按年计算个人所得税,由纳税人在月度或者季度终了后15日内向税务机关报送纳税申报表,并预缴税款;在取得所得的次年3月31日前办理汇算清缴。

2.纳税人取得利息、股息、红利所得,财产租赁所得,财产转让所得和偶然所得,按月或者按次计算个人所得税,有扣缴义务人的,由扣缴义务人按月或者按次代扣代缴税款。

3.纳税人取得应税所得没有扣缴义务人的,应当在取得所得的次月15日内向税务

机关报送纳税申报表,并缴纳税款。

纳税人取得应税所得,扣缴义务人未扣缴税款的,纳税人应当在取得所得的次年6月30日前,缴纳税款;税务机关通知限期缴纳的,纳税人应当按照期限缴纳税款。

4. 居民个人从中国境外取得所得的,应当在取得所得的次年3月1日至6月30日内申报纳税。

5. 非居民个人在中国境内从两处以上取得工资、薪金所得的,应当在取得所得的次月15日内申报纳税。

6. 纳税人因移居境外注销中国户籍的,应当在注销中国户籍前办理税款清算。

7. 扣缴义务人每月或者每次预扣、代扣的税款,应当在次月15日内缴入国库,并向税务机关报送扣缴个人所得税申报表。

七、产权或股权转让的完税查验

个人转让不动产的,税务机关应当根据不动产登记等相关信息核验应缴的个人所得税,登记机构办理转移登记时,应当查验与该不动产转让相关的个人所得税的完税凭证。个人转让股权办理变更登记的,市场主体登记机关应当查验与该股权交易相关的个人所得税的完税凭证。

有关部门依法将纳税人、扣缴义务人遵守本法的情况纳入信用信息系统,并实施联合激励或者惩戒。

八、自行申报纳税的申报地点

1. 在中国境内有任职、受雇单位的,向任职、受雇单位所在地主管税务机关申报。

2. 在中国境内有两处或者两处以上任职、受雇单位的,选择并固定向其中一处单位所在地主管税务机关申报。

3. 在中国境内无任职、受雇单位,年所得项目中有个体工商户的生产、经营所得或者对企事业单位的经营所得(以下统称经营所得)的,向其中一处实际经营所在地主管税务机关申报。

4. 在中国境内无任职、受雇单位,年所得项目中无生产、经营所得的,向户籍所在地主管税务机关申报。在中国境内有户籍,但户籍所在地与中国境内经常居住地不一致的,选择并固定向其中一地主管税务机关申报。在中国境内没有户籍的,向中国境内经常居住地主管税务机关申报。

5. 其他所得的纳税人，纳税申报地点分别为：

（1）**从两处或者两处以上取得工资、薪金所得的，选择并固定向其中一处单位所在地主管税务机关申报。**

（2）从中国境外取得所得的，向中国境内户籍所在地主管税务机关申报。在中国境内有户籍，但户籍所在地与中国境内经常居住地不一致的，选择并固定向其中一地主管税务机关申报。在中国境内没有户籍的，向中国境内经常居住地主管税务机关申报。

（3）个体工商户向实际经营所在地主管税务机关申报。

九、代扣代缴纳税

代扣代缴，是指按照税法规定负有扣缴税款义务的单位或者个人，在向个人支付应纳税所得时，应计算应纳税额，从其所得中扣出并缴入国库，同时向税务机关报送扣缴个人所得税报告表。这种方法，有利于控制税源、防止漏税和逃税。

（一）扣缴义务人和代扣代缴的范围

1. 扣缴义务人。凡支付个人应纳税所得的企业（公司）、事业单位、机关、社团组织、军队、驻华机构、个体户等单位或者个人，为个人所得税的扣缴义务人。

2. 代扣代缴的范围。扣缴义务人向个人支付各类应税所得（包括现金、实物和有价证券），应代扣代缴个人所得税。

（二）扣缴义务人的权利及应承担的责任

对扣缴义务人按照所扣缴的税款，付给2%的手续费。

扣缴义务人对纳税人的应扣未扣的税款，其应纳税款仍然由纳税人缴纳，扣缴义务人应承担应扣未扣税款50%以上至3倍的罚款。

（三）代扣代缴期限

扣缴义务人每月所扣的税款，应当在次月7日内缴入国库，并向主管税务机关报送《扣缴个人所得税报告表》（略）、代扣代收税款凭证和包括每一纳税人姓名、单位、职务、收入、税款等内容的支付个人收入明细表以及税务机关要求报送的其他有关资料。

实操训练

苏州瑞德酒业有限公司总经理胡某2019年年收入约50多万元,其中来自公司的工资奖金收入约30多万元,另外,胡某在外提供技术咨询服务,取得劳务报酬15万元,出版专著取得稿酬5万元左右。按国家规定,居民个人取得工资薪金、劳务收入、稿酬收入和特许权使用费的,应在第二年3月1日至6月30日办理个人所得税的汇算清缴,如果胡某在子女教育、继续教育、大病医疗、住房贷款利息或者住房租金、赡养老人等专项附加扣除有支出并且在预扣预缴时没有进行扣除,还可以在汇算清缴是进行扣除,可能胡某最终有退税的可能。如果不办理汇算清缴造成偷税漏税的,将承担相应的法律责任。今天是2020年的3月20日了,眼看就要到期限了,可胡总经理今年是第一次办理个人所得税的汇算清缴,以前也没有这方面的经验,特来财务部找负责办税的会计小王询问。他问自己的收入不是已经由财务部门扣缴了吗,再去申报不是重复纳税了吗?如果你是小王,该怎么回答和指导胡经理?

实操分析

通过任务描述,本任务主要涉及个人所得税的汇算清缴的知识,胡经理的面临的问题和疑惑目前也是社会上的现实状况。其实,要想顺利完成申报,我们应该掌握个人所得税税收征收管理的相应知识。

税法规定居民个人取得工资、薪金所得、劳务报酬所得、稿酬所得和特许权使用费所得(以下称综合所得),按纳税年度合并计算个人所得税并办理汇算清缴;胡某作为居民个人取得综合所得,按年计算个人所得税;有扣缴义务人的,由扣缴义务人按月或者按次预扣预缴税款;需要办理汇算清缴的,应当在取得所得的次年3月1日至6月30日内办理汇算清缴。无论取得的各项所得是否已足额缴纳了个人所得税,于纳税年度终了后向主管税务机关办理汇算清缴,当然办理汇算清缴并不一定纳税,如果平时未足额缴纳,才会补缴税款。因此,胡经理只要平时财务部门代扣代缴的税款足额,胡经理本次申报不一定需要再缴纳,如果在汇算清缴时再扣除子女教育、继续教育、大病医疗、住房贷款利息或者住房租金、赡养老人等专项附加扣除等支出,说不定,也有可能退税。

胡经理应该填写相应表格,携带相关资料,在2020年6月30日之前,向任职、受雇单位所在地主管税务机关也就是苏州工业园区税务局进行2019年综合所得的汇算清缴工作。

思考与练习

1. 【讨论】税法规定的居民个人取得综合所得需要办理汇算清缴对个人所得税的征管存在什么意义?
2. 【计算题】小张是独生子女,丈夫也是独生子女,需要赡养三位老人和养育两个小孩,小孩在读幼儿园和小学,还在还房贷,每月月薪在扣除"三险一金"后,小张收入2万元,丈夫收入3万元。若子女教育和房贷利息计算在小张丈夫一方,分别计算小张和其丈夫每月应缴纳的个人所得税为多少?
3. 【计算题】一位北漂小刘,交完"三险一金"后月薪20 000元,在职研究生在读,有继续教育支出、租房、赡养老人三项支出可以扣除。

模块六

其他税种涉税业务

除了增值税、消费税、企业所得税和个人所得税以外,在我国的税收体系中,还有很多小的税种,如房产税、契税、土地增值税、土地使用税、城建税、车船税、印花税等。这些税种与之前的主要大税种构成了完整的税收征管体系。小税种的学习和掌握对于加强一个企业完成的税收管理具有较强的意义。

项目一　房产税涉税业务处理

知识点
◎ 房产税的纳税人和征税对象
◎ 房产税的征税范围、税率和计税依据

技能点
◎ 掌握房产税的计算
◎ 掌握房产税优惠政策的运用

课前十分钟——税收文化普及：税务微电影《把柄》

 知识掌握

一、纳税义务人

房产税以在征税范围内的房屋产权所有人为纳税人。其中：

（1）产权属国家所有的，由经营管理单位纳税；产权属集体和个人所有的，由集体单位和个人纳税；

（2）产权出典的，由承典人纳税；

（3）产权所有人、承典人不在房屋所在地的，由房产代管人或者使用人纳税。

外商投资企业和外国企业暂不缴纳房产税。

二、征税对象

房产税的征税对象是房产。所谓房产，是指有屋面和围护结构（有墙或两边有柱），能够遮风避雨，可供人们在其中生产、学习、工作、娱乐、居住或贮藏物资的场所。

房地产开发企业建造的商品房，在出售前，不征收房产税；但对出售前房地产开发企业已使用或出租、出借的商品房应按规定征收房产税。

三、征税范围

房产税的征税范围为：**城市、县城、建制镇和工矿区**。
房产税的征税范围不包括农村。

四、计税依据

房产税的计税依据是房产的计税价值或房产的租金收入，房产的计税价值或房产的租金收入均为增值税不含税金额。**按照房产计税价值征税的，称为从价计征；按照房产租金收入计征的，称为从租计征。**

（一）从价计征

房产税依照房产原值一次减除10%—30%后的余值计算缴纳。各地扣除比例由当地省、自治区、直辖市人民政府确定。

房产原值是指纳税人按照会计制度规定，在账簿"固定资产"科目中记载的房屋原价。因此，凡按会计制度规定在账簿中记载有房屋原价的，应以房屋原价按规定减除一定比例后作为房产余值计征房产税；没有记载房屋原价的，按照上述原则并参照同类房屋，按规定计征房产税。

> **注意：**
>
> 房产原值应包括与房屋不可分割的各种附属设备或一般不单独计算价值的配套设施。主要有：暖气、卫生、通风、照明、煤气等设备；各种管线，如蒸汽、压缩空气、石油、给水排水等管道及电力、电讯、电缆导线；电梯、升降机、过道、晒台等。
>
> 另外，《财政部、国家税务总局关于房产税、城镇土地使用税有关问题的通知》（财税〔2008〕152号）规定：对依照房产原值计税的房产，不论是否记载在会计账簿固定资产科目中，均应按照房屋原价计算缴纳房产税。房屋原价应根据国家有关会计制度规定进行核算。对纳税人未按国家会计制度规定核算并记载的，应按规定予以调整或重新评估。
>
> 《财政部、国家税务总局关于安置残疾人就业单位城镇土地使用税等政策的

> 通知》(财税〔2010〕121号)第三条规定,对按照房产原值计税的房产,无论会计上如何核算,房产原值均应包含地价,包括为取得土地使用权支付的价款、开发土地发生的成本费用等。宗地容积率低于0.5的,按房产建筑面积的2倍计算土地面积,并据此确定计入房产原值的地价。

对于以房产投资联营,投资者参与投资利润分红,共担风险的,按房产余值作为计税依据计征房产税;对以房产投资,收取固定收入,不承担联营风险的,应由出租方按租金收入计缴房产税。

(二)从租计征

房产出租的,以房产租金收入为房产税的计税依据。

纳税人对个人出租房屋的租金收入申报不实或申报数与同一地段同类房屋的租金收入相比明显不合理的,税务部门可以核定其应纳税款。

《财政部国家税务总局关于房产税城镇土地使用税有关问题的通知》(财税〔2009〕128号)规定,无租使用其他单位房产的应税单位和个人,依照房产余值代缴纳房产税。

注意:
财政部、国家税务总局在《关于营改增后契税 房产税 土地增值税 个人所得税计税依据问题的通知》(财税〔2016〕43号)中,明确规定:"房产出租的,计征房产税的租金收入不含增值税。"

五、税率

我国现行房产税采用的是比例税率。
(1)按房产原值一次减除10%—30%后的余值计征的,税率为1.2%;
(2)按房产出租的租金收入计征的,税率为12%。

从2001年1月1日起,对个人按市场价格出租的居民住房,用于居住的,可暂减按4%的税率征收房产税。

六、应纳税额的计算

(一)从价计征的计算

从价计征是按房产的原值减除一定的比例后的余值计征,其计算公式为:

$$应纳税额=应税房产原值\times(1-扣除比例)\times 1.2\%$$

【例1】某企业的经营用房原值为5 000万元,按照当地规定允许减除30%后余值计税,适用税率为1.2%。请计算其应纳房产税税额。

应纳税额=5 000×(1－30%)×1.2%=4.2(万元)

(二)从租计征的计算

从租计征是按房产的租金收入计征,其计算公式为:

$$应纳税额=租金收入\times 12\%(或4\%)$$

【例2】某公司出租房屋6间,年租金收入为300 000元,适用税率为12%。请计算其应纳房产税税额。

应纳税额=300 000×12%=360 000(元)

七、税收优惠

目前,房产税的税收优惠政策主要有以下五个方面。

(1)国家机关、人民团体、军队自用的房产免征房产税。但是,上述免税单位的出租房产以及非自身业务使用的生产、营业用房,不属于免税范围。

(2)由国家财政部门拨付事业经费的单位,如学校、医疗卫生单位、托儿所、幼儿园、敬老院、文化、体育、艺术的事业单位所有的,本身业务范围内使用的房产免征房产税。

上述单位所属的附属工厂、商店、招待所等不属于单位公务、业务的用房,应纳税。

(3)宗教寺庙、公园、名胜古迹自用的房产免征房产税。

(4)个人所有非营业用的房产免征房产税。

(5)经财政部批准免税的其他房产。

① 经有关部门鉴定损坏不堪使用的房屋和危险房屋,在停止使用后,可免征房产税。

② 纳税人因房屋大修导致连续停用半年以上的,在房屋大修期间免征房产税。

③ 在基建工地为基建工地服务的各种工棚、材料棚、休息棚和办公室、食堂、茶炉房、汽车房等临时性房屋,在施工期间,一律免征房产税。但工程结束后,施工企业将这种临时性房屋交还或估价转让给基建单位的,应从基建单位接收的次月起,照章

纳税。

④ 为鼓励利用地下人防设施,暂不征收房产税。

⑤ 对高校后勤实体免征房产税。

⑥ 对非营利性医疗机构、疾病控制机构和妇幼保健机构等卫生机构自用的房产,免征房产税。

⑦ 老年服务机构自用的房产。

⑧ 自2016年1月1日至2018年12月31日,对高校学生公寓免征房产税。

⑨ 自2016年1月1日至2018年12月31日,对符合条件的科技园自用以及无偿或通过出租等方式提供给孵化企业使用的房产、土地,免征房产税和城镇土地使用税。

⑩ 国家机关、军队、人民团体、财政补助事业单位、居民委员会、村民委员会拥有的体育场馆,用于体育活动的房产、土地,免征房产税和城镇土地使用税。

⑪ 对公共租赁住房免征房产税。

⑫ 对专门经营农产品的农产品批发市场、农贸市场使用(包括自有和承租,下同)的房产、土地,暂免征收房产税和城镇土地使用税。对同时经营其他产品的农产品批发市场和农贸市场使用的房产、土地,按其他产品与农产品交易场地面积的比例确定征免房产税和城镇土地使用税。

八、纳税义务发生时间

(1)纳税人将原有房产用于生产经营,从生产经营之月起缴纳房产税。

(2)纳税人自行新建房屋用于生产经营,从建成之次月起缴纳房产税。

(3)纳税人委托施工企业建设的房屋,从办理验收手续之次月起缴纳房产税。

(4)纳税人购置新建商品房,自房屋交付使用之次月起缴纳房产税。

(5)纳税人购置存量房,自办理房屋权属转移、变更登记手续,房地产权属登记机关签发房屋权属证书之次月起,缴纳房产税。

(6)纳税人出租、出借房产,自交付出租、出借房产之次月起,缴纳房产税。

(7)房地产开发企业自用、出租、出借本企业建造的商品房,自房屋使用或交付之次月起,缴纳房产税。

九、纳税期限

房产税实行按年计算、分期缴纳的征收方法,具体纳税期限由省、自治区、直辖市人民政府确定。

十、纳税地点

房产税在房产所在地缴纳。房产不在同一地方的纳税人,应按房产的坐落地点分别向房产所在地的税务机关纳税。

 实操训练

苏州瑞德酒业有限公司2019年2月委托苏州瑞德建筑安装有限公司新建厂房,2019年9月对建成的厂房办理验收手续,同时接管基建工地上价值100万元的材料棚,一并转入固定资产,原值合计1 100万元。同时,该企业拥有A、B两栋房产,A栋自用,B栋出租。A、B两栋房产在2019年1月1日时的原值分别为1 200万元和1 000万元,2019年4月底B栋房产租赁到期。自2019年5月1日起,该企业由A栋搬至B栋办公,同时对A栋房产开始进行大修至年底完工。企业出租B栋房产的月租金为10万元。另外,还拥有一个内部职工医院、一个幼儿园和一个学校,房产的原值分别为280万元、100万元和120万元。(江苏省规定的房产余值扣除比例为20%。)

如果你是公司的办税会计,你该如何准确计算出瑞德公司2019年的房产税呢?

实操分析

通过任务描述,本任务主要涉及房产税的相关知识。在瑞德公司的相关房产中,有自用房产、租赁房产,还有相关免税房产,涉及内容较多。因此,只有掌握了房产税的相关知识,才能够准确计算出瑞德公司2019年的房产税。

根据房产税法规定:在基建工地为基建工程服务的各种工棚、材料棚等临时性房屋,在施工期间一律免征房产税;当施工结束后,施工企业将这种临时性房屋交还或估价转让给基建单位的,应从基建单位接受的次月起照章纳税。任务中2019年9月厂房办理验收手续,10月计算房产税,当年为3个月。此项2019年应纳房产税=1 100×(1−20%)×1.2%×3÷12=2.64(万元)。

同时,纳税人因房屋大修停用半年以上,大修期间免征房产税。A栋房产

2019年应纳的房产税=1 200×(1−20%)×1.2%×4÷12=3.84（万元）；2019年4月底B栋房产租赁到期，B栋房产2019年应纳的房产税=1 000×(1−20%)×1.2%×8÷12+10×12%×4=11.2（万元）。

内部职工医院、幼儿园、学校均属于房产税免税单位，因此瑞德酒业有限公司当年应缴纳房产税=2.64+3.84+11.2=17.68（万元）。

思考与练习

1. 【单选题】下列各项中，应当征收房产税的是（　　）。
   A. 行政机关所属的招待所使用的房产
   B. 自收自支事业单位向职工出租的单位自有房屋
   C. 施工期间施工企业在基建工地搭建的临时办公用房
   D. 邮政部门坐落在城市、县城、建制镇、工矿区以外的房产

2. 【单选题】赵某拥有三套房产：一套供自己和家人居住；另一套于2019年7月1日出租给王某居住，每月租金收入1 200元；还有一套于2019年9月1日出租给李某用于生产经营，每月租金5 000元。2019年赵某应缴纳房产税（　　）。
   A. 1 088元　　　　　　　　　　B. 1 664元
   C. 2 688元　　　　　　　　　　D. 3 264元

3. 【单选题】某企业有厂房一栋原值200万元，2019年初对该厂房进行扩建，2019年8月底完工，并办理验收手续，增加了房产原值45万元，另外对厂房安装了价值15万元的排水设备并单独作固定资产核算。已知当地政府规定计算房产余值的扣除比例为20%，2019年度该企业应缴纳房产税（　　）。
   A. 20 640元　　　　　　　　　B. 21 000元
   C. 21 120元　　　　　　　　　D. 21 600元

4. 【多选题】下列房产中，属于房产税征税范围的有（　　）。
   A. 政府机关自用的房产
   B. 宗教寺庙出租的房产
   C. 人民团体自用的房产
   D. 事业单位的经营性房产

5.【多选题】下列各项中,符合房产税纳税义务发生时间规定的有( )。

　　A. 将原有房产用于生产经营,从生产经营之月起

　　B. 自行新建房产用于生产经营,从建成之月起

　　C. 委托施工企业建设的房产,从办理验收手续之月起

　　D. 委托施工企业建设的房产,在办理验收手续前已使用的,从使用当月起

6.【多选题】下列各项中,暂免征收房产税的有( )。

　　A. 房管部门向居民出租的公有住房

　　B. 文化体育单位出租的公有住房

　　C. 企业向职工出租的单位自有住房

　　D. 个人对外出租经营的自有住房

项目二　契税涉税业务处理

> 知识点
> ◎ 契税的纳税人和征税对象
> ◎ 契税的征税范围、税率和计税依据
>
> 技能点
> ◎ 掌握契税的计算
> ◎ 掌握契税优惠政策的运用

课前十分钟——税收文化普及：税务微电影《红灯笼》

 知识掌握

契税是一个古老的税种,最早起源于东晋的"古税",至今已有1 600多年的历史。

一、纳税义务人

契税的纳税义务人是境内转移土地、房屋权属,承受的单位和个人。

二、税率

契税实行3%—5%的幅度税率。各省、自治区、直辖市人民政府可以在3%—5%的幅度税率规定范围内,按照本地区的实际情况决定。

三、征税对象

契税的征税对象是境内转移的土地、房屋权属。具体包括以下六项内容。

（1）国有土地使用权出让。

（2）土地使用权的转让。

（3）房屋买卖，即以货币为媒介，出卖者向购买者过渡房产所有权的交易行为。以下三种特殊情况，视同买卖房屋：

① 以房产抵债或实物交换房屋；

② 以房产作投资或作股权转让，但以自有房产作股投入本人独资经营企业，免纳契税；

③ 买房拆料或翻建新房，应照章征收契税。

（4）房屋赠与。

（5）房屋交换。

（6）承受国有土地使用权支付的土地出让金。

四、计税依据

契税的计税依据为不动产的价格。具体计税依据视不同情况而决定。

（1）国有土地使用权出让、土地使用权出售、房屋买卖，以成交价格为计税依据。

（2）土地使用权赠与、房屋赠与，由征收机关参照土地使用权出售、房屋买卖的市场价格核定。

（3）土地使用权交换、房屋交换，为所交换的土地使用权、房屋的价格差额。

（4）以划拨方式取得土地使用权，经批准转让房地产时，由房地产转让者补交契税。计税依据为补交的土地使用权出让费用或者土地收益。

（5）个人无偿赠与不动产行为（法定继承人除外），应对受赠人全额征收契税。

注意： 征契税的成交价格均不含增值税。

> **注意：**
> 财政部、国家税务总局在《关于营改增后契税 房产税 土地增值税 个人所得税计税依据问题的通知》（财税〔2016〕43号）中，明确规定："计征契税的成交价格不含增值税。"

视频《焦点访谈》：子虚的房子，乌有的税
来源：央视网

五、应纳税额的计算方法

契税采用比例税率。当计税依据确定以后，应纳税额的计算比较简单。应纳税额的计算公式为：

应纳税额=计税依据×税率

【例1】居民甲有两套住房,将一套出售给居民乙,成交价格为200 000元;将另一套两室住房与居民丙交换成两处一室住房,并支付给丙换房差价款60 000元。试计算甲、乙、丙相关行为应缴纳的契税(假定税率为4%)。

(1)甲应缴纳契税=60 000×4%=2 400(元)。

(2)乙应缴纳契税=200 000×4%=8 000(元)。

(3)丙不缴纳契税。

六、税收优惠

(一)契税优惠的一般规定

(1)国家机关、事业单位、社会团体、军事单位承受土地、房屋用于办公、教学、医疗、科研和军事设施的,免征契税。

(2)城镇职工按规定第一次购买公有住房,免征契税。

(3)因不可抗力灭失住房而重新购买住房的,酌情减免。

(4)土地、房屋被县级以上人民政府征用、占用后,重新承受土地、房屋权属的,由省级人民政府确定是否减免。

(5)承受荒山、荒沟、荒丘、荒滩土地使用权,并用于农、林、牧、渔业生产的,免征契税。

(二)契税优惠的特殊规定

(1)在婚姻关系存续期间,房屋、土地权属原归夫妻一方所有,变更为夫妻双方共有或另一方所有的,或者房屋、土地权属原归夫妻双方共有,变更为其中一方所有的,或者房屋、土地权属原归夫妻双方共有,双方约定、变更共有份额的,免征契税。

关于夫妻之间房屋土地权属变更有关契税政策的通知
来源:财税〔2014〕4号

思考:

如果婚前办理房产证时加上女友或男友的名字呢?

(2)关于调整房地产交易环节契税政策。

① 对个人购买家庭唯一住房(家庭成员范围包括购房人、配偶以及未成年子女,下同),面积为90平方米及以下的,减按1%的税率征收契税;面积为90平方米以上的,减

按1.5%的税率征收契税。

② 对个人购买家庭第二套改善性住房,面积为90平方米及以下的,减按1%的税率征收契税;面积为90平方米以上的,减按2%的税率征收契税。

注意:对已缴纳契税的购房单位和个人,在未办理房屋权属变更登记前退房的,退还已纳契税;在办理房屋权属变更登记后退房的,不予退还已纳契税。

新闻观察:契税成"妻税"情何以堪?
来源:搜狐网

(3) 对于承受与房屋相关的附属设施所有权或土地使用权的行为,征收契税。

(4) 继承土地、房屋权属的情况。对于法定继承人继承土地、房屋权属,不征契税。非法定继承人根据遗嘱承受死者生前的土地、房屋权属,属于赠与行为,应征收契税。

七、纳税义务发生时间

契税的纳税义务发生时间是纳税人签订土地、房屋权属转移合同的当天,或者纳税人取得其他具有土地、房屋权属转移合同性质凭证的当天。

八、纳税期限

纳税人应当自纳税义务发生之日起10日内,向土地、房屋所在地的契税征收机关办理纳税申报,并在契税征收机关核定的期限内缴纳税款。

九、纳税地点

契税在土地、房屋所在地的征收机关缴纳。

 能力提升

优化企业兼并重组市场环境
——企业事业单位改制重组有关契税政策

(一) 企业改制

企业按照《中华人民共和国公司法》有关规定整体改制,包括非公司制企业改制为有限责任公司或股份有限公司,有限责任公司变更为股份有限公司,股份有限公司变更为有限责任公司,原企业投资主体存续并在改制(变更)后的公司中所持股权(股份)比例超过75%,且改制(变更)后公司承继原企业权利、义务的,对改制(变更)后公司承受原企业土地、房屋权属,免征契税。

微课视频:企业改制的契税问题
来源:中财讯

(二)事业单位改制

事业单位按照国家有关规定改制为企业,原投资主体存续并在改制后企业中出资(股权、股份)比例超过50%的,对改制后企业承受原事业单位土地、房屋权属,免征契税。

(三)公司合并

两个或两个以上的公司,依照法律规定、合同约定,合并为一个公司,且原投资主体存续的,对合并后公司承受原合并各方土地、房屋权属,免征契税。

(四)公司分立

公司依照法律规定、合同约定分立为两个或两个以上与原公司投资主体相同的公司,对分立后公司承受原公司土地、房屋权属,免征契税。

(五)企业破产

企业依照有关法律法规规定实施破产,债权人(包括破产企业职工)承受破产企业抵偿债务的土地、房屋权属,免征契税;对非债权人承受破产企业土地、房屋权属,凡按照《中华人民共和国劳动法》等国家有关法律法规政策妥善安置原企业全部职工,与原企业全部职工签订服务年限不少于三年的劳动用工合同的,对其承受所购企业土地、房屋权属,免征契税;与原企业超过30%的职工签订服务年限不少于三年的劳动用工合同的,减半征收契税。

微课视频:企业破产的契税问题
来源:中财讯

(六)资产划转

对承受县级以上人民政府或国有资产管理部门按规定进行行政性调整、划转国有土地、房屋权属的单位,免征契税。

同一投资主体内部所属企业之间土地、房屋权属的划转,包括母公司与其全资子公司之间、同一公司所属全资子公司之间、同一自然人与

微课视频:企业重组的契税问题
来源:中财讯

其设立的个人独资企业、一人有限公司之间土地、房屋权属的划转,免征契税。

母公司以土地、房屋权属向其全资子公司增资,视同划转,免征契税。

(七) 债权转股权

经国务院批准实施债权转股权的企业,对债权转股权后新设立的公司承受原企业的土地、房屋权属,免征契税。

(八) 划拨用地出让或作价出资

以出让方式或国家作价出资(入股)方式承受原改制重组企业、事业单位划拨用地的,不属上述规定的免税范围,对承受方应按规定征收契税。

(九) 公司股权(股份)转让

在股权(股份)转让中,单位、个人承受公司股权(股份),公司土地、房屋权属不发生转移,不征收契税。

实操训练

苏州瑞德百货有限公司2019年接受同市某国有企业以房产投资入股,房产市场价值为100万元;瑞德百货因经营区域的需要,于2019年以自有房产与另一企业交换一处房产,支付差价款300万元;为支持苏州西部商业的发展,同年政府有关部门批准向该企业出让土地一块,瑞德百货缴纳土地出让金150万元。(苏州市规定契税税率为3%。)

如果你是公司的办税会计,你该如何准确计算出瑞德公司2019年的契税呢?

实操分析

通过任务描述,本任务主要涉及契税的相关知识。在瑞德公司接受相关的土地、房屋中,涉及接受投资入股、交换房产以及承受土地出让;涉及内容较多。因此,只有掌握契税的相关知识,才能够准确计算出瑞德公司2019年的契税。

以房产作投资,视同房屋买卖,瑞德百货应纳契税100×3%=3(万元)。

国有企业交换房产和补交土地出让金应纳契税=300×3%+150×3%=13.5(万元)。

所以,瑞德百货总共应纳契税16.5万元。

思考与练习

1. 【单选题】以下应缴纳契税的有（　　）。
   A. 以高级轿车换取房屋　　　　B. 购买高级轿车
   C. 取得国家划拨的土地　　　　D. 等价交换土地使用权

2. 【单选题】土地使用权交换、房屋交换，若交换价格相等，（　　）。
   A. 由交换双方各自交纳契税　　B. 由交换双方共同分担契税
   C. 免征契税　　　　　　　　　D. 由双方协商一致确定纳税人

3. 【单选题】根据契税的规定，可以享受减免契税优惠待遇的是（　　）。
   A. 城镇职工购买公有住房的
   B. 房屋所有者之间互相交换房屋的
   C. 债权人承受破产企业房屋权属抵偿债务的
   D. 取得荒山、荒沟、荒丘、荒滩土地使用权，用于工业园建设的

4. 【多选题】下列各项中，应当征收契税的有（　　）。
   A. 以房产抵债　　　　　　　　B. 将房产赠与他人
   C. 以房产作投资　　　　　　　D. 子女继承父母房产

5. 【多选题】视同土地使用权转让、房屋买卖或者房屋赠与征收契税的特殊方式包括（　　）。
   A. 以土地、房屋权属作价投资、入股
   B. 以获奖方式承受土地、房屋权属
   C. 以预购方式或者预付集资建房款方式承受土地、房屋权属
   D. 以土地、房屋权属抵债

6. 【计算题】个人张某2019年拥有和使用的房产情况如下：
   （1）将2018年8月购入并居住的一套住房（购入价格35万元）和2019年2月购入并居住的一套住房（购入价格40万元）分别以50万元和48万元的价格转让给他人；
   （2）将一套三居室的住房出租，月租金2 000元，2019年共取得租金2.4万元；
   （3）将一套已居住2年的两居室住房（市场价格为20万元）与他人交换一套四居室住房（市场价格45万元），支付差价25万元；
   （4）参加一项有奖竞赛活动，获得奖励商品房一套（市场价格为15万元）。
   【要求】计算该个人在2019年应该缴纳的契税。（当地核定的契税税率为3%）

项目三　车船税涉税业务处理

知识点
◎ 车船税的纳税人和征税对象
◎ 车船税的征税范围、税率和计税依据

技能点
◎ 掌握车船税的计算
◎ 掌握新能源汽车税收优惠的运用

课前十分钟——税收文化普及：税务微电影《回家》

 知识掌握

一、纳税义务人

车船税的纳税义务人，是指在中华人民共和国境内，车辆、船舶（以下简称车船）的所有人或者管理人，应当依照《中华人民共和国车船税暂行条例》的规定缴纳车船税。

二、征税范围

车船税的征收范围，是指依法应当在我国车船管理部门登记的车船（除规定减免的车船外）。

车辆包括机动车辆和非机动车辆。

船舶包括机动船舶和非机动船舶。

三、税目与税率

车船税采用定额税率,即对征税的车船规定单位固定税额。由于车辆与船舶的行使情况不同,车船税的税额也有所不同。

(一)对以下车辆减半征收车船税

(1)排量为1.6升以下(含1.6升)的燃用汽油、柴油的乘用车(含非插电式混合动力乘用车和双燃料乘用车)。

(2)符合标准的节约能源商用车。

(二)对新能源汽车以及纯电动乘车和燃料电池乘用车免征车船税

2018年全国各地车船税税目税额表

单位:元

地区	排量						
	1.0L—1.6L	1.6L—2.0L	2.0L—2.5L	≤1.0 L	2.5L—3.0L	3.0L—4.0L	>4.0 L
安徽	300	360	660	180	1 200	2 700	3 900
北京	350	400	750	250	1 600	2 900	4 400
福建	300	360	720	180	1 500	2 640	3 900
甘肃	420	480	720	240	1 800	3 000	4 500
广东	360	420	720	180	1 800	3 000	4 500
广西	360	420	780	60	1 800	3 000	4 500
贵州	300	360	660	180	1 200	2 400	3 600
海南	300	360	720	60	1 500	2 700	4 200
河北	300	480	840	120	1 800	3 000	4 500
河南	300	420	720	180	1 500	3 000	4 500
黑龙江	420	480	900	240	1 800	3 000	4 500
湖北	360	420	720	240	1 800	3 000	4 500
湖南	300	360	720	120	1 800	3 000	4 500
吉林	420	480	900	240	1 800	3 000	4 500
江苏	300	360	660	120	1 200	2 400	3 600
江西	300	360	660	180	1 200	2 400	3 600
辽宁	420	480	900	300	1 800	3 000	4 500
内蒙古	360	420	900	300	1 800	3 000	4 500

(续表)

地区	排　　量						
	1.0L—1.6L	1.6L—2.0L	2.0L—2.5L	≤1.0L	2.5L—3.0L	3.0L—4.0L	>4.0L
宁夏	300	360	660	120	1 800	3 000	4 500
青海	300	360	660	60	1 500	2 700	4 200
山东	360	420	900	240	1 800	3 000	4 500
山西	300	480	720	180	1 800	3 000	4 500
陕西	360	480	720	180	1 800	3 000	4 500
上海	360	450	720	180	1 500	3 000	4 500
四川	300	360	720	180	1 800	3 000	4 500
天津	390	450	900	270	1 800	3 000	4 500
西藏	300	360	660	60	1 200	2 400	3 600
新疆	360	420	720	180	1 800	3 000	4 500
云南	300	390	780	60	1 800	3 000	4 500
浙江	300	360	660	180	1 500	3 000	4 500
重庆	300	360	660	120	1 200	2 400	3 600

四、计税依据

纳税人在购买机动车交通事故责任强制保险时,应当向扣缴义务人提供地方税务机关出具的本年度车船税的完税凭证或者减免税证明。不能提供完税凭证或者减免税证明的,应当在购买保险时按照当地的车船税税额标准计算缴纳车船税。

拖船按照发动机功率每2马力折合净吨位1吨计算征收车船税。

车辆自重尾数在0.5吨以下(含0.5吨)的,按照0.5吨计算;超过0.5吨的,按照1吨计算。船舶净吨位尾数在0.5吨以下(含0.5吨)的不予计算,超过0.5吨的按照1吨计算。1吨以下的小型车船,一律按照1吨计算。

车船的缴纳日期是每年的1月1日至12月31日,如果过期则需要缴纳滞纳金:滞纳金=年税×(5/10 000)×逾期天数。

五、应纳税额的计算方法

购置的新车船,购置当年的应纳税额自纳税义务发生的当月起按月计算。计算公式为：

$$应纳税额 = 年应纳税额 \div 2 \times 应纳税月份数$$

【例1】某运输公司拥有载货汽车15车（货车载重净吨位全部为10吨）；乘人大客车20辆；小客车10辆。计算该公司应纳车船税。

（注：载货汽车每吨年税额80元，乘人大客车每辆年税额500元，小客车每辆年税额400元）

解：（1）载货汽车应纳税额＝15×10×80＝12 000（元）

（2）乘人汽车应纳税额＝20×500+10×400＝14 000（元）

（3）全年应纳车船税额＝12 000+14 000＝16 000（元）

【例2】某航运公司拥有机动船30艘（其中净吨位为600吨的12艘，2 000吨的8艘，5 000吨的10艘），600吨的单位税额3元、2 000吨的单位税额4元、5 000吨的单位税额5元。请计算该航运公司年应纳车船税税额。

该公司年应纳车船税税额为：

12×600×3+8×2 000×4+10×5 000×5

＝21 600+64 000+250 000

＝335 600（元）

六、税收优惠

（一）法定减免

非机动车船（不包括非机动驳船）、拖拉机、捕捞、养殖渔船、军队、武警、外国驻华使领馆、国际组织驻华代表机构及其有关人员的车船专用的车船。

（二）特定减免

省、自治区、直辖市人民政府可以根据当地实际情况，对城市、农村公共交通车船给予定期减税、免税。

七、纳税期限

车船税的纳税义务发生时间，为车船管理部门核发的车船登记证书或者行驶证书所记载日期的当月。纳税人未按照规定到车船管理部门办理应税车船登记手续的,以车船购置发票所载开具时间的当月作为车船税的纳税义务发生时间。对未办理车船登记手续且无法提供车船购置发票的,由主管地方税务机关核定纳税义务发生时间。

车船税按年申报缴纳。纳税年度,自公历1月1日起至12月31日止。

八、纳税地点

车船税由地方税务机关负责征收。纳税地点,由省、自治区、直辖市人民政府根据当地实际情况确定。

跨省、自治区、直辖市使用的车船,纳税地点为车船的登记地。

实操训练

苏州瑞德物流有限公司拥有自重5吨的载重汽车20辆;自重4吨的挂车10辆;自重3吨的客货两用车6辆,其中有1辆归企业自办托儿所专用。该企业所在地载货汽车年税额40元/吨,乘人汽车年税额200元/辆。

如果你是公司的办税会计,你该如何准确计算出瑞德公司2018年的车船税呢?

实操分析

通过任务描述,本任务主要涉及车船税的相关知识。在瑞德公司接受相关的汽车中,涉及许多车型。因此,只有掌握车船税的相关知识,才能够准确计算出瑞德公司2018年的契税。

（1）载重汽车应纳税额=20×5×40=4 000(元);

（2）挂车没有优惠规定,应纳税额=10×4×40=1 600(元);

（3）客货两用车按照载货汽车的计税单位和税额标准计征车船税,

（4）归托儿所专用的也没有免税规定,应纳税额=3×40×6=720(元)。

所以,瑞德公司2018年应纳车船税税额=4 000+1 600+720=6 320(元)。

思考与练习

1. 【单选题】下列车辆中,应缴纳车船使用税的是( )。

   A. 市内公共汽车 　　　　　　　　B. 从事运输业务的拖拉机

   C. 环卫部门的路面清扫车 　　　　D. 公安部门的交通监理车

2. 【多选题】车船税纳税义务发生时间为( )。

   A. 车辆行驶证书所记载日期的当日

   B. 车船登记证书所记载日期的当月

   C. 车辆行驶证书所记载日期的当月

   D. 全年停运或报废的车船,停运的次月停止发生纳税义务

3. 【多选题】车船税的计税依据为( )。

   A. 载人汽车以辆为计税依据

   B. 载货汽车以净吨位为计税依据

   C. 载货汽车以自重吨位为计税依据

   D. 机动船以载重吨位为计税依据

4. 【计算题】某货运公司2018年拥有载货汽车25辆、挂车10辆,净吨位均为20吨;3辆4门6座客货两用车,净吨位为3吨;小轿车2辆。该公司所在省规定载货汽车年纳税额每吨30元,11座以下乘人汽车年纳税额每辆120元。该公司2018年应缴车船使用税多少元?

项目四　土地增值税涉税业务处理

知识点
◎ 土地增值税的纳税人、征税范围和税率
◎ 土地增值税应税收入与扣除项目的确定

技能点
◎ 掌握土地增值税的计算
◎ 掌握房地产开发企业土地增值税清算

课前十分钟——税收文化普及：税务微电影《守望》

 知识掌握

一、纳税义务人

土地增值税的纳税义务人为转让国有土地使用权、地上的建筑物及其附着物（以下简称转让房地产）并取得收入的单位和个人。单位包括各类企业、事业单位、国家机关和社会团体及其他组织。个人包括个体经营者。

二、征税范围

（一）征税范围

根据《土地增值税暂行条例》及其实施细则的规定，土地增值税的征税范围包括：

（1）转让国有土地使用权；

（2）地上的建筑物及其附着物连同国有土地的使用权一并转让。

（二）征税范围的界定

关于土地增值税的征税范围的界定,可以通过表一进行归纳。

表一　土地增值税征税范围界定分析表

有 关 事 项	是否属于征税范围
1. 出售	征收。包括三种情况：(1) 出售国有土地使用权；(2) 取得国有土地使用权后进行房屋开发建造后出售；(3) 存量房地产买卖
2. 继承、赠予	继承不征收（无收入）。赠予中公益性赠予、赠予直系亲属或承担直接赡养义务人不征收；非公益性赠予征收
3. 出租	不征收（无权属转移）
4. 房地产抵押	抵押期不征；抵押期满偿还债务本息不征收；抵押期满，不能偿还债务，而以房地产抵债，征收
5. 房地产交换	单位之间换房，有收入的征收；个人之间互换自住房不征收
6. 以房地产投资（不含房地产企业）、联营	房地产转让到投资联营企业，不征；将投资联营房地产再转让，征收
7. 合作建房	建成后自用，不征收；建成后转让，征收
8. 企业兼并转让房地产	暂免（房地产企业除外）
9. 代建房	不征收（无权属转移）
10. 房地产重新评估	不征收（无收入）

三、税率

土地增值税实行四级超率累进税率,见表二。

表二　土地增值税四级超率累进税率表

级　数	增值额与扣除项目金额的比率	税率（%）	速算扣除系数（%）
1	不超过50%的部分	30	0
2	超过50%至100%的部分	40	5
3	超过100%至200%的部分	50	15
4	超过200%的部分	60	35

四、应税收入与扣除项目

（一）应税收入的确定

纳税人转让房地产取得的应税收入,应包括转让房地产的全部价款及有关的经济收益。从收入的形式来看,包括货币收入、实物收入和其他收入。土地增值税纳税人转让房地产取得的收入为不含增值税收入。

1. 货币收入

货币收入是指纳税人转让房地产而取得的现金、银行存款、支票、银行本票、汇票等各种信用票据和国库券、金融债券、企业债券、股票等有价证券。

2. 实物收入

实物收入是指纳税人转让房地产而取得的各种实物形态的收入,如钢材、水泥等建材,房屋、土地等不动产等。

3. 其他收入

其他收入是指纳税人转让房地产而取得的无形资产收入或具有财产价值的权利,如专利权、商标权、著作权、专有技术使用权、土地使用权、商誉权等。

(二)扣除项目的确定

计算土地增值税应纳税额,并不是直接对转让房地产所取得的收入征税,而是要对收入额减除国家规定的各项扣除项目金额后的余额计算征税(这个余额就是纳税人在转让房地产中获取的增值额)。因此,要计算增值额,首先必须确定扣除项目。税法准予纳税人从转让收入额减除的扣除项目如表三所示。

表三 土地增值税扣除项目表

转让项目的性质	扣 除 项 目
(一)对于新建房地产转让(房地产企业)	1. 取得土地使用权所支付的金额(包括地价款及按国家统一规定缴纳的有关费用) 2. 房地产开发成本(包括土地的征用及拆迁补偿费、前期工程费、建筑安装工程费、基础设施费、公共配套设施费、开发间接费用等) 3. 房地产开发费用(包括与房地产开发项目有关的销售费用、管理费用和财务费用) 4. 与转让房地产有关的税金 5. 财政部规定的其他扣除项目(对从事房地产开发的纳税人可按规定计算的金额之和,加计20%的扣除)
(二)对于存量房地产转让	1. 房屋及建筑物的评估价格 评估价格=重置成本价 × 成新度折扣率 2. 取得土地使用权所支付的地价款和按国家统一规定缴纳的有关费用 3. 转让环节缴纳的税金

五、应纳税额的计算方法

土地增值税按照纳税人转让房地产所取得的增值额和规定的税率计算征收。土地增值税的计算公式是：

$$应纳税额 = \sum (每级距的增值额 \times 适用税率)$$

在实际工作中，分步计算比较烦琐，一般可以采用速算扣除法计算，即计算土地增值税税额可按增值额乘以适用的税率减去扣除项目金额乘以速算扣除系数的简便方法计算，具体公式如下：

（1）增值额未超过扣除项目金额50%：

$$土地增值税税额 = 增值额 \times 30\%$$

（2）增值额超过扣除项目金额50%，未超过100%：

$$土地增值税税额 = 增值额 \times 40\% - 扣除项目金额 \times 5\%$$

（3）增值额超过扣除项目金额100%，未超过200%：

$$土地增值税税额 = 增值额 \times 50\% - 扣除项目金额 \times 15\%$$

（4）增值额超过扣除项目金额200%：

$$土地增值税税额 = 增值额 \times 60\% - 扣除项目金额 \times 35\%$$

上述公式中的5%、15%、35%分别为二、三、四级的速算扣除系数。

六、税收优惠

1. 纳税人建造普通标准住宅出售，增值额未超过扣除项目金额20%的，免征土地增值税。

2. 对企事业单位、社会团体以及其他组织转让旧房作为公租房房源，且增值额未超过扣除项目金额20%的，免征土地增值税。

3. 因国家建设需要依法征用、收回的房地产，免征土地增值税。

4. 个人因工作调动或改善居住条件而转让原自用住房，经向税务机关申报核准，凡居住满5年或5年以上的，免予征收土地增值税；居住满3年未满5年的，减半征收土地增值税。居住未满3年的,按规定计征土地增值税。

5. 按照《中华人民共和国公司法》的规定,非公司制企业整体改建为有限责任公司或者股份有限公司,有限责任公司(股份有限公司)整体改建为股份有限公司(有限责任公司)。对改建前的企业将国有土地、房屋权属转移、变更到改建后的企业,暂不征土地增值税。

6. 按照法律规定或者合同约定,两个或两个以上企业合并为一个企业,且原企业投资主体存续的,对原企业将国有土地、房屋权属转移、变更到合并后的企业,暂不征土地增值税。

7. 按照法律规定或者合同约定,企业分设为两个或两个以上与原企业投资主体相同的企业,对原企业将国有土地、房屋权属转移、变更到分立后的企业,暂不征土地增值税。

8. 单位、个人在改制重组时以国有土地、房屋进行投资,对其将国有土地、房屋权属转移、变更到被投资的企业,暂不征土地增值税。

上述第5—8条改制重组有关土地增值税政策不适用于房地产开发企业。

七、纳税地点

土地增值税的纳税人应向房地产所在地主管税务机关办理纳税申报,并在税务机关核定的期限内缴纳土地增值税。

纳税人转让的房地产坐落在两个或两个以上地区的,应按房地产所在地分别申报纳税。

实操训练

2019年1月苏州瑞德置业有限公司接到主管税务机关的通知,要求其在2019年2月前完成该公司2018年的土地增值税清算工作。负责此项工作的会计小陈查阅了公司2018年的房产开发情况,主要有以下业务。

(1) 建造一幢普通标准住宅出售,取得销售收入800万元,并按税法规定缴纳了有关税费。该公司为建此标准住宅而支付的地价款为120万元,投入的建楼成本为350万元,所借银行贷款利息支出无法按项目分摊,房地产开发费用计算比例适用10%。

(2) 同年开发另一座普通标准住宅,销售额700万元,土地价款和开发成本税务机关认定为400万元,房地产开发费用税务机关认定为40万元,企业缴纳了相关税金。

如果你是小陈,请你准确计算出瑞德置业公司应缴纳的土地增值税。

通过任务描述,本任务主要涉及土地增值税的相关知识。土地增值税与增值税不同,税法对多种情形作出了规定,特别是土地增值税的超率累进税率和税前成本扣除的规定。因此,只有掌握了土地增值税的相关知识,才能够准确计算出瑞德公司2018年的土地增值税。

针对瑞德公司2018年的两笔开发活动,分别做如下计算:

(1) 实现收入总额:800万元

扣除项目金额:

① 支付地价款:120万元;

② 支付开发成本:350万元;

③ 房地产开发费用:(120+350)×10%=47(万元);

④ 扣除的税金:800×5%×(1+7%+3%)=44(万元);

⑤ 加计扣除费用:(120+350)×20%=94(万元);

⑥ 扣除费用的总额:120+350+47+44+94=655(万元);

确定增值额:800−655=145(万元);

确定增值比率:145÷655×100%≈22%;

计算应纳税额:145×30%=43.5(万元)。

(2) 实现收入总额:650万元

扣除项目金额:

① 支付地价款和开发成本:400万元;

② 税务认定三项费用:40万元;

③ 扣除的税金:650×5%×(1+7%+3%)=35.75(万元);

④ 加计扣除费用:400×20%=80(万元);

⑤ 扣除费用的总额:400+40+35.75+80=555.75(万元);

确定增值额:650−555.75=94.25(万元);

确定增值比率:94.25÷555.75×100%=16.96%<20%,故免征土地增值税。

因此,瑞德置业有限公司应缴纳土地增值税合计为43.5万元。

1.【单选题】下列属于土地增值税的征收范围的有（　　）。

   A. 房地产出租

   B. 个人之间互换自有居住用房

   C. 楼房赠与某劳动模范

   D. 房地产作抵押期间

2.【多选题】下列各项中,属于土地增值税免税范围的有（　　）。

   A. 房产所有人将房产赠与直系亲属

   B. 个人之间互换自有居住用房地产

   C. 个人因工作调动而转让购买满5年的经营性房产

   D. 因国家建设需要而搬迁,由纳税人自行转让房地产

3.【计算题】某工业企业2018年转让一幢新建办公楼取得收入5 000万元,该办公楼建造成本和相关费用3 700万元,缴纳与转让办公楼相关的税金277.5万元（其中印花税金2.5万元）。计算该企业应缴纳的土地增值税。

项目五　印花税涉税业务处理

知识点
◎ 印花税的纳税人、税目、税率和计税依据
◎ 印花税的优惠政策与纳税方法

技能点
◎ 掌握印花税的计算
◎ 掌握印花税的纳税方法

课前十分钟——税收文化普及：税务微电影《担当》

知识掌握

一、纳税义务人

印花税的纳税义务人，是在中国境内书立、使用、领受印花税法所列举的凭证并应依法履行纳税义务的单位和个人。按照书立、使用、领受应税凭证的不同，可以分别确定为立合同人、立据人、立账簿人、领受人和使用人五种。

《国宝档案》视频：清代印花税票之谜
来源：央视网

（一）立合同人

立合同人指合同的当事人。各类合同的纳税人是立合同人。各类合同，包括购销、加工承揽、建设工程承包、财产租赁、货物运输、仓储保管、借款、财产保险、技术合同或者具有合同性质的凭证。

当事人的代理人有代理纳税的义务，他与纳税人负有同等的税收法律义务和责任。

（二）立据人

产权转移书据的纳税人是立据人。

（三）立账簿人

营业账簿的纳税人是立账簿人。所谓立账簿人，指设立并使用营业账簿的单位和个人。

（四）领受人

权利、许可证照的纳税人是领受人。

（五）使用人

在国外书立、领受，但在国内使用的应税凭证，其纳税人是使用人。

二、税目

印花税共有13个税目。

（一）购销合同

购销合同包括供应、预购、采购、购销结合及协作、调剂、补偿、贸易等合同。此外，还包括出版单位与发行单位之间订立的图书、报纸、期刊和音像制品的应税凭证，如订购单、订数单等。电网与用户之间签订的供用电合同不用交纳印花税。

（二）加工承揽合同

加工承揽合同包括加工、定做、修缮、修理、印刷、广告、测绘、测试等合同。

（三）建设工程勘察设计合同

这包括勘察、设计合同。

（四）建筑安装工程承包合同

这包括建筑、安装工程承包合同。承包合同包括总承包合同、分包合同和转包合同。

（五）财产租赁合同

这包括租赁房屋、船舶、飞机、机动车辆、机械、器具、设备等合同，还包括企业、个人出租门店、柜台等签订的合同。

（六）货物运输合同

这包括民用航空、铁路运输、海上运输、公路运输和联运合同，以及作为合同使用的单据。

（七）仓储保管合同

这包括仓储、保管合同，以及作为合同使用的仓单、栈单等。

（八）借款合同

这包括银行及其他金融组织与借款人（不包括银行同业拆借）所签订的合同，以及只填开借据并作为合同使用、取得银行借款的借据。银行及其他金融机构经营的融资租赁业务，是一种以融物方式达到融资目的的业务，实际上是分期偿还的固定资金借款，因此融资租赁合同也属于借款合同。

微课视频：印花税的方方面面
来源：中财讯

（九）财产保险合同

这包括财产、责任、保证、信用保险合同，以及作为合同使用的单据。财产保险合同，分为企业财产保险、机动车辆保险、货物运输保险、家庭财产保险和农牧业保险五大类。"家庭财产两全保险"属于家庭财产保险性质，其合同在财产保险合同之列，应照章纳税。

（十）技术合同

这包括技术开发、转让、咨询、服务等合同，以及作为合同使用的单据。

（十一）产权转移书据

这包括财产所有权和版权、商标专用权、专利权、专有技术使用权等转移书据和土地使用权出让合同、土地使用权转让合同、商品房销售合同等权力转移合同。

（十二）营业账簿

这是指单位或者个人记载生产经营活动的财务会计核算账簿。

（十三）权利、许可证照

这包括政府部门发给的房屋产权证、工商营业执照、商标注册证、专利证、土地使用证。

三、税率

印花税的税率有两种形式，即比例税率和定额税率。详细印花税税目税率见下表。

表一　印花税税目税率表

税　　目		税　　率	备　　注
合同	买卖合同	支付价款的3‰	指动产买卖合同
	借款合同	借款金额的0.5‰	指银行业金融机构和借款人（不包括银行同业拆借）订立的借款合同
	融资租赁合同	租金的0.5‰	
	租赁合同	租金的1‰	
	承揽合同	支付报酬的3‰	
	建设工程合同	支付价款的3‰	
	运输合同	运输费用的3‰	指货运合同和多式联运合同（不包括管道运输合同）
	技术合同	支付价款、报酬或者使用费的3‰	
	保管合同	保管费的1‰	
	仓储合同	仓储费的1‰	
	财产保险合同	保险费的1‰	不包括再保险合同
产权转移书据	土地使用权出让和转让书据；房屋等建筑物、构筑物所有权、股权（不包括上市和挂牌公司股票）、商标专用权、著作权、专利权、专有技术使用权转让书据	支付价款的5‰	
权利、许可证照	不动产权证书、营业执照、商标注册证、专利证书	每件5元	
营业账簿		实收资本（股本）、资本公积合计金额的2.5‰	
证券交易		成交金额的1‰	对证券交易的出让方征收，不对证券交易的受让方征收

四、计税依据的一般规定

印花税的计税依据为各种应税凭证上所记载的计税金额。具体规定有以下五个方面。

（1）应税合同的计税依据，为合同列明的价款或者报酬，不包括增值税税款；合同中价款或者报酬与增值税税款未分开列明的，按照合计金额确定。同一应税凭证载有两个或者两个以上经济事项并分别列明价款或者报酬的，按照各自适用税目税率计算应纳税额；未分别列明价款或者报酬的，按税率高的计算应纳税额。

（2）应税产权转移书据的计税依据，为产权转移书据列明的价款，不包括增值税税款；产权转移书据中价款与增值税税款未分开列明的，按照合计金额确定。

（3）应税营业账簿的计税依据，为营业账簿记载的实收资本（股本）、资本公积合计金额。

（4）应税权利、许可证照的计税依据，按件确定。

（5）证券交易的计税依据，为成交金额。

> **应税合同、产权转移书据未列明价款或者报酬的，按照下列方法确定计税依据：**
> （1）按照订立合同、产权转移书据时市场价格确定；依法应当执行政府定价的，按照其规定确定。
> （2）不能按照本条第一项规定的方法确定的，按照实际结算的价款或者报酬确定。

五、应纳税额的计算方法

纳税人的应纳税额，根据应纳税凭证的性质。分别按比例税率或者定额税率计算，其计算公式为：

$$应纳税额 = 应税凭证计税金额（或应税凭证件数） \times 适用税率$$

【例1】某企业2018年8月开业，当年发生以下有关业务事项：领受房屋产权证、工商营业执照、土地使用证各1件；与其他企业订立转移专用技术使用权书据1份，所载金额100万元；订立产品购销合同1份，所载金额为200万元；订立借款合同1份，所载金额为400万元；企业记载资金的账簿，"实收资本""资本公积"为800万元；其他营业账簿10本。试计算该企业当年应缴纳的印花税税额。

（1）企业领受权利、许可证照应纳税额：

应纳税额=3×5=15（元）

（2）企业订立产权转移书据应纳税额：

应纳税额=1 000 000×5‰=500（元）

（3）企业订立购销合同应纳税额：

应纳税额=2 000 000×3‰=600（元）

（4）企业订立借款合同应纳税额：

应纳税额=4 000 000×0.5‰=200（元）

（5）企业记载资金的账簿：

应纳税额=8 000 000×2.5‰×50%=1 000（元）

（6）企业其他营业账簿应纳税额：

对按件贴花五元的其他账簿免征印花税。

（7）当年企业应纳印花税税额：

15+500+600+200+1 000=2 315（元）

六、税收优惠

下列情形，免征或者减征印花税：

（1）应税凭证的副本或者抄本，免征印花税；

（2）农民、农民专业合作社、农村集体经济组织、村民委员会购买农业生产资料或者销售自产农产品订立的买卖合同和农业保险合同，免征印花税；

（3）无息或者贴息借款合同、国际金融组织向我国提供优惠贷款订立的借款合同、金融机构与小型微型企业订立的借款合同，免征印花税；

（4）财产所有权人将财产赠与政府、学校、社会福利机构订立的产权转移书据，免征印花税；

（5）军队、武警部队订立、领受的应税凭证，免征印花税；

（6）转让、租赁住房订立的应税凭证，免征个人（不包括个体工商户）应当缴纳的印花税；

（7）国务院规定免征或者减征印花税的其他情形。

七、纳税方法

证券登记结算机构为证券交易印花税的扣缴义务人。

印花税纳税义务发生时间为纳税人订立、领受应税凭证或者完成证券交易的当日。证券交易印花税扣缴义务发生时间为证券交易完成的当日。

单位纳税人应当向其机构所在地的主管税务机关申报缴纳印花税；个人纳税人应当向应税凭证订立、领受地或者居住地的税务机关申报缴纳印花税。

纳税人出让或者转让不动产产权的，应当向不动产所在地的税务机关申报缴纳印花税。

证券交易印花税的扣缴义务人应当向其机构所在地的主管税务机关申报缴纳扣缴的税款。

印花税按季、按年或者按次计征。实行按季、按年计征的，纳税人应当于季度、年度终了之日起十五日内申报并缴纳税款。实行按次计征的，纳税人应当于纳税义务发生之日起十五日内申报并缴纳税款。

证券交易印花税按周解缴。证券交易印花税的扣缴义务人应当于每周终了之日起五日内申报解缴税款及孳息。

已缴纳印花税的凭证所载价款或者报酬增加的，纳税人应当补缴印花税；已缴纳印花税的凭证所载价款或者报酬减少的，纳税人可以向主管税务机关申请退还印花税税款。

同一应税凭证由两方或者两方以上当事人订立的，应当按照各自涉及的价款或者报酬分别计算应纳税额。

知识链接

印花税违章处罚

印花税纳税人有下列行为之一的，由税务机关根据情节轻重予以处罚。

（1）在应纳税凭证上未贴或者少贴印花税票的或者已粘贴在应税凭证上的印花税票未注销或者未划销的，由税务机关追缴其不缴或者少缴的税款、滞纳金，并处不缴或者少缴的税款50%以上5倍以下的罚款。

（2）已贴用的印花税票揭下重用造成未缴或少缴印花税的，由税务机关追缴其不缴或者少缴的税款、滞纳金，并处不缴或者少缴的税款50%以上5倍以下的罚款；构成犯罪的，依法追究刑事责任。

（3）伪造印花税票的，由税务机关责令改正，处以2 000元以上1万元以下的罚款；情节严重的，处以1万元以上5万元以下的罚款；构成犯罪的，依法追究刑事责任。

（4）按期汇总缴纳印花税的纳税人，超过税务机关核定的纳税期限，未缴或少缴印花税款的，由税务机关追缴其不缴或者少缴的税款、滞纳金，并处不缴或者少缴的税款50%以上5倍以下的罚款；情节严重的，同时撤销其汇缴许可证；构成犯罪的，依法追究刑事责任。

（5）纳税人违反以下规定的，由税务机关责令限期改正，可处以2 000元以下的罚款；情节严重的，处以2 000元以上1万元以下的罚款。

① 凡汇总缴纳印花税的凭证，应加注税务机关指定的汇缴戳记，编号并装订成册后，将已贴印花或者缴款书的一联粘附册后，盖章注销，保存备查。

② 纳税人对纳税凭证应妥善保存。凭证的保存期限，凡国家已有明确规定的，按规定办；没有明确规定的其余凭证均应在履行完毕后保存1年。

实操训练

苏州瑞德通讯设备制造有限责任公司为高新技术企业，2018年6月开业，注册资金220万元，当年发生经济活动如下：

（1）领受工商营业执照、房屋产权证、土地使用证各1份；

（2）建账时共设8个账簿，其中资金账簿中记载实收资本220万元；

（3）签订购销合同4份，共记载金额280万元；

（4）签订借款合同1份，记载金额50万元，当年取得借款利息0.8万元；

（5）与广告公司签订广告制作合同1份，分别记载加工费3万元，广告公司提供的原材料7万元；

（6）签订技术服务合同1份，记载金额60万元；

（7）签订租赁合同1份，记载租赁费金额50万元；

（8）签订转让专有技术使用权合同1份，记载金额150万元。

如果你是该公司的会计，就上述公司的行为该缴纳的印花税是多少，又该如何缴纳？

实操分析

通过任务描述，本任务主要涉及印花税的相关知识。印花税内容较多，针对不同的应税凭证在税率、计税依据等方面的规定也不尽相同。只要充分区分不同的应税凭证才是解决本任务的关键。

(1) 计算领受权利许可证照应缴纳的印花税：应纳税额=3×5=15（元）

(2) 计算设置账簿应缴纳的印花税：应纳税额=2 200 000×0.5‰×50%=550（元）

(3) 计算签订购销合同应缴纳的印花税：应纳税额=2 800 000×0.3‰=840（元）

(4) 计算签订借款合同应缴纳的印花税：应纳税额=500 000×0.05‰=25（元）

(5) 计算签订广告制作合同应缴纳的印花税：应纳税额=30 000×0.5‰+70 000×0.3‰=36（元）

（解释：广告制作合同属于加工承揽合同，受托方提供原材料的，原材料金额与加工费在合同中分别列明的，原材料和辅料按购销合同计税，加工费按加工承揽合同计税，两者合计为应纳税额。）

(6) 计算签订技术服务合同应缴纳的印花税：应纳税额=600 000×0.3‰=180（元）

(7) 计算签订租赁合同应缴纳的印花税：应纳税额=500 000×1‰=500（元）

(8) 计算签订专有技术使用权转让合同应缴纳的印花税：应纳税额=1 500 000×0.5‰（按产权转移书据纳税）=750（元）

那么，该公司又该如何缴纳印花税呢？纳税人书立、领受或者使用印花税法列举的应税凭证的同时，纳税义务即已产生，应当根据应纳税凭证计算的应纳税额，自行购买印花税票，自行一次贴足印花税票并加以注销或划销，纳税义务才算全部履行完毕。

思考与练习

1. 【单选题】某企业2019年2月签订一份房屋买卖合同，应按（　　）税率贴花。

　　A. 万分之五　　　　　　　　　　B. 万分之三

　　C. 千分之一　　　　　　　　　　D. 万分之零点五

2. 【单选题】下列对印花税凭证处理方法正确的有（　　）。

　　A. 融资租赁合同属租赁合同

　　B. 房屋产权证纳税人是售房单位

　　C. 国外签订的购销合同，在国内使用时，不需要缴纳印花税

　　D. 出版社与发行单位之间的订购单属于购销合同

3.【多选题】下列各项中,应按"产权转移书据"税目征收印花税的有(　　)。

　　A. 商品房销售合同　　　　　　　　B. 土地使用权转让合同

　　C. 专利申请权转让合同　　　　　　D. 个人无偿赠与不动产登记表

4.【多选题】采用自行贴花方法缴纳印花税的,纳税人应(　　)。

　　A. 自行申报应税行为

　　B. 自行计算应纳税额

　　C. 自行购买印花税票

　　D. 自行一次贴足印花税票并注销

项目六　城市维护建设税涉税业务处理

知识点
◎ 城建税的纳税人、税率和计税依据
◎ 城建税的优惠政策和税收征管

技能点
◎ 掌握城建税的计算和征管
◎ 掌握教育费附加的计算和征管

课前十分钟——税收文化普及：税务微电影《后盾》

知识掌握

一、纳税义务人

城建税的纳税义务人,是指负有缴纳"两税"(增值税和消费税)义务的单位和个人。但目前,对外商投资企业和外国企业缴纳的"两税"不征收城建税。

二、税率

城建税的税率,是指纳税人应缴纳的城建税税额与纳税人实际缴纳的"两税"税额之间的比率。城建税按纳税人所在地的不同,设置了两档地区差别比例税率:

(1) 纳税人所在地为市区的,税率为7%;

(2) 纳税人所在地不在市区的,税率为5%。

税的适用税率,应当按纳税人所在地的规定税率执行。但是,对下列两种情况,可按缴纳"两税"所在地的规定税率就地缴纳城建税：

第一种情况：由受托方代扣代缴、代收代缴"两税"的单位和个人，其代扣代缴、代收代缴的城建税按受托方所在地适用税率执行；

第二种情况：流动经营等无固定纳税地点的单位和个人，在经营地缴纳"两税"的，其城建税的缴纳按经营地适用税率执行。

> **跨地区提供建筑服务、销售和出租不动产预缴增值税时城市维护建设税处理**
>
> 自2016年5月1日起：
>
> （1）纳税人跨地区提供建筑服务、销售和出租不动产的，应在建筑服务发生地、不动产所在地预缴增值税时，以预缴增值税税额为计税依据，并按预缴增值税所在地的城市维护建设税适用税率和教育费附加征收率就地计算缴纳城市维护建设税和教育费附加。
>
> （2）预缴增值税的纳税人在其机构所在地申报缴纳增值税时，以其实际缴纳的增值税税额为计税依据，并按机构所在地的城市维护建设税适用税率和教育费附加征收率就地计算缴纳城市维护建设税和教育费附加。

三、计税依据

1. 城市维护建设税的计税依据为纳税人实际缴纳的增值税、消费税税额，以及出口货物、劳务或者跨境销售服务、无形资产增值税免抵税额。

2. 对进口货物或者境外单位和个人向境内销售劳务、服务、无形资产缴纳的增值税、消费税税额，不征收城市维护建设税。

3. 城市维护建设税的应纳税额按照纳税人实际缴纳的增值税、消费税税额和出口货物、劳务或者跨境销售服务、无形资产增值税免抵税额乘以税率计算。

4. 对实行增值税期末留抵退税的纳税人，允许其从城市维护建设税的计税依据中扣除退还的增值税税额。

5. 对出口货物、劳务和跨境销售服务、无形资产以及因优惠政策退还增值税、消费税的，不退还已缴纳的城市维护建设税。

> 城建税的计税依据，是指纳税人实际缴纳的"两税"税额。纳税人违反"两

> 税"有关税法而加收的滞纳金和罚款,是税务机关对纳税人违法行为的经济制裁,不作为城建税的计税依据,但纳税人在被查补"两税"和被处以罚款时,应同时对其偷漏的城建税进行补税、征收滞纳金和罚款。
>
> 城建税以"两税"税额为计税依据并同时征收,如果要免征或者减征"两税",也就要同时免征或者减征城建税。

四、应纳税额的计算

城建税纳税人的应纳税额大小是由纳税人实际缴纳的"两税"税额决定的,其计算公式为:

应纳税额=纳税人实际缴纳的增值税、消费税税额 × 适用税率

【例1】某市区一企业2019年2月份实际缴纳增值税300 000元,缴纳消费税400 000元。计算该企业应纳的城建税税额。

应纳城建税税额=(实际缴纳的增值税+实际缴纳的消费税)× 适用税率=(300 000+400 000)× 7%=700 000 × 7%=49 000(元)

五、税收优惠

城建税原则上不单独减免,但因城建税又具附加税性质,当主税发生减免时,城建税相应发生税收减免。城建税的税收减免具体有以下四种情况。

(1)城建税按减免后实际缴纳的"两税"税额计征,即随"两税"的减免而减免。

(2)对于因减免税而需进行"两税"退库的,城建税也可同时退库。

(3)海关对进口产品代征的增值税、消费税,不征收城建税。

(4)对"两税"实行先征后返、先征后退、即征即退办法的,除另有规定外,对随"两税"附征的城市维护建设税和教育费附加,一律不予退(返)还。

六、纳税环节

城建税的纳税环节,实际就是纳税人缴纳"两税"的环节。纳税人只要发生"两税"的纳税义务,就要在同样的环节计算缴纳城建税。

七、纳税地点

城建税以纳税人实际缴纳的增值税、消费税税额为计税依据,分别与"两税"同时缴纳。所以,纳税人缴纳"两税"的地点,就是该纳税人缴纳城建税的地点。但是,属于下列情况的,纳税地点为:

(1)代扣代缴、代收代缴"两税"的单位和个人,同时也是城市维护建设税的代扣代缴、代收代缴义务人,其城建税的纳税地点在代扣代收地。

(2)对流动经营等无固定纳税地点的单位和个人,应随同"两税"在经营地按适用税率缴纳。

八、纳税期限

由于城建税是由纳税人在缴纳"两税"时同时缴纳的,所以其纳税期限分别与"两税"的纳税期限一致。增值税、消费税的纳税人的具体纳税期限,由主管税务机关根据纳税人应纳税额大小分别核定;不能按照固定期限纳税的,可以按次纳税。

实行按月或者按季计征的,纳税人应当于月度或者季度终了之日起十五日内申报并缴纳税款。实行按次计征的,纳税人应当于纳税义务发生之日起十五日内申报并缴纳税款。

城市维护建设税按月或者按季计征。不能按固定期限计征的,可以按次计征。

教育费附加的有关规定

(一)教育费附加概述

教育费附加是对缴纳增值税、消费税的单位和个人,就其实际缴纳的税额为计算依据征收的一种附加费。

教育费附加是为加快地方教育事业,扩大地方教育经费的资金而征收的一项专用基金。1984年,国务院颁布了《关于筹措农村学校办学经费的通知》,开征了农村教育事业经费附加。1985年,中共中央作出了《关于教育体制改革的决定》,指出必须在国家增拨教育基本建设投资和教育经费的同时,充分调动企、事业单位和其他各种社会力量办学的积极性,开辟多种渠道筹措经费。为此,国务院于1986年4月28日颁布了《征收教育费附加的暂行规定》,决定从同年7月1日开始在全国范围内征收教育费附加。

(二)教育费附加的征收范围及计征依据

教育费附加对缴纳增值税、消费税的单位和个人征收,以其实际缴纳的增值税和消费税为计征依据,分别与增值税和消费税同时缴纳。

(三)教育费附加计征比率

教育费附加计征比率曾几经变化。1986年开征时,规定为1%;1990年5月《国务院关于修改〈征收教育费附加的暂行规定〉的决定》中规定为2%;按照1994年2月7日《国务院关于教育费附加征收问题的紧急通知》的规定,现行教育费附加征收比率为3%。

(四)教育费附加的计算

教育费附加的计算公式为:

$$应纳教育费附加 = 实纳增值税、消费税 \times 征收比率$$

【例2】某市区一企业2019年2月份实际缴纳增值税200 000元,缴纳消费税300 000元。计算该企业应缴纳的教育费附加。

应纳教育费附加=(200 000+300 000)×3%=500 000×3%=15 000(元)

(五)教育费附加的减免规定

对海关进口的产品征收的增值税、消费税,不征收教育费附加。

对由于减免增值税和消费税而发生退税的,可同时退还已征收的教育费附加。但对出口产品退还增值税、消费税的,不退还已征的教育费附加。

2019年3月苏州瑞德建筑安装有限公司接受主管税务机关的税收专项稽查,税务机关发出稽查评估报告,发现该企业故意少缴增值税580 000元,遂按相关执法程序对该企业作出补缴增值税、城建税和教育费附加并加收滞纳金(滞纳时间50天)和罚款

(与税款等额)的处罚决定。该企业于当日接受了税务机关的处罚,补缴的增值税、城建税及滞纳金、罚款合计为1 256 715元。该企业会计小张经过私下计算,认为税务机关的处罚金额过高,便向负责稽查的税务人员反映,要求收回处罚决定,重新核算处罚金额。结果小张的要求被税务机关驳回,税务机关认为对瑞德公司的处罚金额是合法有效的。

那么,请你作出评判,税务机关对瑞德公司的处罚金额正确吗?

实操分析

通过任务描述,本任务主要涉及城建税和教育费附加以及滞纳金的相关知识。城建税和教育费附加是一种附加税,只有准确掌握它的计税依据——增值税、消费税的税款金额,才能够保证城建税和教育费附加的正确。

补缴的城建税以纳税人实际缴纳的增值税为计税依据,罚款与补缴税款等额,补交的增值税城建税及其罚款=(58+58×7%)×2=124.12(万元),滞纳金按滞纳天数的0.5‰征收,两税滞纳金=(58+58×7%)×50×0.5‰=1.551 5(万元)。故补缴的增值税、城建税及滞纳金、罚款合计=124.12+1.551 5=125.671 5(万元)。因此,税务机关的处罚金额是正确的。

思考与练习

1. 【多选题】下列各项中,符合城市维护建设税有关规定的有( )。
   A. 城市维护建设税的计税依据是纳税人实际缴纳增值税、消费税的税额
   B. 因减免税而发生增值税、消费税退库的,城市维护建设税也同时退库
   C. 纳税人因偷漏增值税、消费税应该补税的,也要补缴城市维护建设税
   D. 纳税人偷漏"两税"而加收的滞纳金、罚款,一并计入城市维护建设税的计税依据

2. 【计算题】某县城一加工企业2018年8月份因进口半成品缴纳增值税120万元,销售产品缴纳增值税280万元,本月又出租门面房收到租金40万元。该企业本月应缴纳的城市维护建设税和教育费附加为多少?

3. 【计算题】某市一企业2018年5月被查补增值税50 000元、消费税20 000元、所得税30 000元,被加收滞纳金2 000元,被处罚款8 000元。该企业应补缴城市维护建设税和教育费附加是多少?

项目七 城镇土地使用税涉税业务处理

> **知识点**
> ◎ 城镇土地使用税的纳税人、税率和计税依据
> ◎ 城镇土地使用税的优惠政策和税收征管

> **技能点**
> ◎ 掌握城镇土地使用税的计算和征管

课前十分钟——税收文化普及：税务微电影《兄弟》

知识掌握

一、纳税义务人

在城市、县城、建制镇、工矿区范围内使用土地的单位和个人，为城镇土地使用税（以下简称土地使用税）的纳税人。

城镇土地使用税的纳税人通常包括以下四类：

（1）拥有土地使用权的单位和个人；

（2）拥有土地使用权的单位和个人不在土地所在地的，其土地的实际使用人和代管人为纳税人；

（3）土地使用权未确定或权属纠纷未解决的，其实际使用人为纳税人；

（4）土地使用权共有的，共有各方都是纳税人，由共有各方分别纳税。

二、征税范围

城镇土地使用税的征税范围,包括在城市、县城、建制镇和工矿区内的国家所有和集体所有的土地。

建立在城市、县城、建制镇和工矿区以外的工矿企业则不需缴纳城镇土地使用税。

三、计税依据

城镇土地使用税以纳税人实际占用的土地面积为计税依据,土地面积计量标准为每平方米。

纳税人实际占用的土地面积按下列办法确定:

(1)由省、自治区、直辖市人民政府确定的单位组织测定土地面积的,以测定的面积为准;

(2)尚未组织测地,但纳税人持有政府部门核发的土地使用证书的,以证书确认的土地面积为准;

(3)尚未核发出土地使用证书的,应由纳税人申报土地面积,据以纳税,待核发土地使用证以后再作调整。

四、税率

城镇土地使用税采用定额税率,即采用有幅度的差别税额,按大、中、小城市和县城、建制镇、工矿区分别规定每平方米土地使用税年应纳税额。具体标准见下表。

城镇土地使用税税率表

级 别	人口(人)	每平方米税额(元)
大城市	50万以上	1.5—30
中等城市	20万—50万	1.2—24
小城市	20万以下	0.9—18
县城、建制镇、工矿区		0.6—12

各省、自治区、直辖市人民政府可根据市政建设情况和经济繁荣程度在规定税额幅度内,确定所辖地区的适用税额幅度。

五、应纳税额的计算方法

城镇土地使用税的应纳税额可以通过纳税人实际占用的土地面积乘以该土地所在地段的适用税额求得。其计算公式为:

全年应纳税额 = 实际占用应税土地面积(平方米)× 适用税额

【例1】设在某城市的一企业使用土地面积为50 000平方米。经税务机关核定,该土地为应税土地,每平方米土地年税额为6元。请计算其全年应纳的土地使用税税额。

年应纳土地使用税税额 = 50 000 × 6 = 300 000(元)

六、税收优惠

(一)法定免缴土地使用税的优惠

(1)国家机关、人民团体、军队自用的土地。这部分土地是指这些单位本身的办公用地和公务用地,如国家机关、人民团体的办公楼用地,军队的训练场用地等。

(2)由国家财政部门拨付事业经费的单位自用的土地。这部分土地是指这些单位本身的业务用地,如学校的教学楼、操场、食堂等占用的土地。

(3)宗教寺庙、公园、名胜古迹自用的土地。

以上单位的生产、经营用地和其他用地,不属于免税范围,应按规定缴纳土地使用税,如公园、名胜古迹中附设的营业单位如影剧院、饮食部、茶社、照相馆等使用的土地。

(4)市政街道、广场、绿化地带等公共用地。

(5)直接用于农、林、牧、渔业的生产用地。

(6)经批准开山填海整治的土地和改造的废弃土地,从使用的月份起免缴土地使用税5—10年。

(7)对非营利性医疗机构、疾病控制机构和妇幼保健机构等卫生机构自用的土地,免征城镇土地使用税。对营利性医疗机构自用的土地免征城镇土地使用税3年。

(8)企业办的学校、医院、托儿所、幼儿园,其用地能与企业其他用地明确区分的,免征城镇土地使用税。

(9)免税单位无偿使用纳税单位的土地(如公安、海关等单位使用铁路、民航等单位的土地),免征城镇土地使用税。

（二）省、自治区、直辖市地方税务局确定减免土地使用税的优惠

（1）个人所有的居住房屋及院落用地。

（2）房产管理部门在房租调整改革前经租的居民住房用地。

（3）免税单位职工家属的宿舍用地。

（4）民政部门举办的安置残疾人占一定比例的福利工厂用地。

（5）集体和个人办的各类学校、医院、托儿所、幼儿园用地。

（6）对基建项目在建期间使用的土地，原则上应照章征收城镇土地使用税。但对有些基建项目，特别是国家产业政策扶持发展的大型基建项目，其占地面积大，建设周期长，在建期间又没有经营收入，为照顾其实际情况，对纳税人纳税确有困难的，可由各省、自治区、直辖市地方税务局根据具体情况予以免征或减征土地使用税。

（7）城镇内的集贸市场（农贸市场）用地，按规定应征收城镇土地使用税。为了促进集贸市场的发展及照顾各地的不同情况，各省、自治区、直辖市地方税务局可根据具体情况自行确定对集贸市场用地征收或者免征城镇土地使用税。

（8）房地产开发公司建造商品房的用地，原则上应按规定计征城镇土地使用税。但在商品房出售之前纳税确有困难的，其用地是否给予缓征或减征、免征照顾，可由各省、自治区、直辖市地方税务局根据从严的原则结合具体情况确定。

七、纳税期限

城镇土地使用税实行按年计算、分期缴纳的征收方法，具体纳税期限由省、自治区、直辖市人民政府确定。

八、纳税义务发生时间

纳税人购置新建商品房，自房屋交付使用之次月起，缴纳城镇土地使用税。

纳税人购置存量房，自办理房屋权属转移、变更登记手续，房地产权属登记机关签发房屋权属证书之次月起，缴纳城镇土地使用税。

纳税人出租、出借房产，自交付出租、出借房产之次月起，缴纳城镇土地使用税。

以出让或转让方式有偿取得土地使用权的，应由受让方从合同约定交付土地时间的次月起缴纳城镇土地使用税；合同未约定交付时间的，由受让方从合同签订的次月起缴纳城镇土地使用税。

纳税人新征用的耕地，自批准征用之日起满1年时开始缴纳土地使用税。

纳税人新征用的非耕地,自批准征用次月起缴纳土地使用税。

实操训练

苏州瑞德酒业有限公司(简称:瑞德公司)与土地使用税相关的资料如下:瑞德公司提供的政府部门核发的土地使用证书显示:瑞德公司实际占地面积50 000平方米,其中:企业内学校和医院共占地1 000平方米;厂区以外的公用绿化用地5 000平方米,厂区内生活小区的绿化用地500平方米,其余土地均为A公司生产经营用地。2019年3月31日,瑞德公司将一块2 000平方米的土地对外无偿出租给苏州消防总队园区支队作训练基地;2019年4月30日,将一块900平方米的土地无偿借给某国家机关作公务使用。与某外商投资企业还共同拥有一块面积为3 000平方米的土地,其中瑞德公司实际使用2 000平方米,其余归外商投资企业使用。(苏州的城镇土地使用税每半年征收一次,该地每平方米土地年税额1元。)

如果你是瑞德公司的会计,请分析计算瑞德公司2019年1—6月应缴纳多少城镇土地使用税?

实操分析

通过任务描述,本任务主要涉及城镇土地使用税的相关知识。城镇土地使用税相对比较简单,要区分好其计税依据,以及不同情况下的税收优惠政策,准确计算出城镇土地使用税也不是难事。

税法规定,企业办的学校、医院、托儿所、幼儿园自用的土地,比照由国家财政部门拨付事业经费的单位自用的土地,免征土地使用税。对企业厂区(包括生产、办公及生活区)以内的绿化用地,应按规定缴纳土地使用税,厂区以外的公共绿化用地和向社会开放的公园用地,暂免征收土地使用税。应纳税额为:(50 000−5 000−1 000−2 000−900)×1×1/2=20 550(元)。

瑞德公司将土地出租给军队时,2019年1—3月应纳税额为:2 000×1×3÷12=500(元)。

任务中承租土地的国家机关免予缴纳土地使用税。瑞德公司2019年1—4月应纳税额为:900×1×4÷12=300(元)。

土地使用权共有的,由共有各方分别纳税。对外商投资企业暂不适用土地使用税。应纳税额为:2 000×1÷2=1 000(元)。

瑞德公司2019年1—6月合计应纳土地使用税为:20 550+500+300+1 000=22 350(元)。

思考与练习

1. 【单选题】下列各项中,城镇土地使用税暂行条例直接规定的免税项目是( )。
   A. 个人所有的居住房屋及院落用地
   B. 宗教寺庙自用的土地
   C. 民政部门举办的安置残疾人占一定比例的福利工厂用地
   D. 个人办的医院、托儿所和幼儿园用地

2. 【计算题】某市肉制品加工企业2019年占地60 000平方米,其中办公占地5 000平方米,生猪养殖基地占地28 000平方米,肉制品加工车间占地16 000平方米,企业内部道路及绿化占地11 000平方米。企业所在地城镇土地使用税单位税额每平方米0.8元。计算该企业全年应缴纳城镇土地使用税。

图书在版编目(CIP)数据

企业纳税实务(实训)教程/顾瑞鹏主编. —2 版. —上海:复旦大学出版社,2019.3 (2022.8 重印)
ISBN 978-7-309-14167-2

Ⅰ.①企… Ⅱ.①顾… Ⅲ.①企业管理-税收管理-中国-高等职业教育-教材
Ⅳ.①F812.423

中国版本图书馆 CIP 数据核字(2019)第 034050 号

企业纳税实务(实训)教程(第二版)
顾瑞鹏　主编
责任编辑/鲍雯妍

复旦大学出版社有限公司出版发行
上海市国权路 579 号　邮编:200433
网址:fupnet@ fudanpress.com　http://www.fudanpress.com
门市零售:86-21-65102580　　团体订购:86-21-65104505
出版部电话:86-21-65642845
上海四维数字图文有限公司

开本 787×1092　1/16　印张 21.75　字数 391 千
2019 年 3 月第 2 版
2022 年 8 月第 2 版第 3 次印刷

ISBN 978-7-309-14167-2/F·2548
定价:52.00 元

如有印装质量问题,请向复旦大学出版社有限公司出版部调换。
版权所有　侵权必究